BUZZ

CB020342

© 2023, Buzz Editora.

Os direitos autorais deste livro serão destinados ao
Instituto Economia ao Natural

Publisher ANDERSON CAVALCANTE
Editora TAMIRES VON ATZINGEN
Assistentes editoriais LETÍCIA SARACINI, PEDRO ARANHA
Preparação BÁRBARA WAIDA
Revisão ARIADNE MARTINS
Projeto gráfico ESTÚDIO GRIFO
Assistentes de design LETÍCIA ZANFOLIM, NATHALIA NAVARRO

*Nesta edição, respeitou-se o novo Acordo Ortográfico
da Língua Portuguesa.*

Dados Internacionais de Catalogação na Publicação (CIP)
de acordo com ISBD

Tranjan, Roberto
Pedaços de Brasil que dão certo / Roberto Tranjan
1ª edição. São Paulo: Buzz, 2023.

ISBN 978-65-5393-174-9

1. Economia – Brasil – Aspectos sociais.
2. Empreendedores – Brasil – Biografia
3. Empreendedorismo 4. Finanças. I. Título.

CDD 338.04092

CDU 23-143654

Elaborado por Aline Graziele Benitez CRB-1/3129

Índice para catálogo sistemático:
1. Empreendedores: Histórias de vida. 338.04092

Todos os direitos reservados à:
Buzz Editora Ltda.
Av. Paulista, 726, Mezanino
CEP 01310-100, São Paulo/SP
[55 11] 4171 2317
www.buzzeditora.com.br

ROBERTO TRANJAN

PEDAÇOS DE BRASIL QUE DÃO CERTO

Ideias e exemplos inspiradores
para viver a Economia ao Natural

APRESENTAÇÕES

IMAGINE!

Economia. Palavra bem conhecida e que, no entendimento do verbo "economizar", costuma ter um efeito de reservar para si, guardar algo – dinheiro ou bens. A economia das manchetes e das matérias na mídia é a da carência, da escassez, do que falta. Por essas e outras, você encontra histórias da velha economia criadas a partir de intenções como lutar, dominar, explorar, comparar. Tenho certeza de que você consegue imaginar os enredos com facilidade. Valem para países, valem também para empresas.

Mas será que existe uma alternativa à velha economia? Um significado para o verbo "economizar" capaz de remeter à multiplicação? Seria possível conceber uma economia que substitui carência e escassez por desejo e abundância? Em vez do que você vê e ouve no noticiário, histórias construídas a partir de intenções, como descobrir, aprender, criar, servir, contribuir?

Nesse caso, temos algo novo, batizado pelo autor de Economia ao Natural. Por que esse nome? Você entenderá lendo o livro, ao perceber cada um dos pontos vitais que a Economia ao Natural resgata, a partir das perdas, dos excessos e das distorções que descaracterizaram a economia ao longo do tempo. Uma constatação que vale para países e empresas.

Roberto Tranjan relata histórias. O cenário é o ambiente empresarial, com os desafios apresentados pelo mercado e os negócios. O enredo reúne dramas e tramas vividos por personagens reais e que exigiram transformações no estilo de liderar, no jeito de empreender e no modo de se relacionar com a vida.

Cada história começa por um ponto próprio. Em comum, seres humanos que desejavam algo nem sempre bem claro. O desejo bastou para iniciar uma busca e colocar em movimento a narrativa da vida.

Os personagens conseguiram o que desejavam? Ultrapassaram os desafios? Como? O que eles têm de incomum e o que revelam ter em comum, além de serem pessoas que se transformam enquanto transformam a realidade?

Convido você a instigar a curiosidade e aguçar o estado de atenção para desvendar o que cada um deles encontrou em sua trajetória.

Imagine, a partir das trilhas narrativas, como a Economia ao Natural pode fazer parte da sua história. No trabalho, nos negócios e na vida. E, se quiser seguir adiante, constate como é possível, sim, transformar pessoas, empresas e nações.

Boas-vindas, portanto, à Economia ao Natural, tão urgente e essencial.

Alexandre Zorita
Líder da Metanoia – Educação Transformadora

A VIDA QUE VALE

Paira, imediatamente, um sentimento único de serenidade e contentamento. Nenhuma outra sensação é capaz de unir o propósito de vida, o trabalho como ato de amor e uma comunidade de empresários disposta a fazer do mundo um lugar melhor para se viver.

No presente, época em que todos parecem tão "coisificados", quase como um vício oculto ao nosso redor, lembro que vi no estudo do Direito a instância em que as relações poderiam ser virtuosas, os combinados seriam cumpridos com honradez e a base legal constituiria a estrutura da mais bonita civilidade. A vida profissional me mostrou, no entanto, outras facetas do mundo jurídico, como uma indústria de brigas e litígios.

Na economia vivida pelos personagens deste livro, constatei que empresas são capazes de construir uma sociedade mais justa. O que antes parecia utópico hoje é realidade. Acreditando na capacidade de transformação do mundo, mergulhei de cabeça na cultura que faz de mim quem sou. Inicialmente pelo trabalho, agora, pela vida, que não separa mais a advogada da esposa, da mãe, da amiga, enfim, do ser integral que em mim habita. É na Economia ao Natural que a melhor versão do Direito vem à tona: enxergando gente. Simples assim. Com suas virtudes, seus problemas e desafios de atender a um chamado para encontrar a melhor versão de si e, através de seus negócios, transformar a existência em uma vida plena.

De repente, olhamos em volta e deparamos com dezenas, centenas, milhares de pessoas certas de que as relações podem ser éticas, que não aceitam mais jargões como *"todos fazem assim"*, ou *"de outra forma não dá para sobreviver no mundo dos negócios"*. Compreendi, então, que é possível e necessário fazer a coisa certa, do jeito certo e com as pessoas certas.

Gratidão a todos os envolvidos nesta memorável obra, aptos a propagar seus milagres, inspirando mais alguém a fazer a travessia eterna e transcendente. Ao Natural.

Joana Doin
Líder e empreendedora da Doin Mancuso Advogados

DAS GENTES

Imagine uma economia que se preocupa com gente de verdade, de todo tipo, cada uma com seu jeitão. Gente de todas as cores e etnias, gente alta, baixa, gente grande, gente pequena, gente de todos os tamanhos e formas, gente fina. Gente que ainda não se encontrou nem como gente e quer se achar. Gente com deficiência física, sensorial ou intelectual, gente sem deficiência. Gente quieta, gente falante, gente que gosta de gente, pois todas precisam estar conectadas. Gente que respeita e é respeitada. Gente que trabalha a equidade, principalmente as pessoas que desejam encontrar seu propósito para servir a mais gente.

Isso tudo constitui o desejo de uma economia cada dia mais plural e diversa. A palavra "diversidade" é definida como "substantivo feminino que caracteriza tudo aquilo que é diverso, que tem multiplicidade", ou seja, que apresenta pluralidade, não é homogêneo. Somos todos diferentes em características e muito parecidos em nossos valores. Juntos, precisamos entender que o desenvolvimento humano é potencializado quando temos, na prática, a pluralidade divina que a Economia ao Natural pode nos ofertar.

Prepare-se para repensar seu estilo de vida e modelo de negócios a partir de uma economia acolhedora, inclusiva e diversa. Entender a importância da pluralidade e da simplicidade de gerir negócios e vidas e o quanto isso pode somar no seu desenvolvimento humano e no de seu próximo. Uma economia que não deixa ninguém para trás.

Tenho o privilégio de participar, desde 2001, dessa nova economia, em que encontrei o meu propósito e o vivo diariamente. Fazer parte disso transcendeu a minha vida e a de tantos outros. Você verá exemplos de histórias lindas de verdade e não terá dúvida de que a Economia ao Natural é o melhor lugar para se estar.

Cada relato é uma vitória do desejo sobre o medo. Encoraje-se, aproxime-se e vamos, juntos, incluir todas as vidas de gentes sem distinção.

Marcelo Pires
CEO e fundador da Consolidar Diversidade e do Grupo Solares

PRÓLOGO

O QUE VOCÊ GANHA AO LER ESTE LIVRO

Sempre gostei de biografias. De ler, sentir e imaginar como os humanos são seres de inspiração, imaginação, superação e realização. Trajetórias de empreendedorismo me fascinam.

Histórias são sempre dramas humanos, inclusive as que tratam de negócios, empreendedorismo, gestão. São cheias de maluquices, genialidades, ensinamentos, e ora divertem, ora deprimem.

Duas coisas são constantes em todas elas: ideias e exemplos.

Ideias estão sempre presentes. E não existem apenas no papel, mas foram vividas visceralmente por seus protagonistas. Devem cumprir as virtuosas funções de estimular, provocar, alertar, animar e inspirar, mas, se assim não for, que ao menos distraiam dos pesares do trabalho e da vida para mostrar que existe outro mundo possível.

Exemplos nos ajudam a aprender tanto com os erros quanto com os acertos dos que os vivenciaram. Na verdade, temos os mesmos medos, dúvidas, esperanças e sonhos. Outros abriram estradas pelas quais podemos passar.

Que, depois de ler esta obra, você se lembre das histórias e admita sem rodeios: é sobre mim! Tem a ver comigo, com meu trabalho, meu emprego, minha carreira, minha empresa. Tem a ver com os dramas e as tramas da natureza humana, em que todos nos encontramos, nos reconhecemos e nos identificamos como feitos da mesma argamassa.

Leia, então, com todos os sentidos. Pense, olhe, escute, toque, cheire, sinta e complete com o seu sexto sentido, deixando a intuição fluir e a imaginação voar solta.

Espero mostrar a você, por meio destes personagens reais, quanto e como é possível. O seu desafio é descobrir o que existe de natural em cada uma das histórias. Juntas elas compõem a saga de uma economia ética, humana e próspera.

Se a velha economia é o mundo da probabilidade, a Economia ao Natural é o mundo das infinitas possibilidades, incluindo as suas! Mergulhe e aproveite ao máximo.

Uma nova economia, a Economia ao Natural, será elaborada cuidadosa e diligentemente por todos nós!

INTRODUÇÃO

*No fundo do nosso coração mora uma saudade
do natural,
de nossa essência e
transcendência,
de quem verdadeiramente somos.*

UM DIÁLOGO INESPERADO

– Em que você trabalhava quando tinha a minha idade? – perguntou-me um garoto de 16 anos.

– Eu era office boy – respondi.

– E o que é isso?

Naquele instante, tomei consciência da passagem do tempo. Como explicar para um jovem que transfere textos, vídeos, áudios, fotos para onde ele quiser, sem sair do seu quarto, a vida que levava alguém de sua idade no século passado? Empregado em uma instituição financeira, eu enfrentava a tarefa diária de recolher documentos nos crediários de lojas situadas nos bairros paulistanos do Cambuci, Ipiranga, Sacomã e levar a papelada para outro endereço no centro da cidade de São Paulo. E tudo a pé ou de ônibus.

Décadas depois, o mundo virou de cabeça para baixo. Vivemos outra realidade, muito diversa. A economia parece ter mudado muito. Mas será que mudou mesmo?

Em qual economia vive – ou viverá – o jovem que fez a pergunta? E seus semelhantes? E você? Já parou para pensar o quanto a economia influencia a sua vida?

Oikos – do grego, "casa" – e *nomos* – "costume" ou "lei" – são a origem da palavra "economia", que significa o conjunto de leis, regras e costumes de vida na casa em que todos habitamos. O problema é que a casa está muito descuidada. E, exceto os nossos, não existem braços e mentes capazes de mudar essa condição. Mãos à obra, portanto!

Saiba, porém, algo fundamental: não existe uma única economia. Reconhecer os tipos de economia e fazer a escolha correta por um deles é o primeiro passo.

A economia das coisas e a economia das gentes

Ao conquistar algumas promoções na instituição financeira em que trabalhava, o jovem office boy que fui começou a compreender que o objetivo da empresa era tomar dinheiro de quem tinha e emprestar para quem podia devolver. Todo tempo e aprendizado era para essa finalidade.

Conheci e absorvi novas palavras, integradas ao meu vocabulário e ao meu cotidiano, como juros, liquidez, insolvência, letra de câmbio, debênture, indexação, inadimplência, alienação fiduciária etc. E números, números e números.

O que havia de mais importante eram, justamente, os números. Determinavam tudo. Tratava, portanto, de perseguir metas numéricas dia após dia, semana após semana, mês após mês, ano após ano.

Quando as metas numéricas eram atingidas, logo eram substituídas por outras maiores. Quando não atingidas, era preciso suportar as testas franzidas dos chefes desfilando pelos corredores no ambiente de trabalho. Os números mandavam nas gentes. Tanto é que, quando eles não correspondiam, pessoas eram mandadas embora.

Influenciado pelo emprego, fui cursar a faculdade de Economia. Fiz matérias como história do pensamento econômico, teoria econômica, macro e microeconomia, mas as duas economias que observei, na prática, não aprendi na escola.

Existe a economia das coisas e a economia das gentes. A ciência econômica ocupa-se mais com a economia das coisas. Não fosse assim, ao invés de considerar o número de habitações construídas, consideraria o número de pessoas que têm ou não têm onde morar. Ao invés de considerar a quantidade de grãos produzidos na agricultura, consideraria a quantidade de pessoas que têm ou não têm o que comer. Ao invés de considerar as toneladas de lixo recolhidas diariamente, consideraria o número de pessoas que têm ou não têm acesso ao saneamento básico e às práticas de higiene e limpeza.

A ciência econômica considera a produção de bens e serviços, mas desconsidera dois fatores de produção fundamentais: a família, que fabrica gentes, e a natureza, que produz matérias-primas.

A economia das coisas serve para resolver o nosso bem-estar por meio de produtos e serviços existentes no mercado. E conseguiu grande êxito, principalmente depois da explosão tecnológica. A generosidade da casa comum onde habitamos permite alimentar toda a humanidade. Sabemos como produzir o que as pessoas necessitam. Não existe problema na economia das coisas.

A busca frenética pelo bem-estar, no entanto, impede que se alcance o bem-viver. É na economia das gentes que intensificamos as relações humanas, os valores virtuosos, os propósitos comuns, a liberdade de criar, a convivência harmoniosa em comunidade, incluindo a natureza – da qual fazemos parte –, capazes de nutrir a vida para além do que nos alimenta.

No afã de conquistar uma vida confortável, esgota-se o tempo, não sobrando sequer segundos justamente para viver uma vida interessante.

Bem-estar e estar bem fazem parte de uma vida que se deseja na plenitude, mas ambos cumprem apenas uma parte da venturosa jornada. Parar por aí é assegurar apenas a existência. Manter-se vivo ainda não é vida. Ela pede mais!

Bem-viver é o exercício das potencialidades, transformando-as em realização e autorrealização. É o que encontramos na economia das gentes.

Uma coisa é certa: a quantidade maior de bens não assegura a qualidade melhor de vida. Tanto é que a casa continua descuidada.

Merecemos tanto o bem-estar como o bem-viver, e é um grande desperdício contentar-se com meia-vida, cuidando somente de uma de suas facetas e, por decorrência, descuidando da outra.

A justa medida no bem-estar é que dará o tempo e o espaço necessários para o bem-viver. E é no bem-viver que experimentamos a vida em sua plenitude.

A economia de fora e a economia de dentro

Enquanto isso, eu, como estudante universitário, ascendia na carreira. De encarregado de departamento para gerente fui aprendendo, na prática, a gerir pessoas e resultados. Também soube como tratar do financiamento para pessoas físicas. Depois, do financiamento para pessoas jurídicas. Aprendi a analisar balanços e me capacitei em análise de crédito, gestão de caixa, administração financeira.

Influenciado pelo emprego, cursei pós-graduação em Finanças. O mundo dos números invadiu totalmente a minha vida. Além das funções na instituição financeira, ainda me ocupava de administrar um fundo de ações.

Esse era o meu mundo! E, para mim, esse era *o* mundo.

Sentia, no entanto, uma inquietação. O que era produzido, de verdade?

Outras economias estavam por ser descobertas.

Na concessão de financiamento às empresas, eu me aproximei de outro universo: o da produção de bens reais. Na instituição financeira, nada se produzia de concreto. Passei a lidar com empresas que confeccionavam roupas e tecidos, fabricavam mesas e cadeiras, industrializavam calçados, construíam prédios, produziam peças.

Eu me encantava com as histórias de empreendedorismo com as quais me deparava no dia a dia, aquela aventura que começa com uma ideia e prossegue até se transformar em empreendimento, depois em empresa.

Estava aí a prova da importância da economia das gentes. Ali nasciam as ideias que depois criavam a economia das coisas. Gentes são seres de inspiração, imaginação, superação e realização.

Mas nem sempre são devidamente levadas em consideração.

Atuando posteriormente como consultor, observava as empresas que se davam bem e as que se davam mal.

Quando visitava uma empresa pela manhã, ouvia do empresário as lamúrias sobre a crise, o preço das matérias-primas, a carga tributária, os encargos trabalhistas, os juros, o câmbio, o dólar e assim por diante.

À tarde, visitando outra empresa, o discurso era bem distinto: a contratação de profissionais, a expansão da fábrica, a compra de novas máquinas, a abertura de filiais.

Qual era a diferença entre os empresários? A economia era a mesma. A mesma política econômica, o mesmo ministro da Economia, a mesma taxa de inflação e desemprego, os mesmos custos financeiros, a mesma carga tributária etc.

Cheguei a pensar nas diferenças de ramo de atividade, do tempo de existência de cada tipo de negócio, da localização geográfica, mas nenhum desses fatores explicava o porquê de um ser bem-sucedido enquanto o outro era malsucedido.

Foram precisos 14 anos para tomar ciência de que os números não explicam tudo. Os problemas enfrentados pelas empresas iam muito além do que os números podiam desvendar. Comecei a notar que existem outras forças, tanto restritivas como impulsionadoras, além das engenharias financeiras, incapazes de lidar com tudo.

Compreendi, então, que existe uma economia de fora e uma economia de dentro.

A economia é a ciência que estuda a escassez, aprendi na faculdade. E essa fantasia da escassez é muito apregoada pelos economistas. Olhar para fora é se deparar com informações que sinalizam a falta. O tempo todo. Basta ver os noticiários. O drama está sempre presente.

O empresário malsucedido aposta na economia de fora e nos indicadores econômicos para fazer as suas apostas.

O empresário bem-sucedido prefere olhar para dentro, onde mora a abundância, o reino das infinitas possibilidades. É onde reside a intuição, a imaginação e a coragem de abrir estradas por onde ninguém ainda havia passado.

A criatividade e as inteligências humanas não são escassas e estão fartamente distribuídas na diversidade da nossa espécie.

Notei que existe uma grande diferença nos empreendimentos que nascem orientados pela economia de fora em comparação àqueles voltados à economia de dentro.

Quantos empreendimentos promissores deixaram de vir à luz ou mesmo soçobraram ameaçados pela economia de fora?

Na economia de fora, o drama. Na economia de dentro, a trama. Isso vale para empreendimentos e empresas, para as profissões e carreiras profissionais.

Por outro lado, as melhores histórias de empreendimentos eram aquelas que entrelaçavam a economia de dentro com a economia das gentes.

Aquele garoto de 16 anos que fui ao trabalhar como office boy, depois consultor de empresas, se fez educador. Percebi que a economia de fora é uma projeção da economia de dentro, e o desafio, portanto, não é corrigir apenas a escassez que predomina na economia de fora, mas aquela que habita a economia de dentro. Para mudar essa condição é preciso uma *metanoia*, ou seja, uma mudança na qualidade do olhar.

Existe uma nova economia à nossa espera, como uma nova casa nos convidando a entrar. Não aquela que ensina a escassez, mas a que preconiza a abundância.

O surgimento dos desideratos

Corria o ano de 2014 quando um grupo de pessoas – empresários, executivos, líderes, profissionais – se reuniu nos bons ares da cidade de Atibaia, no estado de São Paulo, mais precisamente de 28 a 29 de maio, para juntos sonharem uma nova economia. De forma participativa, foram criados 28 manifestos representativos desse desejo coletivo.

Durante os quatro anos seguintes, os manifestos foram vividos e praticados por dezenas de empresas em várias localidades geográficas do país.

Em 2018, na mesma Atibaia, em 24 e 25 de maio, novamente com a participação coletiva, contando com novos integrantes, os manifestos se transformaram em 15 desideratos inspiradores de propósitos e norteadores de condutas de muitas empresas e pessoas de lá para cá. A palavra "desiderato" vem do latim *desideratum*, que significa um grande desejo. Eis os escolhidos:

Desiderato 1 – Eu desejo viver um propósito coletivo.

O importante é que cada um, diante do mesmo propósito, coloque a sua argamassa, contribuindo com a grande obra.

Desiderato 2 – Eu desejo compartilhar conhecimentos e experiências.

Esse amplo conjunto de elementos – informações, conhecimentos, percepções e experiências – compõe uma inovadora maneira de ver e fazer.

Desiderato 3 – Eu desejo desenvolver a consciência humana.

Uma pessoa e uma empresa conscientes contribuem real e decisivamente para elevar a geração de riquezas de uma economia inteira.

Desiderato 4 – Eu desejo inspirar a essência das pessoas.

Inspirar a essência das pessoas é tocá-las no que elas têm de mais verdadeiro, sublime, nobre.

Desiderato 5 – Eu desejo beneficiar a vida.

A vida não nos deve nada. Tudo já nos foi dado. Nós é que temos de retribuir a ela.

Desiderato 6 – Eu desejo viver uma comunidade ética e humana.

Em harmonia com o todo, as possibilidades são expandidas quando há ética, humanidade e prosperidade.

Desiderato 7 – Eu desejo que o bem coletivo supere o individual.

O sujeito, sem perder a individualidade, é sempre parte do coletivo.

Desiderato 8 – Eu desejo espiritualidade na economia, nos negócios e no trabalho.

Espiritualidade na economia, nos negócios e no trabalho é ganhar dinheiro – seja como empregado ou empreendedor – sem perder a paz de espírito.

Desiderato 9 – Eu desejo igualdade de oportunidades e riquezas para todos.

Todos nós temos uma história para contar, uma luz para manifestar, um combate a travar, uma generosidade a oferecer, um talento a aperfeiçoar, um sonho a compartilhar.

Desiderato 10 – Eu desejo a criação coletiva.

As ideias têm sido as únicas fontes de riqueza ao longo de toda a história da humanidade.

Desiderato 11 – Eu desejo preservar o planeta.

A casa comum tem de contar com a ética (os valores) e a estética (o arranjo) para que seja harmoniosamente desfrutada por seus moradores, presentes e futuros.

Desiderato 12 – Eu desejo retribuir.

"Retribuir" é um verbo representativo do espírito de solidariedade e de colaboração que perpetua a espécie. É um movimento natural.

Desiderato 13 – Eu desejo viver em plenitude.

Viver em plenitude requer envolver-se por inteiro. É quando pensamentos, sentimentos e comportamentos estão alinhados com os valores.

Desiderato 14 – Eu desejo um mundo de abundância.

A economia ao natural é a da abundância, inclusiva e integrativa. Quer o melhor para todos.

Desiderato 15 – Eu desejo viver o trabalho como um ato de amor.

Para viver o trabalho como um ato de amor é preciso gostar do que tem de ser feito.

N.B.: *os textos completos de cada desiderato estão no apêndice, ao final do livro.*

A metáfora da roda da bicicleta

É comum tentar entender a nova economia como substituta da velha, o que se reduz a um pensamento linear, cronológico e, por vezes, maniqueísta. Mas não é disso que se trata. Para bem compreender as duas dimensões da economia, tomemos como exemplo a conhecida imagem da roda da bicicleta. É formada pelo aro, onde fica o pneu, pelo eixo e pelos raios.

O pneu, no aro da roda, é o lugar dos atritos, em que os obstáculos se apresentam como pedras, paus, cacos de vidro, pregos, buracos e intempéries, todos causadores de avarias. Representa a velha economia com todas as suas turbulências.

O eixo, por sua vez, representa a nova economia, lugar de centralidade e equilíbrio.

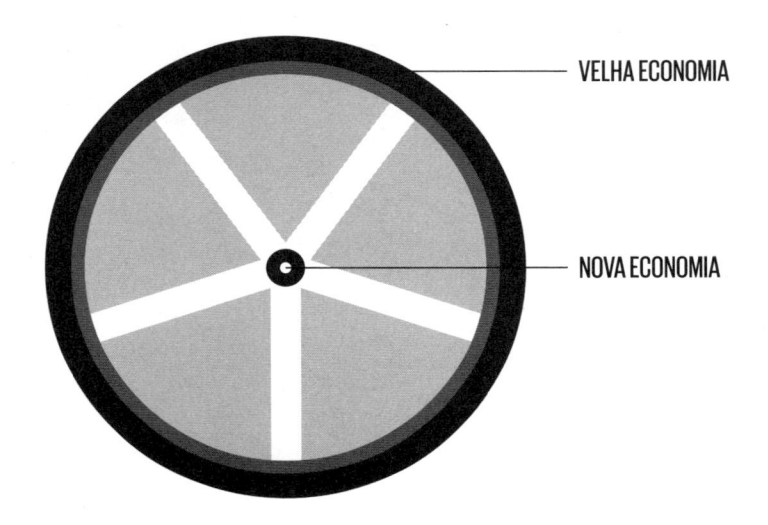

Fazendo uso da metáfora, não existe somente um ou outro, o aro ou o eixo. A roda é composta por ambos. Portanto, velha e nova economia são representações de estados conjunturais e estágios estruturais da economia, de maneira que ambas convivem concomitantemente.

O exercício de todo negócio, empresa, empreendimento, profissão e trabalho é administrar essa realidade de forma que se esteja a maior parte do tempo no eixo ou, se houver resvalos para a superfície, que sejam conhecidos os caminhos para retornar ao centro.

Os raios da roda da bicicleta, representados pelos desideratos, cumprem a função de proporcionar rotas alternativas para que se possa desviar dos abalos da velha economia e encontrar a consistência da nova economia, denominada Economia ao Natural.

A ilustração seguinte demonstra a nossa ambígua realidade, em que não conseguimos nos furtar da velha economia, mas podemos buscar esperançosamente a economia ao natural.

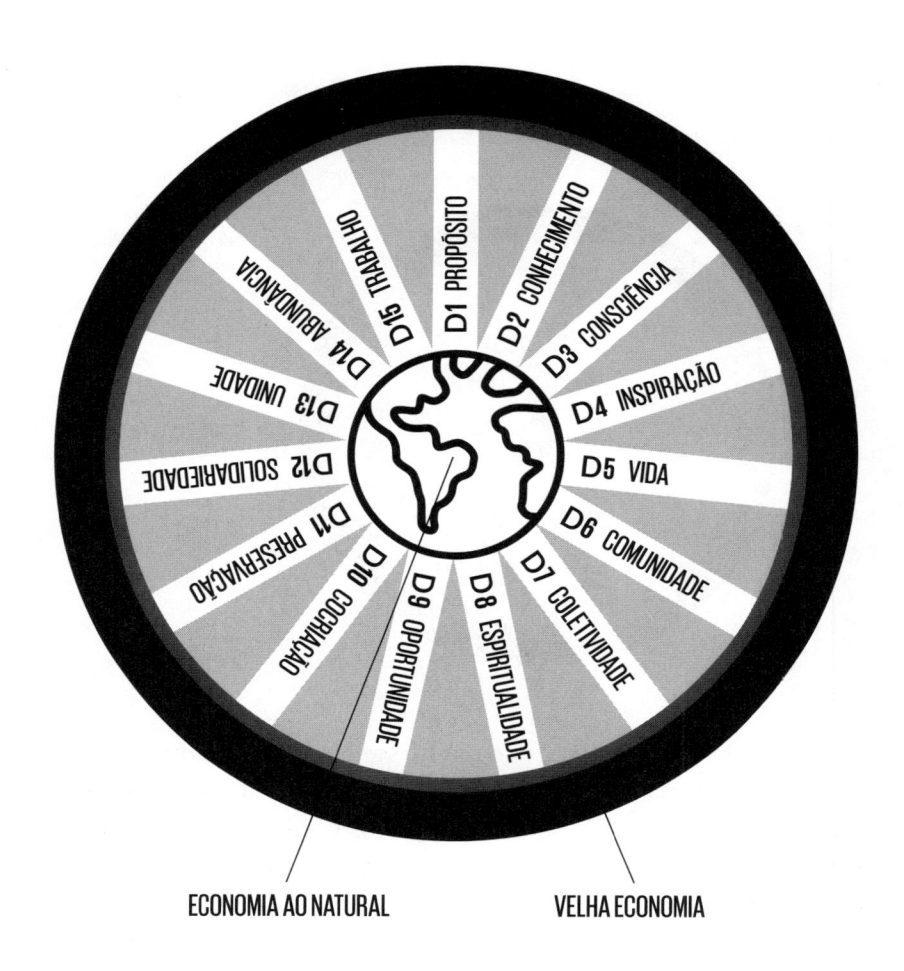

ECONOMIA AO NATURAL

VELHA ECONOMIA

A economia normal e a economia ao natural

Uma economia pode ser ética, humana e próspera.

Para defini-la, antes precisamos questionar o que não é ético, nem humano, nem próspero, embora seja considerado normal.

A economia das coisas e a economia de fora geraram uma situação aceita como normal. Aceitamos como normais a crise, a inflação, o desemprego, a fome, a falta, a guerra, os vícios, os atalhos, o medo. Achamos normal um mundo regido pela ganância. O absurdo é que nos acostumamos com essa normalidade.

Tudo isso até pode ser normal, por comum, mas não é natural.

A economia precisa retornar à sua vocação original de cuidar da casa. *Oikos.*

Transferir energia da economia normal para a economia ao natural já é um grande passo. Assim...

... em vez de produzir crises, criar oportunidades para todos;

... em vez da inflação que empobrece, as riquezas que dignificam;

... em vez do emprego medíocre, o trabalho com significado;

... em vez da fome que assola, o alimentar que nutre;

... em vez de insistir na falta, apostar na fartura;

... em vez de fomentar a guerra, promover a paz;

... em vez do vício que destrói, a virtude que edifica;

... em vez do atalho que seduz, o caminho que conduz;

... em vez do medo que paralisa, o amor que move montanhas;

... em vez do mundo da ganância, a vida na generosidade, com respeito ao outro e responsabilidade para com o todo.

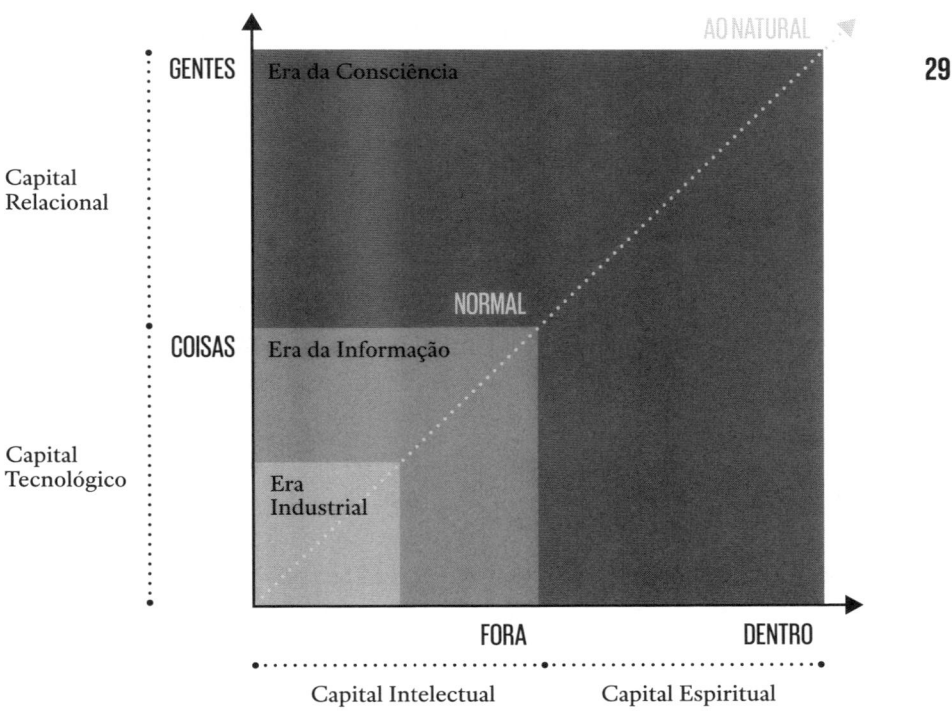

A economia normal, da forma como a conhecemos, começa na Era Industrial. Tanto o capital intelectual como o tecnológico impulsionaram seu desenvolvimento, a ponto de levá-la ao colapso. Os produtos (economia das coisas) tornaram-se cada vez mais similares, perdendo os diferenciais e, por consequência, também as margens de lucro. Uma nova era traria outro fôlego aos negócios: a da informação.

Mesmo assim, a economia das coisas continuava prevalecendo sobre a economia das gentes e a economia de fora, sobre a economia de dentro. Diferentes capitais despontariam para abrir espaço à subsequente era: a da consciência. De um lado, o capital relacional impulsionando a economia das gentes; do outro, o capital espiritual impulsionando a economia de dentro.

Talvez você sinta estranheza ao examinar a economia sob o ponto de vista do natural em vez do normal. Talvez você se sinta nadando contra a maré. Mas, quando começar a viver a economia ao natural intensamente, vai se perguntar: e como poderia ser diferente?

Existe uma bússola moral dentro de cada um de nós dizendo: é por aí!

Observe que a economia ao natural é alicerçada no transcendente, não no transitório. Nas coisas que não passam em vez das que passam.

A moeda muda de valor, as taxas e os impostos passam a ter diferentes alíquotas, os salários e os encargos trabalhistas se alteram, o custo de vida fica em diferente patamar: todas essas coisas são transitórias.

O que não muda: os valores, as virtudes, a importância das relações humanas, a essência divina.

Tudo começa na mudança de percepção, do normal para o natural. A partir daí, renova-se a intenção, que vai se transformar em desejo. E o desejo é a semente de um novo propósito.

É uma questão de escolha, mas sobretudo de decisão e compromisso. E do impulso em dar o primeiro passo.

Benignar a vida

Retorno ao início da história, ao garoto de 16 anos que me interpelou. Será bem ou malsucedido? Optará pela economia das coisas ou pela economia das gentes? Escolherá a economia de fora ou a economia de dentro?

Vai reproduzir o normal, que está amplamente instituído, ou vai buscar em si mesmo o que seja mais natural – seus valores, virtudes, talentos – para oferecer ao mundo e mudar a economia de fora?

A economia não começa nos mercados. Começa nos corações humanos. Nada mais natural em mim e em você do que a casa onde o nosso coração habita. É a nossa economia de dentro.

Se cada um cuidar da casa do seu coração, vai ser capaz de criar um pedaço de planeta que dá certo.

A economia ao natural é a casa acolhedora e inclusiva, oferece luz e esperança. Quem dela se aproxima leva consigo a ética dos valores virtuosos e os bons fluidos das relações humanas saudáveis. É com essa nobreza de espírito que avançaremos como humanidade.

Benignar a vida, é disso que trata a economia ao natural.

Contida no verbo "benignar" está a palavra *ignição*, que significa acender o fogo. A economia ao natural serve, justamente, para acender a chama que existe dentro de cada ser humano.

É uma realidade já vivida por pessoas e empresas que desejam a hospitalidade de deixar a casa mais bem arrumada para quem chegar. Que esse seja o propósito de todos os trabalhos, profissões, empresas e negócios.

HISTÓRIAS DE BENIGNAR

Pregue a Verdade como se tivesse um milhão de vozes.
É o silêncio que mata o mundo.
CATARINA DE SIENA

BTFLEX – AS CINCO TRILHAS

Eu quero ser além de uma semente
Oferecer ao mundo um grão de gente
Pra florescer amor tem que plantar
Cultive a paz pra paz então brotar
SANDRA DUAILIBE E MARCO DUAILIBE[1]

Ao chegar para o trabalho, Adrai notou que algo estava diferente em sua sala. O computador e o telefone haviam sumido. Armários, gavetas e até o lixo estavam revolvidos. Entre o susto e a surpresa, ela recebeu a notícia fatídica:

– Demitida! – ouviu, enquanto era conduzida a outra sala, onde foi submetida a um humilhante interrogatório.

Sentir-se desempregada abruptamente foi um grande choque. Ela passara por um longo interregno, cerca de um ano e meio, sem colocação, antes de ser registrada na empresa que agora lhe apontava a porta da rua, mesmo sendo uma profissional experiente. Nunca lhe passou pela cabeça enfrentar a mesma situação de um jeito muito pior: com injustiça, a partir de uma acusação falsa.

Adrai sentiu como se o chão estivesse se abrindo sob seus pés quando avistou Carol carregando uma caixa com os pertences dela. "Também aconteceu o mesmo com a colega?", perguntou-se totalmente surpresa. Logo a menina ingênua para quem todas as pessoas são boas, para quem a palavra dita é declaração de compromisso?

---

1   Os versos citados nas epígrafes das histórias referem-se às canções compostas especialmente para o projeto "Brasil ao Natural". Advindas de todas as regiões do Brasil, são inspiradas nos desideratos citados no livro e nas respectivas estampilhas de Elifas Andreato, sob a direção musical de Socorro Lira e arranjos de Jorge Ribbas.

Tanto as canções como as estampilhas podem ser acessadas no site do Instituto Economia ao Natural: www.economiaaonatural.org.br. As canções também podem ser ouvidas nas plataformas digitais. Acesse "Brasil ao Natural".

Embora trabalhassem no setor de vendas, Adrai e Carol se conheciam apenas de vista, superficial e profissionalmente. Ambas eram excelentes vendedoras de equipamentos para postos de abastecimento.

Naquele instante, ali se encontravam, pela primeira vez, com mútuo e solidário interesse, duas almas: a garota sonhadora, um bocado ingênua e cheia de fé, e a jovem generosa, mas um tanto desconfiada.

Um filme passava na tela mental de Carol. Com uma carta detalhada, na simplicidade de seus 17 anos, ela apelou para o "Pai de todos os sonhos" solicitando um emprego. Tinha confiança de que seria atendida, mas a benevolência do "Pai de todos os sonhos" a levaria mais além: seria conduzida por uma trilha que, entrelaçada a outras, transformaria a sua vida.

Enquanto se dirigiam para fora da empresa, cada uma com seu lamentável fardo, Carol pediu:

– Você pode me dar uma carona?

Adrai aceitou e no caminho propôs:

– Gosto de cozinhar. Posso fazer uma comida para nós, na sua casa?

Antes de chegarem ao destino, elas passaram no supermercado para comprar os ingredientes. Na inusitada experiência da comensalidade, entremeada por frustração e dor, nasceu a amizade que geraria muitos frutos na vida de ambas, algo inimaginável naquele momento de ruptura e aflição.

Foi o primeiro entrelace de trilhas.

A trilha do italianinho

– Quem diria! Novamente procurando emprego – lamentou Carol.

– Precisamos preparar nossos currículos. Minha irmã me disse que seu marido pode nos ajudar. Vamos pedir a ele algumas dicas sobre como nos comportar nas entrevistas – propôs Adrai.

O italianinho tinha, sim, indicações, mas sobretudo o dom de enxergar além. Viu nas duas garotas potencial para empreender.

Em vez de ensiná-las a elaborar currículos, preferiu ajudá-las a "vender o próprio peixe". As negociações impressionavam de saída, porque a dupla estava munida de uma apresentação bem estruturada e bons argumentos.

A primeira foi ao CEO para a América Latina de uma empresa norte-americana. Diante do executivo na cabeceira da mesa, ladeado por dois diretores, as garotas, muito bem preparadas, fizeram um gol de placa. Nascia uma nova empresa de representação.

Já no primeiro mês, as jovens ficaram surpresas com o número de pessoas interessadas em ser suas clientes. Ambas sabiam atender, vender, contratar, entregar. Mas ainda tinham muito a aprender, principalmente sobre os aspectos técnicos dos produtos que comercializavam.

Foi aí que outra trilha se entrelaçou à inicial, de forma a alargar os horizontes.

A trilha do gaúcho

Na vida e no mundo dos negócios, quase nunca identificamos as trilhas no momento em que se abrem. Podem estar camufladas na paisagem, ou mesmo indefinidas, tortuosas, repletas de aclives e declives, sem a menor indicação de para onde podem nos levar.

Nas profundas valas de um posto de combustível, na distante Uruguaiana, quase fronteira com a Argentina e o Uruguai, um jovem gaúcho inquieto de 13 anos fazia as trocas de óleo de ônibus e caminhões. Aos 18 anos, resolveu pegar uma trilha que o levaria à megalópole.

A intenção de Anderson era ir para São Paulo e depois retornar à sua cidade natal. De trilha em trilha, cruzou logo com aquela que havia feito o pedido ao "Pai de todos os sonhos". Acabou fisgado para todo o sempre.

A princípio, foi uma conexão de negócios. O gaúcho inquieto era uma referência técnica no mercado dos produtos para a venda de combustíveis. Ele conheceu, construiu, vistoriou muitos postos de abastecimento e – atente para o detalhe – conhecia profundamente outra trilha que iria dar rumo à história de três novos empreendedores: a trilha do instalador.

Instalador é o profissional que cava buracos profundos na terra, instala os produtos vendidos pela nova empresa, cobre tudo com concreto e dá vida para mais um posto de abastecimento. É a figura-chave nesse tipo de negócio. É ele quem decide onde comprar os equipamentos que precisam ser instalados para viabilizar o início da operação de cada empreendimento, seja isolado ou parte de uma rede.

Adrai, Carol e Anderson compreendiam muito bem que o instalador precisava de atendimento ágil, portanto trataram de suprir tal necessidade de maneira rápida e competente. Mais que isso, sabiam tratar com dignidade aquelas pessoas até então invisíveis, por trabalharem no subterrâneo dos postos.

A demanda crescente por parte dos instaladores fazia com que os três jovens empresários investissem em estoque para garantir pronto atendimento. Ao analisar todos os aspectos do segmento e fazer as devidas contas sobre investimentos, eles perceberam que podiam ingressar em outra aventura: a de fabricar os próprios produtos, antes adquiridos de terceiros, em um segmento tecnológico com poucos e grandes fornecedores.

– Medo, muito medo! – admitia Adrai diante do novo desafio, que, apesar de imenso, animou a garota sonhadora. Ao recordar os próprios passos, no presente: – A gente não tinha dinheiro e precisava investir por dois anos antes de começar a vender.

Mas não havia saída senão enfrentar a empreitada, caso quisessem entregar o melhor produto e da melhor maneira para o instalador, parceiro com o qual os três estavam bastante comprometidos. Naquela altura, já havia entre eles uma grande aliança, uma conexão muito forte. Sobretudo, respeito de parte a parte, além de uma comunicação bem afinada.

Bons empreendimentos atraem bons parceiros. Apareceu o investidor suprindo a necessidade de recursos financeiros. Da mesma forma, surgiu o parceiro industrial fornecendo a máquina importada básica para a produção dos equipamentos, bem como os recursos materiais.

Por que as vendas eram crescentes, mesmo em um largo interregno de grandes dificuldades? Os empreendedores chegaram a acreditar que era a marca ou a qualidade dos produtos que vendiam, talvez até mesmo o nome da empresa e as condições comerciais, incluindo o preço e o prazo.

Tudo era importante, mas não explicava o segredo do sucesso ininterrupto.

A semente do bem

Empreender é o exercício da ambição. Esta palavra pode soar boa para alguns, com ressalvas para outros. Empreendedores não veem nenhum problema com esse termo. O fato é que nem toda ambição é boa.

Tomemos uma árvore como analogia a um empreendimento. É encontrada em vários lugares, com diversos tamanhos, formatos e funções. Tem tronco e copa, é formada por galhos, folhas e frutos. Cada uma dessas partes é visível e tangível, incluindo a colheita, também mensurável. Nem todas, no entanto, seguem a mesma natureza.

Muitas vezes queremos avaliar a árvore só pela colheita, mas é pela raiz e pela semente que se pode compreendê-la melhor. Raiz e semente são a sua base de sustentação, mas não são visíveis, vicejam e operam no subterrâneo.

Em um empreendimento, a estrutura física, os recursos materiais e financeiros, a tecnologia, as matérias-primas, os produtos, os estoques e os controles são como o tronco, a copa, os galhos e os frutos. "O essencial é invisível aos olhos", como disse Antoine de Saint-Exupéry. E o essencial está na raiz e na semente. Existe uma natureza oculta no mundo dos negócios.

A raiz representa os valores; e a semente, a qualidade da ambição. A ambição é o desejo ardente de transformar sonhos em realidade. Nem todas as ambições são, no entanto, da mesma natureza.

Existe a semente da *sobrevivência*, que, no ato de empreender, busca o sustento e a segurança, a preservação e o controle. São empreendimentos que não conquistarão a perenidade, a menos que a semente seja substituída a tempo.

Existe a semente da *competição*, cuja busca, no ato de empreender, é tomar o mercado de quem lá esteja. O foco está mais no concorrente do que no cliente, e o objetivo é competir e conquistar o primeiro lugar do pódio.

Nem toda semente é boa, nem todo desejo é bom.

Existe a semente da *indignação*, pela qual optam empreendedores motivados por rebeldia, inquietude e curiosidade. Escolhem cuidar de algo ou de alguém por meio do empreendimento e, quando se comprometem, colocam o desejo acima do medo e enfrentam os riscos decorrentes.

Existe, ainda, a semente da *contribuição*, para quem foi além da escolha e assumiu o compromisso de contribuir efetivamente para algo ou alguém.

Note a diferença entre as duas primeiras sementes – mais egocentradas – e as outras duas – mais altercentradas. A qualidade da semente gera empreendimentos muito diferentes entre si, desde a forma de planejar estratégias e organizar o trabalho até a de construir equipes e exercitar a liderança.

"Semente de amor sei que sou desde nascença", diz um verso de Cartola que bem poderia representar a garota sonhadora, ajudada por sua própria ingenuidade e sustentada por sua grande fé. Afinal, sempre confiou no "Pai de todos os sonhos". A boa semente é compartilhada também pela garota generosa de boa raiz e pelo gaúcho inquieto, que traz em si o espírito do foco escolhido.

Os novos empreendedores fizeram a escolha por um foco – o instalador – e deixaram que todas os demais fatores se reorganizassem ao redor. Naturalmente.

O vírus mórbido

Sabemos que nem tudo é tão fluido assim. O medo estava presente o tempo todo, num aflito jogo de braço com o desejo. Mensagens controversas começaram a aparecer:

– Vocês têm, agora, uma fábrica. O jogo mudou. Não podem mais atuar como antes, direto com o canal do instalador. Ele não vai dar conta de comprar toda a capacidade produtiva de vocês. Terão, portanto, de arranjar uma rede de representantes. Em sã consciência, não podem manter capacidade ociosa.

A cantilena da velha economia não desaparece. Preencher toda a capacidade ociosa para aumentar o retorno sobre o investimento é o raciocínio lógico que explica o ganho de escala. Foi assim nas relações comerciais em que o cliente é um desconhecido. Não é assim na economia ao natural, em que a satisfação do cliente é mais importante do que o retorno sobre o investimento.

Os burburinhos produziam os seus efeitos maléficos, trazendo confusão e dúvidas às jovens mentes empreendedoras. É muito fácil trocar gentes por coisas quando essa é uma tradição arraigada. Os resultados começaram a declinar.

– Quando a gente se perde sem saber para onde vai, não consegue enxergar mais nada – admite Carol, ao relembrar os momentos difíceis de retorno aos velhos trilhos, em vez de seguir por trilhas.

Estava na hora de o italianinho retornar. E foi o que aconteceu.

Outras colheitas

O italianinho fez com que o trio percebesse que o segredo da nova empresa, agora também fabricante, não estava nos produtos, mas na decisão e no compromisso assumido com o instalador.

– A gente foi voltando, de retorno à nossa essência, para resgatar a semente original, a primeira intenção – conclui Carol. – Conseguimos nos reencontrar.

Os três compreenderam que seu tipo de abastecimento é de outra natureza. Ao observar toda a trajetória de seu empreendimento, têm clara consciência de um fato básico: o que faz com que a BTFlex seja obra representativa da economia ao natural é a relação sujeito-sujeito que mantém com os instaladores.

– Todas as empresas entregam mais ou menos a mesma coisa – diz Anderson, o gaúcho inquieto. – Os produtos têm um padrão, são quase todos iguais. Mas, quando o instalador sabe que nós estamos ao lado dele, tudo muda de figura.

Carol complementa o raciocínio do marido:

– É ele quem decide sobre os equipamentos que vão ser acoplados à bomba e ao tanque. Quando o instalador está na obra e é seu parceiro, você vende com mais facilidade e com uma margem maravilhosa. No fundo, quem vende é ele.

Ao se comprometer com o foco, a imaginação voa solta, para muito além dos produtos. O trio reconheceu que o instalador precisava de mais do que produtos e condições comerciais justas. Existe uma carência de informações no mercado. Não apenas técnicas, ele precisava de qualificações como empreendedorismo, gerenciamento do negócio, e também como ser humano. Foi quando pensaram em criar a Universidade do Instalador.

Com o isolamento social provocado pela pandemia, em 2020, o trio de sócios resolveu postergar a criação da Universidade e substituí-la por oficinas na forma de lives. O número de pessoas engajadas na imprescindível experiência virtual foi superior ao que seria no modelo presencial, bem como a abrangência geográfica.

– O pessoal do mercado quer eliminar o instalador ou colocá--lo para trabalhar nas grandes empresas de engenharia – comenta Adrai. – Nós, ao contrário, criamos uma nova denominação para ele: especialista em instalação. Nós queremos profissionalizá-lo e humanizá-lo. Tirá-lo do ostracismo e da marginalidade a que foi condenado. Fazer com que aprenda sobre educação financeira, vendas e marketing, mas também sobre valores, propósito e vida digna.

– Vejo a nossa empresa como um lugar de partilha, de contribuição, de valorizar o próximo e de gerar riquezas que não são só para quem empreende – acrescenta a garota sonhadora. – Eu nunca pensei em ser empreendedora, mas Deus vai nos colocando em trilhas que a gente nem imagina. Basta segui-las.

A trilha da esperança

A BTFlex fica em Taboão da Serra, município que integra a Grande São Paulo. O prédio é discreto e tem três andares. No último está a ampla sala de reuniões, com uma grata surpresa a visitantes. Espraiada em uma parede inteira, lá está uma pintura que transborda o verde por todo o ambiente. Na tela, assinada por Bruno Ferreira Lopes Silva e José Wilker, uma homenagem ao instalador, ou seja, o especialista em instalação. Ele sempre esteve presente na história das duas garotas e do gaúcho inquieto.

– Temos grande prazer de vender nossos produtos – comenta Adrai, a garota generosa –, mas, no fundo, a gente sempre admirou e se concentrou nesse cara que cheira a combustível, recebendo-o como um ser único a ser cuidado com o mesmo respeito que merecem, também, todos os colaboradores da BTFlex. *Nosso propósito é abastecer vidas.*

Não por acaso, *Dignidade* é o nome que Edson Góis, colaborador da BTFlex, dá à obra. E a descreve com muita sensibilidade e humanidade:

"Tem gente trabalhando, máquinas operando, estrutura sendo montada, equipamentos, terra solta, mão humana segurando a muda de uma planta.

Tem desenho de partes de uma obra, tinta colorida na parede. Mas tem também as intenções, que só enxerga quem vê mais do que apenas um desenho. Ali tem a maravilha da criação, a obra das muitas mãos, tem inspiração e movimento.

Sei muito bem que neste lugar tem muita união, muita opinião e sentimentos. Tem a família que ficou em casa, o suor, o esforço e muito planejamento. Tem tudo isso e muito mais. Tem um ser humano que é profissional instalador e, na obra, é especialista no conhecimento.

Tem a força do homem trabalhador que faz a sua vida ter muito mais cor, trazendo para casa o sustento. E eu vejo esta arte com um pouco mais de profundidade quando enxergo que o especialista entrega muito mais do que instalação. Ele entrega um trabalho que tem muito significado".

Inspiração para um orgulhoso legado, e a construção de grande valor. Essa é a inegável afirmação da sua dignidade.

A tela, uma justa homenagem em forma de gratidão por esse ser humano que sempre acompanhou a trajetória dos três empreendedores, é também uma maneira de expressar o quanto ele é fundamental e representativo para a história da empresa.

Enfim, quem será o italianinho que aparece em momentos-chave dessa trajetória? Quer saber? Ele volta na próxima história de quem faz a economia ser natural.

Acesse este QR Code e conheça os protagonistas desta história.

:)BIZ – A MAGIA DA SIMPLESNOLOGIA

Não quero economia estreita, limitada e presa
Realizada no colapsado alvo do passado
CAIO PADILHA

– Para ser freira, precisa ser virgem?

A pergunta feita pelo italianinho, como Tchesco também era conhecido, custou-lhe quinze dias de suspensão no colégio de freiras em que estudava na adolescência.

A punição não diminuiu seu atrevimento nem sua curiosidade. Foi, aliás, a mesma curiosidade que o levou a se interessar por tecnologia em um momento de ampla explosão, que culminou com a chegada da internet, mas antes que ele tivesse o primeiro computador. Autodidata, recorria aos livros para ampliar o aprendizado.

Tchesco manteve a chama da curiosidade muito acesa ao iniciar a carreira profissional como estagiário na área de tecnologia da informação, antes de completar 17 anos de idade. Sim, porque não é fácil manter a curiosidade e o atrevimento vivos quando se ingressa em uma empresa da velha economia. "O cérebro é um órgão maravilhoso; começa a trabalhar quando acordamos de manhã e só para quando chegamos à empresa", já dizia com fina ironia o poeta norte-americano Robert Frost.

Nem tudo, porém, foi negativo, porque naquele início de carreira profissional Tchesco veio a conhecer o futuro sócio Anderson. Juntos, desenvolveram vários projetos e vivenciaram situações inusitadas.

– Uma vez estava debruçado sobre um livro tentando buscar respostas para um problema que precisava ser resolvido – conta Anderson –, quando meu chefe pediu que eu saísse para comprar cigarros para ele. Hesitei, pois não era o meu trabalho, mas ele insistiu: "Largue isso aí e faça o que mandei".

O modelo de liderança autoritária da velha economia causava-lhe estranhamento. Naquela mesma época, Tchesco morava com sua mãe em um lugar muito distante daquele em que ficava a empresa. Para fazer o trajeto, ele ia de trem, que às vezes atrasava. Quando isso acontecia, em vez de bater o ponto às oito e meia da manhã, ele chegava às oito e quarenta. Seu chefe o dispensava da jornada e descontava o dia.

– Certa vez, o chefe anunciou: "Agora a nossa empresa é grande e vocês vão ter de usar gravata" – relembra Tchesco. – E a gente ficava produzindo softwares em uma sala abafada, expostos ao calorão. Nem tínhamos contato com o cliente.

Tchesco e Anderson compartilharam carreiras entrelaçadas com alguns interregnos, mas nenhuma experiência profissional que de fato lhes conquistasse o coração e a alma, ainda que muitas tenham sido compensadas por boas remunerações. O que ambos sabiam e preconizavam é que, se um dia tivessem a sua própria empresa, seria diferente de tudo o que haviam vivenciado antes.

Em dado momento, dedicados a experiências empreende-doras, enquanto trabalhavam na mesa da sala de jantar na casa da mãe de Tchesco, eles desenvolveram um sistema de gestão operacional para médias e pequenas empresas, geralmente de-sassistidas, pois todos queriam vender para os grandões. Em uma das negociações, o demandante perguntou à queima-roupa:

– Esses argumentos são iguais aos da maioria das pessoas que vendem tecnologia. Por que o projeto de vocês, que deve se es-tender por um ano, vai funcionar e os outros não?

– Boa pergunta! Se eu não acreditar, quem vai acreditar? – res-pondeu Tchesco, aceitando o desafio. – E sabe por que vai fun-cionar? Porque eu estou dizendo que vai, oras! Mas, para que você possa acreditar em mim, proponho que pague só quando iniciar a operação.

– Você está doido! Mas vou apostar. Eu fecho, mas nas seguin-tes condições: adianto 50% agora, 30% quando começar a implan-tar e 20% no final.

Passados alguns meses, os parceiros transferiram a operação antes caseira para um escritório em Alphaville. Nascia a :)BiZ.

Crise de identidade

Os dois sócios cumpriam a promessa feita a si mesmos. Nunca pediram para um estagiário comprar pão, usar gravata ou buscar informações por sua própria conta, esquivando-se de ensiná-los.

Faltava-lhes para o negócio, no entanto, a competência de design, e para sanar a lacuna compraram uma empresa especializada. Junto com a expansão, porém, vieram dívidas e uma carteira de grandes clientes, com tamanho muito distinto dos clientes com os quais atuavam até aquele momento.

A cultura, tanto de negócios como de gestão, começou a se diluir. O jeito artesanal do atendimento não cabia na configuração nova, então o diferencial foi desaparecendo. A :)BiZ estava se tornando mais uma empresa de tecnologia no mercado apostando em um software de escala.

"Por que o seu projeto vai funcionar e os outros não funcionam?" A pergunta do cliente pioneiro ressoava na mente de Tchesco, com justa razão. Embora a empresa começasse a se perder, igualando-se à concorrência, seguia muito viva a semente da indignação que salvaria a :)BiZ do lugar-comum.

A tentação das marés

O mundo corporativo é feito de estranhezas e tende para o não natural. Lembro-me do *boom* dos programas de qualidade, na década de 1990. Autores como Deming, Crosby, Juran dominaram o *management* da época e as empresas corriam atrás das certificações ISO, a começar pela 9000, seguida de tantas outras. Algumas por exigência de seus clientes, outras porque, afinal, era o que todas estavam fazendo. Como ficar de fora?

Nadar a favor da maré pode parecer uma boa ideia, mas nem sempre é e, certamente, não para todos. Algumas empresas burocratizaram e enrijeceram suas operações sem que seus clientes dessem a isso algum valor. Muitas trabalhavam mais para se ajustar às exigências dos auditores da ISO do que às necessidades dos clientes.

Claro, havia quem indicasse cuidado ao surfar na onda. Tom Peters, de outra escola, a da excelência, dizia que algumas empresas estavam certificando paraquedas de cimento – perfeitos na produção, porém sem nenhuma serventia. Deu no que deu. Mais tarde, ao despertar sobre o equívoco, libertaram-se de burocracias desnecessárias. Mas já haviam gastado um bom dinheiro com o cantar do galo, pressionados pela pasteurização.

Agora, vivemos o *boom* da tecnologia. Tome como exemplo o atendimento eletrônico, de que o leitor certamente já deve ter sido vítima. Você liga para o "atendimento ao cliente" e a gravação pede que o faça por WhatsApp. Lá você diz o que deseja e o robô responde com duas alternativas que não representam a sua demanda. Você repete o que deseja, mas o robô não dialoga, restringe-se ao que já ofereceu e se mantém em sua restrita programação. Se você insiste, enreda-se em uma "comunicação" neurótica, em que só um lado pensa, enquanto outro mantém a cantilena. A única saída é desistir, e o robô ainda pede uma avaliação sobre a qualidade do atendimento. De 1 a 5, falta a alternativa impronunciável.

Com a velha mania de ouvir o galo cantar sabe-se lá onde, muitas empresas têm mordido isca semelhante à dos programas de qualidade. Com milhares de clientes, usam esse recurso tecnológico impessoal, nada humano, talvez revelando um complexo de inferioridade ou o medo de tornar-se obsoleta.

– Os bancos colocam caixas eletrônicos, mas o analfabetismo funcional ainda é muito grande – lembra Tchesco. – Tem uma geração inteira que não aprendeu a ler, além de um terço dos brasileiros não ter acesso à internet. Como obrigá-los, então, a interagir com máquinas? São milhões de pessoas invisíveis no mercado. E têm vergonha de admitir que não sabem.

Para complicar ainda mais, os tecnólogos não falam a língua dos vivos. Falam para si mesmos. Usam um dialeto desconhecido da maioria dos seres humanos, inclusive os que navegam na rede virtual sem dificuldade.

Como tornar a tecnologia inclusiva?

Tchesco descobriu a resposta, mas, antes, veja como tudo começou para que ele entendesse o que fazer.

Um momento de epifania

Gabriel, filho de Tchesco, aos 2 anos e meio de idade teve de ser transferido para outro berçário, na escola de educação infantil, por sua dificuldade de interação com outras crianças. Apesar da mudança, o problema persistiu e veio o diagnóstico de autismo, condição com que nem a escola, nem os professores estão preparados para lidar.

Fechado, ora birrento, ora agressivo, Gabriel era considerado, no mínimo, um aluno incômodo. A ignorância chegou a ponto de os outros pais exigirem a saída do menino, caso contrário, tirariam seus filhos da escola. Tchesco pediu à diretoria uma reunião com os que faziam tal exigência, a quem explicou o motivo de Gabriel ir à classe acompanhado de um terapeuta:

– Vocês devem estar se perguntando por que um terapeuta. Meu filho tem autismo. Talvez achem que eu vim aqui para me desculpar, mas, na verdade, minha vinda é para que me agradeçam pela oportunidade dada aos filhos de vocês de conviverem com o diferente.

O conceito não era fácil de ser compreendido por uma plateia tão resistente à presença de Gabriel, mas Tchesco seguiu em frente:

– A gente vai educar essas crianças para viver num mundo que já é difícil, não precisamos complicar ainda mais – disse, antes de dirigir-se a um dos presentes com uma pergunta direta e difícil. – Você garante que o seu filho não vai perder um dedo na vida ou coisa pior?

Antes daquela reunião, os convidados não sabiam o que era o autismo e, depois de receberem as informações, a aceitação foi total, repercutindo positivamente entre adultos e crianças. Gabriel passou a ser compreendido e, muito mais, querido. Tornou-se, inclusive, o melhor amigo de um dos colegas de classe cujo pai queria a saída de Gabriel.

Além do trabalho com a comunidade próxima, para que se inteirasse da questão, Tchesco descobriu algo fundamental, em uma noite chuvosa de sábado, enquanto brincava com o filho na sala de casa. Estavam sozinhos e a angústia se apresentou para aquele pai tão esclarecido, mas às voltas com perguntas difíceis: "O que vai ser dele? E se eu não estiver por perto quando ele precisar? Como ele vai se virar nesse mundão afora?".

Ruminava, imerso nos seus pensamentos: "Não é possível que ninguém tenha pensado em uma tecnologia para os autistas, alguma simplesnologia da vida... Simplesno...".

Foi aí que a epifania aconteceu. Tchesco recorreu ao Google para ver se a palavra existia. Nada.

– Agora eu sei por que esse garoto está na minha vida! É isso o que eu faço, é para isso que eu existo! – E acrescenta, em tom confessional: – Foi como um sopro vindo dos céus aos meus ouvidos. Foi quando percebi que ele é a minha "linha direta" de comunicação com Deus.

Na segunda-feira, ele se reuniu com a equipe para explicar como funciona o cérebro de um autista, algo que ele também foi descobrindo no dia a dia com seu filho: a comunicação clara, sem dubiedade. Um exemplo? Um dia, perguntou ao menino: "Você está com fome? Quer um suco?". A resposta: "Não, eu quero comida, não estou com sede".

– Tem que ser direto, sem ficar dando volta, tem que ser simples – ensinou Tchesco a seus colaboradores quando lhes pediu que alterassem determinado trabalho, excluindo tudo que não fosse necessário. E o resultado foi bem diferente do original. – É isso!

A partir dali, ele e seu sócio desenvolveram uma metodologia baseada em como o autista pensa para criar programas de computador. Em vez de três botões na tela, apenas um. Várias experiências foram feitas com pessoas sem nenhuma aproximação com a tecnologia: atendentes de lanchonetes, garçons, quitandeiros, verdureiros, feirantes, faxineiros, além de executivos. Admirados, alguns declaravam:

– Nossa, isso foi feito para mim!

E era tudo o que Tchesco queria ouvir, que a tecnologia fosse inclusiva. A tecnologia exclui, mas a simplesnologia inclui. Os invisíveis, agora, podiam tornar-se visíveis.

A metodologia desenvolvida inclui um jeito de fazer com que os usuários aprendam, ao contrário de serem adestrados, como ocorre nos típicos treinamentos da velha economia. Trata-se de um processo de cocriação em que o usuário participa diretamente da concepção do novo software. Os invisíveis também são ouvidos e isso faz toda a diferença, da mesma forma que a roupa usada.

– A gente se apresenta de camiseta e tênis – conta Tchesco – e, quando vai conversar com o pessoal, não liga o computador, nem PowerPoint, nem faz uso de termos técnicos. Nada de tecniquês.

O pequeno oráculo

Certa feita, Tchesco estava emperrado em um projeto que não prosperava. Em casa, pegou seu iPad, abriu uma garrafa de vinho e ficou tentando desenhar. Gabriel se aproximou:

– Pai, o que está fazendo?

– Trabalhando.

– E por que esse vinho, então?

– Porque eu preciso relaxar.

– Entendi… E o que é isso que você está fazendo?

– Não sei direito, mas vou tentar dar um exemplo. Sabe a sua vó?

– Sei.

– Sua avó não sabe entrar no FaceTime para conversar com você, não é?

– É.

– Então pensei que ensinar a sua vovó a usar o FaceTime para falar com você quando ela está longe, para matar um pouco a saudade, vai ser bem legal, não é?

– É.

– Pensei em uma escola que facilitasse esse aprendizado.

– Ah! Entendi. O que você quer fazer é um letramento digital.

– Mas o que é isso?

– Eu já fiz na escola. Letramento digital é ensinar o básico para quem não sabe nada, não é?

– Acho que é.

Gabriel continua sendo o oráculo do Tchesco e da :)BiZ. É só fazer a pergunta e ele desanuvia as respostas com sua forma simples de entender.

Hoje a :)BiZ tem uma escola interna de simplesnólogos – um tecnólogo humanista com visão sistêmica – e outra para ajudar os clientes.

Simplicidade é valor essencial da :)BiZ, apropriado ao natural de uma nova economia.

Vez por outra, Gabriel faz a sua sondagem sobre perspectivas futuras:

– Pai, quanto tempo você ainda vai continuar trabalhando?

– Por quê, filho?

– Para eu me preparar.

Parece que o processo sucessório da :)BiZ já está em andamento. É o que o pequeno oráculo de 8 anos conta para todo mundo.

Na próxima história, você vai conhecer o demandante, aquele cliente pioneiro, que contratou o projeto da :)BiZ. Antes, é bom tomar um fôlego.

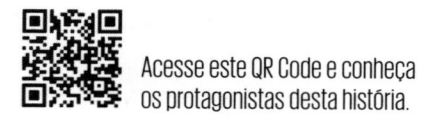

Acesse este QR Code e conheça os protagonistas desta história.

DA SANTA – ONDE VIDAS SE ENCONTRAM

Terra amada venha a nós
Faz brotar suas sementes
Cura as dores dos que sofrem
Libera os frutos do seu ventre
ALISSON MENEZES e JÂNIO ARAPIRANGA

Rupturas sempre suscitam sentimentos de angústia, dúvida, culpa e medo. Mesmo que se trate de romper com a velha economia, transitando para a nova. No primeiro momento, enxergam-se mais as perdas. Os ganhos ainda são meras hipóteses ou insinuações rasas de sonhos estranhos.

A velha economia tem um lado sórdido, mas muitos se acostumam com ele e, assim, seguem em frente como se a vida e o trabalho fossem uma sordidez inevitável. Senão, por que certas pessoas têm atitudes injustificáveis, como as que relatam colaboradores de um empreendimento ao relembrar situações difíceis ou mesmo humilhantes vividas no passado?

– Quando ele aparecia, ia direto para a sala do diretor financeiro, a única pessoa com quem conversava. A gente não existia – declara Cris. – Eu me sentia um objeto.

Adri completa:

– Eu só ouvia falar dele, não o conhecia, mas sabia que não tinha o hábito de cumprimentar as pessoas.

Cris retorna:

– Nós tínhamos um box lá no Ceasa. Acredita que ele passava pelos carregadores de frutas e não dirigia a palavra a ninguém? Tem um empregado que trabalhava com a gente há 14 anos sem nunca ter ouvido uma palavra dele.

Cesar lembra:

– Eu o conheci em 2004, na Lapa. Ele chegava às onze da manhã e o pessoal perguntava: "Quem é aquele ali?". Eu respondia: "Não sei, não". Alguém dizia: "Deve ser o comprador da roça".

Mas a gente achava melhor ficar quieto, já que ele não falava com ninguém.

Gu admite:

– E eu repetia o mesmo comportamento, sempre. Passava direto, não olhava nem cumprimentava. E também não falava, pois achava que ninguém iria me ouvir.

O grupo de pessoas relembra o que viveu no passado, embora se encontre em outro estágio da mesma empresa, com diferentes atribuições e tipo de convivência. Todos são líderes, a começar por Cris, passando por Adriana, a Adri, na frente de caixa, César, da área de mercearia, Gu, que lidera a Província do Aprendizado (denominação criativa do departamento comercial) junto com Marilene, a Mari. Lembram-se, cada um a seu modo, do que acontecia nos tempos de maus modos da velha economia.

Mas ele, quem é ele? De quem eles estão falando?

Do líder, Julio.

Um paraíso na Terra

Neste mesmo dia, a horas de véspera, houvemos vista de terra! A saber, primeiramente de um grande monte, muito alto e redondo; e de outras serras mais baixas ao sul dele; e de terra chã, com grandes arvoredos; ao qual monte alto o capitão pôs o nome de O Monte Pascoal e à terra A Terra de Vera Cruz!

Assim relatou o nosso primeiro cronista, Pero Vaz de Caminha, o encontro com a Ilha de Vera Cruz, a Terra de Vera Cruz, a Terra de Santa Cruz.

Os integrantes da frota de Pedro Álvares Cabral ficaram deslumbrados quando conheceram o Novo Mundo, para eles o paraíso na Terra.

No primeiro documento escrito da história do Brasil, conhecido como *A Carta de Pero Vaz de Caminha*, o autor complementa:

"Nela, até agora, não pudemos saber que haja ouro, nem prata, nem coisa alguma de metal ou ferro; nem lho vimos. Porém a terra em si é de muito bons ares, assim frios e temperados como os de Entre Douro e Minho, porque neste tempo de agora os achávamos como os de lá. Águas são muitas; infindas. E em tal maneira é graciosa que, querendo-a aproveitar, dar-se-á nela tudo, por bem das águas que tem".

Dar-se-á nela tudo, como o escriba percebeu! Frutas, frutos e flores de todos os tipos, cores e paladares. Mais de 500 anos depois, outro novo mundo tem causado deslumbramentos:

– Aqui todos me acolhem, parece que sou única – declara uma cliente, moradora da cidade de Santos. – Eu adoro a minha cidade, mas lá não tem um lugar como esse.

Uma jovem senhora, também cliente, pede, na certeza de que será atendida:

– Moço, desce aqui que eu quero conversar com você. Lá em casa tenho os meus netos e eles não me ouvem.

É assim também com Virgínia, Drauzio, Maura, para citar alguns clientes idosos. Da mesma forma que eles, dona Gabriela é lembrada pelo nome todas as vezes que vai à loja e isso a deixa feliz. Depois que seu marido faleceu, ela se aproximou ainda mais do pessoal dessa Terra de Santa Cruz.

Quando clientes deixam de aparecer por algum tempo, os colaboradores sentem falta. Ao saber que o pai de Flavia havia sido internado em uma UTI, naquele mesmo dia o nome dele foi lembrado no ritual diário chamado de Oração da Terra de Santa Cruz, criada por Cris e recitada por todos:

Talentos da Terra de Santa Cruz
Venha a nós o teu chamado
Seja feita a Terra UAAAU!
Assim na equipe como no foco.
Os valores praticados a cada dia
ousadia, comunicação, entrega, excelência

Gratidão nos dai hoje.
E não esquecei o nosso propósito:
Nutrir encontros para um mundo melhor
Gratidão a todos, amém.

Quando são tratados com amor e generosidade, os clientes respondem com amor e generosidade. Cacá e a sua dona de estimação costumam aparecer à noite para bater papo em vez de ficar em casa, diante da televisão. Enquanto a fiel companheira aguarda do lado de fora, sua dona conversa com o empacotador e o pessoal da segurança, sabe quem está bem, quem não está. Sente-se parte da família.

Esses são alguns poucos exemplos de como negócios podem ser diferentes do convencional. E qual é o segredo?

Quando Mari completou três anos de empresa, fez uma declaração dos seus sentimentos:

"O nosso propósito é *nutrir encontros para um mundo melhor.* Diante desse propósito, tenho vivido encontros que têm mudado a minha vida e a vida de algumas pessoas próximas.

Aqui encontrei gente que realmente gosta de gente, pessoas com sorriso no rosto e muito gosto pela vida.

Aqui eu encontro todos os dias pessoas que me dizem bom-dia e que de fato desejam que eu tenha um bom dia.

Aqui eu encontrei um lugar no qual eu posso trabalhar fazendo o que gosto, mas acima de tudo da forma como gosto.

Aqui todos os dias sou nutrida por encontros que fazem com que o meu mundo seja cada vez melhor.

Que Terra de Santa Cruz é essa?
Da Santa Sacolão e Muito Mais!"

Sacolões são apreciados por oferecer frutas, verduras, legumes sempre frescos, além de produtos de mercearia ou frios. Todos são muito úteis, alguns são úteis e belos, outros são úteis, belos e deliciosos. Muitos deles saciam a fome física. O segredo do Da Santa, no entanto, está no "Muito Mais". Alimentos também para a alma e que saciam a fome de afeto, de presença, de amizade, de acolhimento, de cuidado.

Quem é o líder, mentor e entusiasta dessa maravilha?

O Julio, o mesmo Julio que no passado não enxergava ninguém e só dirigia a palavra ao diretor financeiro. O mesmo, também, que apostou e acreditou no italianinho criador da simplesnologia da história anterior.

Mas isso foi depois. Antes, ele teve de descobrir em si mesmo o verdadeiro Julio.

Uma revelação e uma descoberta

Julio começou a trabalhar aos 15 anos e logo pegou gosto pelo negócio. Sempre atuou no comércio, a exemplo do seu Julio, o pai, e do tio Nelson, ambos descendentes de japoneses.

Ambicionava uma empresa melhor, mas o que encontrava era o receituário da velha economia. Acreditava que tudo começava pelo sistema organizacional, até que teve uma revelação e uma descoberta.

A revelação se deu quando ele, o tio Nelson e mais dois amigos resolveram conhecer a Padaria Real, em Sorocaba. Queriam um bom exemplo de varejo, como também era o ramo deles. Voltaram de lá impressionados com a autonomia e o comprometimento da equipe. Conheceram um dos donos e almoçaram juntos.

No retorno à cidade de São Paulo, ainda antes de entrar na rodovia Castelo Branco, Nelson afirmou:

– É isso que eu quero para nós.

Julio não hesitou nem um pouco:

– Então eu vou para cima.

Depois da revelação, o jovem fez a descoberta que já estava a caminho:

– Sempre fui muito seletivo com as pessoas e não me relacionava com facilidade. Ouvi, um dia, que uma empresa pode ser ética, humana e próspera. Soou bem aos meus ouvidos. E que empresa tem corpo, mente e alma. À medida que eu fui me aprofundando nessas questões, percebi que para ter uma empresa melhor eu deveria ser um líder melhor. Depois, percebi que para ser um líder melhor eu deveria ser um humano melhor.

Fez sentido para o Julio. Começou, então, o seu processo de transformação como ser humano e líder, com a empresa vindo a reboque.

Conflito de culturas

Antes, a empresa almejava ser melhor na velha economia, mas Julio buscava ser melhor na nova economia.

Quando se trata de riqueza, a velha economia remete diretamente à econômica. Não enxerga outra. No varejo supermercadista existe uma conta que é o rendimento da frente de caixa. Se a operadora render menos que certa quantia em reais ou se o faturamento da loja cair, cabeças vão rolar.

Mas a riqueza tem outras dimensões além da econômica: a dimensão causal (voltada para o cliente) e a dimensão potencial (voltada para a equipe). Julio compreendeu que ambas geram a dimensão econômica; esta, porém, não gera as demais. Ele passou, portanto, a priorizar a causal e a potencial. Ajustou o foco do exercício da sua liderança nas pessoas, sejam clientes ou talentos, como são denominados os colaboradores.

A empresa, constituída de sócios, foi se transformando em duas tribos. A discrepância se acentuou a ponto de não ser mais possível a convivência entre culturas tão antagônicas. Foi preciso chegar à quebra de sociedade, algo que ocorreu de comum acordo.

Ainda que a tomada de consciência tenha sido em 2014, a ruptura se deu em meados de 2016. Na separação, Julio ficou com uma das sete lojas da rede.

A virada

Julio se perguntava, naquele momento: "Qual é a dor do mundo que o nosso negócio irá curar?".

Para ele, era algo que vai além da compaixão e da solidariedade, tendo significado para cada talento da equipe e capaz de ser praticado todos os dias. Algo que, embora ainda velado para o cliente, é revelado para cada talento da empresa.

– Você pode ganhar R$ 1500 e ser rico de verdade. E pode ganhar milhões, mas ser rico de mentira – argumenta Julio, certo de que a verdadeira riqueza vai além da dimensão econômica.

Dali em diante, Julio deslanchou o processo de mudança de cultura, colocando as suas lideranças em sessões de aprendizado. As oportunidades se abriram para todos, e essa é uma das marcas da liderança de Julio ao longo do tempo. Ele trata de oferecer espaço para que as pessoas aprendam, independentemente de permanecerem ou não na empresa.

Julio, o mesmo que acreditou a ponto de apostar no criador da simplesnologia, mantém a sua característica de apostar e acreditar nas pessoas, sejam quem forem e venham de onde vierem. Não há diferença de raça, sexo, idade, etnia, pois a inclusão está sempre presente.

Quando o líder dá um passo, a obra toda dá um passo. Era o que acontecia com a empresa, à medida que Julio avançava.

– Lembra daquele talento com quem eu nunca falava, embora ele trabalhasse na empresa há 14 anos e eu o visse diariamente, de segunda a sábado? – pergunta Julio, indignado consigo. – Conversamos no dia da construção da Carta de Valores. Foi um êxtase.

Cesar lembra muito bem:

– Um dia, o Julio veio até mim e me cumprimentou. Pensei que ia me mandar embora. Na verdade, ele queria que eu me desenvolvesse, estudasse, seguisse em frente. Eu estou na empresa desde 2003, e nunca alguém havia se preocupado com isso. Depois de me afastar dos bancos escolares há 23 anos, consegui concluir o segundo e o terceiro anos e isso inspirou meus filhos a se formarem. Hoje eles dizem: "Tudo o que nós somos é por seguir o exemplo do senhor".

Mari se manifesta:

– Eu trabalho na Província dos Talentos. Faz o que compete a um Departamento Pessoal, mas vai além. Também tenho de fechar a folha de pagamentos e recolher os encargos, mas o que faço com mais gosto é atender às pessoas. Eu conheço todos os talentos pelo nome e eles também me conhecem.

Cesar acrescenta:

– E o Julio também conhece. Hoje ele escuta a gente e ouve com atenção o que falamos. Falar o que você pensa e sente é muito gratificante.

Adri esclarece:

– Temos um ambiente de trabalho que deixa a gente totalmente à vontade para fazer escolhas. Aqui os talentos aparecem. Dia desses, descobri uma florista sem igual, que estava escondida na equipe de segurança. Todos os dias a gente se abastece de nossos valores, relações e propósito. É como se recebêssemos uma luz que pudesse ser refletida a todos que vêm aqui.

Julio havia percebido que, cuidando de seus colaboradores, eles vão fazer o mesmo com os clientes. Os melhores resultados surgem quando a liderança adota uma relação em que os colaboradores possam fazer uso dos seus melhores talentos. Tal atitude leva-os a se manterem emocionalmente presentes e compromissados com os valores e o propósito da empresa.

Trata-se de oferecer uma base segura e um ambiente favorável para que os talentos possam dar o melhor de si, se aventurarem a explorar, aprender algo novo, conquistar, evoluir. É bom quando os talentos aprendem a controlar a ansiedade, concentrando-se no que importa. E o que verdadeiramente importa é promover encontros produtivos por meio das relações, do aprendizado, da entrega.

Os bons encontros acontecem em um ambiente positivo, com conversas agradáveis. Quando a gente demonstra afeto e consideração pelos talentos, eles vão fazer o mesmo uns com os outros, e esse clima positivo se estende aos clientes.

Tornar as rotinas mais flexíveis para que os talentos possam reinventar suas tarefas, por si mesmos, faz com que a criatividade esteja presente no trabalho.

Um dos segredos da liderança de Julio é que ele se importa verdadeiramente com as pessoas.

Terra Encantada

"Muvucando novos talentos" é um projeto conduzido por Lisa, esposa de Julio, para acolher os iniciantes. Nessa oportunidade, os líderes da empresa apresentam suas contribuições e esclarecem como elas somam à obra.

Nesse preparo, Cesar e Adri agem como atores, mostrando como um supermercado, um sacolão ou um hortifrúti vivem a velha economia com questões como a forma como se reportam aos clientes, a maneira como a equipe se relaciona, e depois mostram o jeito de ser da empresa. Esse aprendizado é denominado "UAAAU".

– A Da Santa vive hoje o estado da arte – explica Julio. – Queremos nutrir encontros saudáveis para um mundo melhor. Nossa estrutura física está preparada para promovê-los, em todos os locais da nova configuração. *Do Cliente* é o cantinho para receber o cliente, um lugar para sentar. *Da Adega* é onde se encontram as bebidas, e selecionamos as melhores. *Do Mar*, a peixaria, oferece tudo sempre fresco. *Da Terra* concentra as carnes de boa procedência. *Da Natureza* reúne o hortifrúti, e primamos pelo que há de melhor. *Do Jardim* é a nossa floricultura, com todo o seu colorido. *Da Chef*, a rotisserie, com pastas frescas. *Do Forno*, a padaria, exalando o cheirinho de pão quente feito na hora. *Da Ásia*, os produtos orientais, de várias tradições estrangeiras, incluindo a japonesa. E assim por diante.

Julio continua, exultante:

– Oferecemos muita mercadoria a granel com balança para pesagem, bem aos moldes dos antigos secos e molhados. E, antes que eu me esqueça, existe a novidade dos ovos do dia. Com direito a raspa de madeira e pó de serra para acomodá-los no saquinho. Ainda chego lá!

E não para por aí. Na economia ao natural, os líderes e as obras se atraem.

– Temos também uma marca própria: UMAI, palavra de origem japonesa que significa *delicioso*. São produtos regionais típicos do interior. Própria para consumo, mas também é para dar de presente. Desenvolvemos uma linha em parceria com quem conhece a alma da nossa empresa.

O parceiro, aliás, é o protagonista da próxima história.

Cesar, o talento que Julio incentivou a estudar, é tão grato ao que tem vivido no trabalho que compôs o "Hino da Santa", que todos cantam de cor:

Veio do grande desejo de muvucar
Alimentar vidas para sempre encantar
Cada rosto desse lugar
A vontade de semear a terra: a Terra de Santa Cruz.
Oh! Terra abençoada, que nasceu anos atrás
Uma terra encantada, de alegria e muito mais
Quem faz parte dela, se sente mais capaz
De contribuir, fazer brotar amor e paz.

Refrão:
Repiô? Repiô?
Vamos muvucar!
Repiô? Repiô?
Vamos encantar!
Repiô? Repiô?
Terra de Santa Cruz!
Repiô? Repiô geral fazer brotar amor e luz.

Oh! Terra boa pra se estar e cultivar
Aqui, damos graças a quem faz parte dela
Com nosso jeito simples de trabalhar
Assim é a nossa Nossa Terra, emoção singela

Refrão

Respeitando as diferenças de cada um
Encontramos gente com muito em comum
Temos todos um sorriso estampado no rosto
Suavidade e leveza, trabalhando com gosto

Refrão

Os peregrinos de luz estão se unindo
E nessa caminhada vão seguindo
Levando um aprendizado em cada passo que reluz
na Terra de Santa Cruz

Refrão

Na capital paulista, entre os bairros de Vila Mariana, Saúde e o histórico Ipiranga, situa-se o ponto de encontro Da Santa. Quem passa por lá e o frequenta se deslumbra com o aconchego, o acolhimento, a atenção e o cuidado com o natural.

– Existem vários encontros – finaliza Julio. – Os que a Lisa, a Cris, a Adri, a Mari, o Cesar e o Gu tiveram consigo mesmos e também os que espero ver a Da Santa proporcionar para muita gente, transformando-se em um ponto de referência na cidade.

Afinal, para que serve um negócio se não para contribuir com o mundo levando a boa alegria?

Isso é o que há de mais natural na economia.

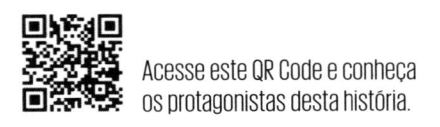

Acesse este QR Code e conheça os protagonistas desta história.

MINNAS – A LETRA G TEM SEU NOME

O mundo não muda em vão
O mundo não muda mais que nós
ADRIANA DEFFENTI

São Roque é um município fundado no século XVII, a 62 quilô-
metros da capital paulista. Embora a distância não seja tanta, a
ambiência é outra naquela cidade de relevo acidentado, entremeada por serras e morros, com muito verde e poucos edifícios,
para menos de 100 mil habitantes.

Pois longe do centro urbano, em meio à mata nativa em desnível, uma empresa comemora o Natal todos os anos, desde que
foi inaugurada, há duas décadas, com uma festa para mais de uma
centena de crianças carentes. O movimento não se concentra
em dezembro. Começa em meados de fevereiro ou março, com
a distribuição de caixas na comunidade, para arrecadar agasalhos,
roupas e brinquedos. Todo material é restaurado cuidadosamente,
para ser presenteado aos convivas infantis.

No dia da comemoração, outras empresas contribuem com
um cardápio recheado de delícias, incluindo as que faz a empresa
celebrante. Enquanto seus colaboradores divertem as crianças
com brincadeiras, fantasiado de Papai Noel, o principal líder distribui os regalos.

Quando menino, Gilmar também esteve na fila de crianças
carentes, esperando sua vez ao lado da jovem mãe, Irenice, que
trabalhava sem descanso para garantir o sustento da família. Com
quatro filhos para criar e outro a caminho, ela acabara de perder
o marido, atropelado no dia em que saiu para comprar um pacote
de biscoito.

A família morava em uma casa de dois cômodos e um banheiro,
com telhas de fibrocimento. Gilmar nunca via a mãe nos dias de
semana. Guerreira e perseverante, ela deixava o lar bem cedinho
e só retornava à noite, depois de concluir dois turnos como faxi-

neira. Deixava as crianças dormindo e as encontrava da mesma forma, ao chegar, exausta.

Conheceu Firmino, legítimo mineiro, ao comprar o pão que ele preparava nas madrugadas. Eles começaram a namorar e logo passaram a morar juntos. Depois de um tempo, aos 8 anos de idade, Gilmar começou a trabalhar de ajudante do padrasto, uma fase que ele, adulto, relembra com alegria e gratidão.

– Era uma delícia! Eu chegava de madrugada e encontrava 500 gramas de mortadela e um refrigerante de dois litros me esperando. Passava horas devorando aquele enorme sanduíche.

Um pouco mais crescido, passou a vender salgados no trem. Pulava a catraca e anunciava para todo mundo ouvir:

– Óia a coxinha! – enquanto carregava a caixa de isopor no trajeto de Itapevi até a estação Julio Prestes.

Não tardou a descobrir que quem gritava bem alto vendia mais. Precisava vencer a timidez se quisesse marcar presença. E assim fez, sempre voltando para casa sem nenhum estoque.

A família resolveu mudar de cenário. Como não havia quase nada o que levar, a não ser a roupa do corpo, os sete partiram de ônibus enquanto uma Kombi deu conta de transportar o parco restante dos pertences para Mutum, no norte de Minas, onde o bairro do Roseiral seria o novo endereço. Com o fundo de garantia, o padrasto comprou uma casinha de quatro cômodos e, na garagem, fez a padaria. De noite ele fazia o pão, que Gilmar entregava de madrugada, pilotando sua bicicleta. Depois seguia para a escola. À tarde ia para a cidade. Não havia capital de giro para manter um estoque de matérias-primas, então todos os dias era preciso comprar a farinha e o fermento. Tudo da mão para a boca.

Gilmar entrou na adolescência e, com ela, veio a inquietação. Queria ter o suficiente para melhorar a qualidade de seus cadernos, tênis e bicicleta, mas era impossível com o saldo em caixa. A padaria vendia 300 pãezinhos por dia naquela cidade de mil habitantes. Muito para elaborar, mas pouco para resultar em lucro relevante.

A qualidade de vida era boa, com as amizades, o rio, a cachoeira, o jogo de futebol, mas... o talento empreendedor começava a nascer no coração daquele garoto. Gilmar gostava de Minas, mas não via futuro onde estava. Ao mesmo tempo, sentia saudade da sua terra. O que fazer? Tomou a melhor decisão: levar Minas para São Roque, com a cultura, o acolhimento, a tradição que ele havia vivido com tanto gosto na terra das Alterosas. Ele e a família inteira, de volta.

Formou-se como padeiro e confeiteiro enquanto trabalhava. Sua folga era às terças-feiras, quando Gilmar pegava o trem para o bairro do Jabaquara e aproveitava para fazer cursos em São Paulo. Aos 18 anos, passou a ser encarregado de produção na padaria, seu primeiro e único emprego com carteira registrada.

Faça por merecer!

Até hoje, Gilmar se lembra da frase que ouvira no filme *Um sonho de liberdade*: faça por merecer! Dois verbos e na ordem correta: primeiro fazer, para depois merecer.

O talento empreendedor aflorava nele e, como todo bom empreendedor, seus sensores viviam captando oportunidades.

Certa vez, um viajante abordou o dono da padaria para fazer uma demonstração de algo que vendia. Tratava-se de uma pequena máquina italiana para produzir biscoitos salgados. Gilmar ficou encantado não só com o produto, mas também com a apresentação. Almejava ser técnico de panificação para ensinar outras pessoas.

O viajante comentou que estava procurando alguém para ajudá-lo a vender as maquininhas. Ele estava a caminho do Rio de Janeiro e precisava de um parceiro que pudesse cobrir os estados de São Paulo, Paraná, Santa Catarina e Rio Grande do Sul. Gilmar topou o desafio, a princípio aproveitando seus dias de folga. Começou na própria cidade.

– Olhe, eu sou padeiro e confeiteiro. Quero fazer uma demonstração – se apresentava ele aos potenciais clientes, sabendo que, em seguida, era venda na certa.

A máquina, comprada por R$ 80, era vendida por R$ 180, portanto, proporcionava uma margem alta. Mais tarde, Gilmar descobriu que o preço de custo do produto era menor ainda, cerca de R$ 35, e que poderia ser revendida por R$ 250. Melhor impossível! Além de barata, toda de inox, tinha cinco anos de garantia.

Três meses depois das incursões iniciais, pediu as contas no emprego e partiu para a nova aventura. Começou a dar cursos, além de vender várias máquinas por dia – de vez em quando, chegava a uma dezena.

A oportunidade chegara e o empreendedor amadurecia, a ponto de se arriscar em outra empreitada. Comprou um carro, dando a moto que tinha como entrada e financiando o restante em 48 meses. E aí teve condições de percorrer os estados que lhe cabiam na parceria.

Tratou, então, de desenvolver uma estratégia de deslocamento e permanência. Gilmar preferia as cidades maiores, de 40 mil a 100 mil habitantes, onde podia ficar até uns quatro dias.

Três anos se passaram e Gilmar se afeiçoara aos clientes. Havia só um problema: a maquininha não exigia manutenção, não quebrava e ainda durava cinco anos. Não havia razão para retornar e rever os amigos. Começou a pensar em mudança. Queria clientes que pudesse ver todos os meses.

Certo dia, enquanto fazia suas elaboradas demonstrações na cidade de Pato Branco, no Paraná, recebeu a ligação de um fabricante de biscoitos de Minas Gerais interessado em comprar as maquininhas. Gilmar foi até lá.

Enquanto conversavam e consolidavam a venda de vinte máquinas, o novo cliente comentou que estava procurando alguém que o ajudasse a distribuir a sua produção de biscoitos. Gilmar resolveu trocar vinte máquinas por biscoitos. Ampliou o seu portfólio acrescentando também a venda de amanteigados, diferentes dos salgados inicialmente produzidos. A primeira experiência de vendas foi com a padaria onde trabalhara em São Roque.

Sete dias depois, recebeu outro telefonema. Era da mesma padaria, pedindo a reposição dos biscoitos, porque a partida acabara em uma semana. As maquininhas tinham a vida útil bem longa, mas as vendas de biscoitos eram recorrentes. A nova frente de negócios permitia que Gilmar ficasse perto da família, sem viver como nômade.

Começou a distribuir, fez a própria marca e conseguiu registrá-la: nascia a Minnas, na sala da casa de dona Irenice. Já não era tão jovem a mãe dedicada, quarenta anos depois daquela festa de Natal em que, na fila dos presentes, ela segurava a mão do pequeno futuro empreendedor.

A mulher-onça

A Fiorino recém-comprada ficava em frente à casa da mãe, com quem Gilmar e os irmãos moravam. Ele trabalhava na sala de madrugada, fazia barulho, incomodava os vizinhos. Foi quando adquiriu o meio lote do terreno em frente.

Ao portfólio original foram sendo agregados doces e biscoitos. Produzia uma parte, terceirizava outra. O primeiro contratado com registro foi o dublê de motorista e vendedor.

– Eu tirava os pedidos, vinha para o depósito, digitava, separava, fazia os boletos e ele entregava – recorda o empreendedor.

A fabricação própria começou com biscoitos de polvilho e pães de mel. O negócio começava a exigir novas competências: ingredientes, tabela nutricional, segurança alimentar. Era preciso contratar um nutricionista. Pois, sem que ele sequer suspeitasse, uma profissional já estava à sua espera, na padaria em que ele trabalhara. O proprietário da empresa havia oferecido parte da sociedade para Gilmar, que, chegando lá, deparou-se com uma jovem recém-formada, de prancheta na mão fazendo anotações.

O convite foi imediato, e da mesma forma aceito. Atrevida, ela não tardou a assumir outras funções: atendia ao telefone, fazia cobranças e interferia até na maneira de se vestir do Gilmar. Ao conquistar o cargo, Michele levou junto o coração do empregador.

– Quando cheguei, era uma bagunça só. Fui arrumando, inclusive disposta a colher o lixo – lembra-se ela.

A sorte sorriu para a nutricionista, é verdade, mas não tinha sido sempre assim. Seu pai, alcoólatra, maltratava sua mãe e fazia da vida familiar um inferno. Silvana, mãe de Michele, manteve sempre o cuidado para que os filhos não sentissem raiva dele. Dizia que os problemas eram do casal, de maneira que os dois irmãos não guardassem ressentimentos.

Superando a pressão psicológica que sofria, Silvana tomou a decisão de se separar e lá se foram Michele, o irmão e os avós maternos para uma casa precária. Eles passavam dificuldades a ponto de, em alguns dias, só ter batata para comer. Onde moravam, os ratos faziam buraco no assoalho e subiam à noite para roubar meias.

Mais adiante, Michele conheceu uma congregação católica, em São Roque, em que os padres pagavam a faculdade para jovens que se dedicavam aos estudos. Ela conseguiu uma bolsa. Mesmo sem dinheiro para a van e os livros, formou-se revendendo roupas e bijuterias compradas na feira.

Aos poucos, com muita coragem e persistência, transformou-se na mulher-onça, que ainda daria muito o que falar.

O fim das metas

Gilmar acreditou e apostou no futuro ao construir uma empresa bastante sólida, sobretudo ética e solidária. Na Minnas, não existem metas individuais. Mas nem sempre foi assim, como revelam seus colaboradores.

– Estou aqui há oito anos – conta Gustavo, gerente interno e atendente das contas-chave – e pude experimentar os dois modelos. Antigamente, a gente ficava ligado no fechamento dos pedidos. Tinha muita cobrança e estresse. Hoje, não. O resultado vem como consequência do trabalho construído em equipe. Nosso olhar não está mais no pedido, mas no cliente, em suas necessidades, nas oportunidades de ajudá-lo.

Gilmar acrescenta:

– Há dois anos, o Gustavo ganhava comissão na empresa. Chegou um tempo em que a comissão dele era maior do que o salário. Conversamos e chegamos, então, a uma remuneração média, mas fixa.

Para Gustavo, foi bem positivo:

– Hoje trabalho sem aquele estresse e, acredite quem quiser, minhas vendas aumentaram.

Gilmar complementa:

– E aumentaram tanto que tivemos de contratar mais uma pessoa para ajudá-lo!

Foi também uma interessante lição para Gustavo:

– Acontece que há alternativas muito diferentes: você olha para a sua comissão ou para as necessidades dos clientes e oportunidades. A atenção é uma só, e não pode ser dividida.

Ele é daqueles que sempre erguem a mão diante de um desafio. Autoconfiante, conta o que mudou no seu trabalho depois que a comissão foi abolida:

– Antes, eu tinha de ficar na empresa para vender e não perder comissão. Isso mudou. Não preciso mais ficar preso aqui, porque minha remuneração está garantida. Posso sair à rua, visitar e me reunir com os clientes, compreendê-los e enxergar oportunidades conjuntas.

Celso, gerente comercial, lidera dezoito representantes e conta a sua relação com eles:

– Trabalhei por catorze anos em uma empresa onde tudo se resumia a meta, volume, faturamento. O raciocínio era o seguinte: o cliente que não tiver espaço no seu depósito não vai ter como fechar com o concorrente.

Pura e ultrapassada velha economia.

E continua:

– Trabalho na Minnas há três anos. Gilmar logo me colocou em sessões de aprendizado. Queria que eu compreendesse a cultura da empresa. Virei a chave. Lógico, os números são importantes, mas não podem se sobrepor ao cliente. Quando o cliente tinha um problema, eu assumia e resolvia. Fui ganhando confiança. Hoje, quem faz o pedido para ele sou eu.

Gilmar diz mais:

– Vale mencionar que esse pedido é superior ao que seria antes.

O jeito humano de fazer negócios atrai outros negócios que comungam da mesma filosofia. Foi assim que o Julio (sim, o do Da Santa) desenvolveu, com Gilmar, a marca UMAI, tão presente no sacolão.

Não se trata apenas de um novo jeito de fazer negócios, mas sobretudo de uma cultura. Requer mudança de modelo mental, que começa nos líderes e permeia toda a empresa. Uma viagem árdua, exigente e desafiadora que Gilmar, Michele e toda a equipe toparam fazer e tem sido altamente recompensadora.

Um lugar para se viver

– Na Minnas a gente abomina hierarquia – conta Kamila, responsável pelo acolhimento e pela experiência das pessoas que passam pela empresa. – Meu relacionamento com a Michele e o Gilmar é o mesmo que com o Gustavo e o Marcel. Nós somos consultados, podemos opinar, discordar. Isso nos anima a contribuir ainda mais. Todos nos sentimos donos da Minnas.

Fábio, responsável pela área financeira, destaca:

– O que mais me chama a atenção aqui é a prática do olhar empático, principalmente com o cliente, na tentativa de compreender o seu ponto de vista. Ao mesmo tempo, praticamos o olhar apreciativo com a equipe, ou seja, se não alcançamos 100% do que queríamos, valorizamos o que conseguimos. Apreciamos e comemoramos os nossos avanços.

Responsável pela área de Gestão de Pessoas, Ariadiny revela:

– Nós temos um jeito simples de ser. O simples é mais fácil, leve e leva a gente longe. Quantas vidas nós estamos elevando? Quem entra aqui faz uma travessia rumo à nossa cultura – completa ela, reforçando a sua prática de motivar e dar significado ao trabalho das pessoas.

Celso, por sua vez, frisa:

– O que mais se destaca na Minnas é a relação sujeito-sujeito. Não é tanto o que a pessoa rende, mas o que a pessoa é.

Gustavo, que se sente feliz quando compartilha aprendizados, complementa:

– É o trabalho com significado. Sair do automático e saber por que está fazendo o que está fazendo.

Marcel, o gerente organizacional com maior número de liderados, confidencia:

– Nos meus empregos anteriores, eu tinha de fingir. Aqui é muito leve, eu posso ser quem sou. Não tem essa de deixar os sentimentos na guarita.

A equipe de líderes da Minnas é a prova concreta de que as pessoas anseiam por uma nova economia. A economia ao natural é mesmo um alento. Essa energia positiva pode ser canalizada para toda família. Veja como é possível.

Corrente de retribuição

"Mais para mim" é o mantra do G da ganância, o fator mais devastador da velha economia, que facilmente resvala para o G da guerra, transformando o mercado em uma arena. Para nossa sorte, existem outros Gs, progressistas e naturais: o G da gratidão, o G da gentileza, o G da generosidade. E não é filantropia, empresa do terceiro setor ou empreendimento social, embora não haja nenhum problema com essas alternativas. Trata-se fazer o bem enquanto se ganha dinheiro.

Na economia ao natural não existe um conflito entre o econômico e o social, nem entre o econômico e o humano. Embora essas dicotomias fossem preponderantes antes, na economia ao natural compõe-se um único mosaico, que é o tecido da vida e o bem-estar na casa comum.

Gilmar tem como propósito retribuir tudo o que a vida lhe deu. Não mede esforços para ajudar os Gilmarzinhos que estão por aí precisando daquele primeiro impulso.

Criou, então, o projeto Adoçar Vidas, ajudando jovens de 15 a 19 anos a encontrar uma luz que ilumine caminhos promissores para eles, dando-lhes confiança para que sigam adiante em seus propósitos.

– Os *adocicadores* – explica Gilmar – são os líderes educadores que cuidam dos jovens que trabalham na Minnas e dos jovens das famílias dos que aqui trabalham, bem como daqueles da comunidade onde a empresa está instalada, abrangendo também os que são próximos dos fornecedores, clientes e parceiros. Quero envolver aquele empacotador que está no mercado, o rapaz que varre o chão, o que está subempregado.

Gilmar tem experiência própria para falar sobre os adocicadores:

– Muitos jovens não têm uma inspiração dentro de casa, às vezes lhes falta a presença de um pai, pois, mesmo quando ele existe, talvez careça de consciência para discernir o que é melhor para o filho.

Os membros da equipe contribuem, cada um em sua área de competência. É o caso do Marcel, gerente administrativo responsável pela logística:

– Também para que eles entendam o que é uma empresa, como ela funciona.

Ariadiny, cuidadora de gentes, esclarece:

– É importante que eles saibam como se comportar nas entrevistas de emprego e nas redes sociais. Às vezes são dicas simples, mas fazem toda a diferença.

E Gilmar acentua:

– É claro que alguns jovens serão convidados para trabalhar na Minnas. Eles vão conhecer todas as áreas da empresa (produção, vendas, merchandising, RH, TI) e ver com qual mais se identificam.

Mesmo quem não é convidado consegue oportunidades, como diz Michele:

– Quem não for contratado pela Minnas poderá ser indicado para uma empresa parceira, que comunga da filosofia da nova economia. No mínimo, sairá com uma carta de referência que lhe facilite arranjar emprego em algum bom lugar.

Sempre há novidades interessantes, como a que Gilmar anuncia:

– Queremos fazer uma nova turma todos os meses.

Kamila, crente na força do relacionamento e na cordialidade, acrescenta:

– Para completar, os jovens vão fazer um ato de solidariedade, que é a conclusão desse processo educacional. É uma corrente de retribuição a que os jovens dão continuidade. Podem escolher entre várias alternativas, como passar o dia em um asilo, para ouvir ou contar histórias, ou contribuir com uma comunidade carente.

Gilmar esclarece:

– A Futura Tintas (história também presente no livro) inspirou esse projeto e o Adoçar Vidas está estimulando outros. O Paulo esteve por aqui falando com a gente.

Ele se refere ao empreendedor da Combina, de Sorocaba, o protagonista da próxima história. Antes, é bom citar que a corrente da retribuição tem as frentes dos jovens e das mulheres. Lembra-se da mulher-onça? Pois bem.

– Hoje, quando vejo uma mulher cabisbaixa, vou conversar com ela – conta Michele. – Era o que a minha mãe fazia comigo e me animava. Notei que me agradava fazer isso. Comecei a dar palestras para grupos femininos. Surgiu a Empoderaminnas, outro projeto da Minnas.

Ariadiny complementa:

– A iniciativa pretende expandir a consciência das mulheres para que elas saibam o quanto são poderosas e reconheçam a força que está dentro delas.

Michele dá exemplos de como o projeto funciona:

– Tratamos de questões como violência, preconceito, assédio no trabalho, assuntos que precisam ser abordados. Falamos com mulheres dispostas a defender a sua causa. A história de uma inspira a outra e assim vão aprendendo, mutuamente, como fizeram para se defender, quais são os canais de ajuda, e também como ligar para o SOS Mulheres ou a Delegacia da Mulher.

A intenção é elevar a autoestima das mulheres, empoderar o feminino e libertar vidas da mediocridade. Com isso, serão capazes de expandir a consciência para que tomem o controle da própria vida e construam seus próprios caminhos.

A experiência dela como filha e sua relação com o pai também fazem parte dos temas tratados. No caso de Michele, ele acabou retornando para sua vida quando parou de beber. A semente do perdão, que sua mãe havia plantado em seu coração, floresceu. Michele até lhe arranjou emprego de motorista na empresa. Juntos, puderam viver finalmente uma história de pai e filha. Embora não tenha convivido com ela quando criança, ele pode fazê-lo depois com os netos, antes de seu falecimento.

Outros Natais

Em meio à mata nativa em desnível, a Minnas celebra o Natal todos os anos com uma festa para crianças carentes. No dia da comemoração, outras empresas contribuem com um cardápio recheado de delícias, incluindo as que a Minnas produz. Enquanto a equipe se diverte com as crianças, o líder Gilmar, fantasiado de Papai Noel, distribui os regalos.

Na letra G cabem muitas palavras. O que fazemos com o que ela sugere pode contar histórias muito diferentes, inclusive levar a empresa, o mercado e a economia para um estado de Graça.

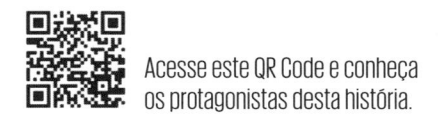

Acesse este QR Code e conheça os protagonistas desta história.

COMBINA – O PRINCÍPIO DA ALAVANCA

A razão que há no coração
O coração da razão
DARWINSON

Ele foi considerado um dos maiores cientistas da Antiguidade. Seus conterrâneos já eram famosos pelos conhecimentos e pelas habilidades em geometria e matemática, mas ele foi além. Físico, engenheiro, matemático, inventor e astrônomo, Arquimedes de Siracusa (287 a.C.-212 a.C.) criou o princípio da alavanca: "Dê-me um ponto de apoio e moverei o mundo".

A alavanca que hoje move o mundo é a tecnologia. Está aí, onipresente, cada vez mais acessível e permitindo que os produtos sejam intercambiáveis. Como se diferenciar em um mundo onde todos os carros pegam a frio? Sou do tempo em que, para subir a rampa da garagem, era preciso aquecer o motor por cinco minutos, ao menos.

Televisores, aparelhos de micro-ondas, liquidificadores, fogões e lavadoras de louça, qual a melhor marca? Todas, alavancadas pela tecnologia, são muito boas, noves fora a propaganda.

Então, como se diferenciar?

O mais triste é saber que ninguém sentiria falta se a sua loja, empresa ou negócio deixasse de existir. E mais: saber que aquele montão de afazeres diários, o corre-corre sem fim, a existência cheia de atropelos vivida na pressa e na compressão, tudo isso é descartável.

Como se transformar em uma empresa única?

Entenda por empresa única aquela tão relevante – para os colaboradores e clientes – que torna a concorrência de fato irrelevante.

Faça o teste da empresa única: se deixássemos de existir, faríamos falta? As pessoas sairiam às ruas, em passeata, suplicando por nossa volta? Somos, mesmo, imprescindíveis?

Não por acaso, portanto, uma das máximas da economia ao natural é transformar o seu negócio em uma empresa única.

O desafio da relevância

Tudo começou quando Paulo Baddini, aos 15 anos, ganhou um computador TK85, até porque já ensaiava algumas programações. Tanto ele como seu pai gostavam muito de eletrônica. Com 17 anos, quando já cursava Engenharia, Paulo foi trabalhar com computação e desenvolveu o seu primeiro software.

Tratava-se de um programa para a Rádio Clube de Sorocaba, no estado de São Paulo, com o objetivo inicial de facilitar a programação e a inserção dos comerciais, mas depois se estendeu também para a operação administrativa e financeira. Transformou-se em um sistema completo de gestão de rádio.

Quando estava no segundo ano da faculdade, Paulo comentou a respeito de seu produto com um de seus professores. Animado diante da notícia, o mestre convidou o aluno para apresentar o software para a Rádio Metropolitana de São Paulo. Nenhuma das rádios existentes na capital do estado tinha algo parecido. Nem a Rádio Jovem Pan, uma campeã de audiência, tinha um software que fazia a distribuição dos comerciais nos intervalos. Uma vez aprovado e em funcionamento, o sistema foi implantado em mais dezoito emissoras de rádio e TV da rede Metropolitana. Na Rádio Clube de Sorocaba, perdurou ininterruptamente por dezessete anos sem necessidade de manutenção.

No *boom* da nova tecnologia, nasceram empresas como a Microsiga, atual Totvs. Paulo, que morava na capital de São Paulo, poderia até ter fundado outra companhia congênere. Porém, foi requisitado por um amigo, sócio de uma concessionária de veículos em Sorocaba, justamente para implantar a informática.

– Estou com um problemão – clamava o demandante, desacorçoado. – Utilizamos um computador de grande porte [*mainframe*] que custou uma fortuna e não funciona.

Paulo substituiu a máquina por microcomputadores, instalou o servidor e a infraestrutura adequada.

Por razões familiares, um dos diretores da empresa resolveu se desligar. Abriu uma loja de informática e convidou Paulo, então com 25 anos de idade, para ser sócio. Em julho de 1995, ambos montaram a primeira unidade e as vendas foram de vento em popa, a ponto de levá-los a expandir o número de revendas.

Tudo caminhava muito bem. No entanto, o mesmo tipo de produto começou a ser vendido por lojas de redes, magazines e até supermercados. Para complicar mais ainda a situação, ofereciam preços abaixo do custo, como seguro chamariz para outros itens. Sem nenhum outro diferencial, em agosto de 2002 a dupla de sócios teve de fechar as três lojas existentes.

No final de 2003, em Sorocaba, Paulo inaugurou sozinho a Combina, seguindo com muito cuidado e pé no chão.

– Tudo o que se faz com tecnologia é um risco, porque você é atropelado pela própria tecnologia – comenta ele. – Você faz um programa em determinada linguagem, dois anos depois surge outra e é preciso contratar alguém que entenda da novidade, seja para desenvolver ou vender software.

Foi quando descobriu, no vasto palheiro de similares, uma agulha diferenciada e única, com luz própria.

A alavanca a favor

Bill Gates e Paul Allen fundaram, em 1975, a Microsoft, empresa que hoje desenvolve, fabrica, licencia, apoia e vende softwares de computador, produtos eletrônicos, computadores e serviços pessoais. Uma das marcas mais valiosas do mundo, permanece como a maior produtora de softwares por faturamento.

Entre suas ofertas mais conhecidas está a linha de sistemas operacionais Windows. Para colocá-los no mercado e facilitar a sua operação, há uma imensa rede de representantes, dentre os quais se destaca a Combina.

Até aí, nada de diferente. Muitas outras empresas são representantes da poderosa Microsoft. Por méritos próprios, a Combina é parceira Gold da Microsoft e da Dell, mas Paulo conta o que está além da tecnologia:

– O nosso propósito é *impulsionar, com tecnologia, o negócio dos clientes.*

A maneira como Paulo e sua equipe definiram o propósito da Combina deixa claro quais são os fins e os meios. *Impulsionar o negócio dos clientes* é o fim, algo que vai acontecer por meio da *tecnologia.*

– Do jeito como atuamos, a tecnologia não existe apenas para resolver problemas, mas como fator impulsionador da estratégia de negócios.

Mesmo com toda a contínua explosão tecnológica, mercados continuam sendo conversas. São constituídos por seres humanos. Portanto, conversas entre seres humanos devem soar como conversas humanas. Implicam interesse mútuo e sutileza na escuta atenta.

Com o avanço da tecnologia, os mercados ficam mais inteligentes e bem informados. Fazer parte deles é cada vez mais desafiador. Os avanços permitem ir mais diretamente ao ponto, dispensando intermediários capazes até de complicar as relações. Isso já vale para diferentes transações, como contratar uma viagem, comprar ou vender um carro, fazer operações financeiras, alugar um imóvel.

Não existem segredos. Com todos ligados em rede, os clientes sabem mais sobre uma empresa do que a própria empresa. As vozes institucionais emitidas pelas organizações, até mesmo via publicidade e propaganda, têm pouca valia. O que conta é o que circula entre as vozes humanas, com sua relevância aumentando quanto mais abertas, naturais e espontâneas forem.

Para um mercado ligado em rede, o que importa é o que cada pessoa está falando para seu interlocutor, algo que vai além de qualquer estrutura organizacional formal nos moldes da velha economia. Não são os dutos hierárquicos que contam, como antes. A base da pirâmide está mais forte do que nunca. Dar voz e vez a essa base, ampliando sua autonomia, é o grande desafio da liderança verdadeira.

Os muros nunca ajudaram e agora, mais do que nunca, prejudicam. O jargão – distante e arrogante – dos tecnólogos é um desses muros e está entre os mais difíceis de transpor. Foram erguidos pela equivocada busca de algum tipo de segurança e proteção, o que é inútil. A transparência é fundamental. Não existem mais segredos quando tudo está disponível a uma simples verificação no mundo virtual. E o mercado abomina, com toda a razão, incoerência e charlatanismo.

A tecnologia só se transforma em alavanca quando é usada a favor, não contra. Implica acessibilidade, disponibilidade e facilidade para penetrar no mundo do cliente e reconhecer as suas preocupações, não somente as técnicas, mas também as humanas. Negócios são apenas uma parte de nossas vidas. As preocupações vão além deles.

A tecnologia é uma alavanca se almejarmos que ela assim seja. A Combina deseja e pratica isso.

Os cinco porquês

Paulo e sua equipe utilizam a "técnica dos cinco porquês" para, junto com o cliente, identificar o real problema.

Surgida em meados da década de 1970 na Toyota, no Japão, a técnica dos cinco porquês é um método que ajuda a se aprofundar em determinada questão em busca da sua verdadeira causa. Isso acontece perguntando cinco vezes qual a razão que provoca o problema.

O uso da técnica pode ser exemplificado no seguinte diálogo:

– Por que você quer comprar um servidor?

– Porque eu preciso me atualizar.

– Atualizar por quê?

– Porque eu não posso ficar para trás.

– Mas por que você acredita que está ficando para trás?

– Porque a concorrência está se adiantando e comprando servidores.

– E por que você acha que o servidor vai mantê-lo mais atualizado, assim como a concorrência?

– Porque a tecnologia é o nosso futuro.

– Por que você acredita que o futuro depende da tecnologia?

– ??????

E assim o problema é "torturado" até que finalmente se possa desvendar o que realmente o provocou. Além de identificá-lo, a técnica dos cinco porquês abre outras oportunidades, também impulsionadoras do negócio.

– Percebíamos que o cliente muitas vezes não sabia direito por que investir em determinada tecnologia, senão como uma atitude semelhante à de seus concorrentes, os quais também agiam no escuro... – conta Paulo. – E aí emendávamos com novas perguntas: se fizer isso, vai melhorar o fluxo de caixa? Vai aumentar as vendas? Se adquirir tal coisa, os resultados vão aumentar?

A virada de chave, da tecnologia para o impulsionamento do negócio, exigiu uma nova cultura na empresa. Era preciso tirar o foco da operação voltada à solução de problemas e concentrá-lo na relação capaz de compreender e identificar o que seria capaz de promover um real avanço para o cliente. Paulo descreve o ponto nevrálgico da conduta do tecnólogo:

– No mundo da tecnologia, a operação absorve muito e acaba energizando especialmente quem é introvertido, porque a situação lhe parece até agradável. Assim, o profissional não sente necessidade de se relacionar com outras pessoas. O que faz, sozinho, não só lhe basta como dá a impressão de ser imprescindível.

Daí a precisão de mudanças importantes, admite a equipe da Combina, certa de que uma nova cultura é o melhor caminho, senão o único, para assegurar o progresso bem fundamentado. Mas a realidade é outra, a princípio. Até mesmo uma colaboradora da Combina assume a sua inclinação nesse mesmo sentido.

– Eu sou assim – comenta Naiama, espontânea na autodescrição, concentrada que é na opção de permanecer diante do computador. – Gosto de gente, mas, se puder, prefiro ficar no meu mundinho, interagindo apenas com a máquina.

Naiama, porém, se esforça para ampliar a visão e superar seu jeito de ser. A motivação natural de outros integrantes da equipe é diferente.

– Quanto a mim, estou mais interessada na relação – comenta Roberta, apreciadora do contato direto com os seres humanos. – Eu também opero o computador, mas o meu foco está em outra direção. Sempre gostei de lidar com pessoas e de trabalhar em equipe.

Aline, apreciadora das discussões em grupo, é semelhante:

– E eu fui me desenvolvendo porque tenho necessidade de me relacionar, de me comunicar, conversar, trocar experiências. Nunca desejei ficar só no computador, resolvendo problemas. Preciso falar com as pessoas, tanto com os colegas de trabalho como com os clientes e fornecedores.

Aí está um caminho promissor, descoberto na prática virtuosa, admite Roberta:

– Inovamos na arte de nos relacionarmos. Criamos um atendimento mais humanizado. E isso é percebido pelo cliente quando ele nota que não estamos apenas querendo vender um produto, mas sim impulsionar o seu negócio.

Aline, por sua vez, complementa a ideia:

– Para isso, precisamos compreender mais e melhor o negócio do cliente. É algo que acontece naturalmente quando nos aprofundamos na relação.

Mudar a atitude não é fácil, requer vontade e disciplina, porque a maré é contrária, admite Roberta:

– O cliente quer falar e o fornecedor não tem tempo nem vontade para ouvir, certo de que se trata talvez de pura perda de tempo. A escuta atenta é uma competência que precisa ser desenvolvida. Implica paciência para ouvir e empatia para compreender. Só assim é possível pensar juntos a solução.

Equivocadamente, grande parte dos empresários e de seus colaboradores aposta na falácia de que o computador pode fazer tudo, deixando a solução apenas para a máquina. Sim, porque eles não se dispõem a relacionar-se humanamente. Não querem fazer isso, na certeza de que seja desnecessário.

A próxima alavanca

"Dê-me um ponto de apoio e moverei o mundo", disse Arquimedes há mais de 2 mil anos, quando criou o princípio da alavanca. Na Combina, vale reiterar, esse ponto de apoio é a tecnologia juntamente com a cultura, ambas alinhadas para expandir os negócios dos seus clientes.

A tecnologia, a Microsoft e a Dell suprem. A cultura depende de gente. A próxima alavanca da Combina é desenvolver impulsionadores de negócios via educação. Paulo, que valoriza as pessoas empreendedoras, protagonistas da própria vida, anuncia:

– Estamos prontos para formar uma escola dedicada a formar gente. Quando se olha para trás, vê-se uma estrada, mas não o mato crescendo. A cultura ajuda a asfaltá-la naturalmente. Uma vez bem definida, conta com o valoroso apoio da equipe, pronta para disseminar o que sabe e aprende. Então já é possível dar mais um passo, e o próximo é a educação.

Paulo compartilha suas intenções e imaginações:

– Vamos identificar jovens criadores, aqueles que possuem o desejo, mas estão impedidos de prosseguir por alguma razão. Queremos proporcionar a eles uma educação empreendedora ligada à tecnologia. Vamos formá-los para trabalhar, seja na Combina, com nossos clientes ou com quem mais se interessar, no mundo. Não importa quem, mas o que estamos em condições de oferecer. É bom lembrar que há uma imensa demanda não preenchida por profissionais competentes.

Tecnologia, relacionamento e educação: Combina! Afinal, esse é o significado do nome de empresa. Que seja também um bom presságio.

– Já temos um bom molho. Agora é juntar mais tomates! – conclui Paulo, sempre criativo nas analogias.

Muito além da tecnologia

Novembro de 2018. A cidade é Atibaia. Mais de trezentas crianças das escolas da periferia descem a rampa do lugar onde uma festa havia sido preparada para elas.

Ficam maravilhadas com o que encontram. Balanços, gangorras, carrosséis, bolas, balões e muita comida gostosa. Música, dança, movimento. Não bastasse tanta coisa boa, é chegado o momento mais esperado! Em um palco improvisado, lá estão Fofura e Biriba, os palhaços. Momento de suprema alegria e deleite.

Todos se divertem intensamente, tanto os pequenos como os garotos maiores. "Há um menino, há um moleque, morando sempre no meu coração", diz sabiamente a letra de uma canção de Milton Nascimento com versos de Fernando Brant. Fofura e Biriba divertem e se divertem. Momento mágico e único, daqueles que ninguém esquece.

Na vida real, os dois palhaços são muito diferentes. Fofura é mais o aqui e o agora, pés no chão, pragmático. Biriba é mais o acolá, visionário, sonhador, idealista. Não obstante as diferenças, eles são bons amigos, além de clientes e fornecedores mútuos.

Fofura é o Paulo Baddini, quando vive aventuras para além da tecnologia. Biriba você vai conhecer no próximo capítulo.

 Acesse este QR Code e conheça os protagonistas desta história.

CLÍNICA BOZELLI – O PRINCÍPIO DA SINTROPIA

Na quentura que nos arde, fogo e chama
A criança ilumina o bem aceso
ALISSON MENEZES

Quando tinha 14 anos, ele costumava ficar em frente a uma loja de mágicas, o tema que mais o interessava. Certo dia, enquanto desfrutava da paixão adolescente, o mágico, olhando para o jovem, disse sem pensar duas vezes, ao convidá-lo para participar da encenação em curso:

– Você vai ser o palhaço!

Imediatamente, lhe deu uma peruca e o batizou:

– Seu nome é Biriba.

Ele, agora Biriba, seguiu com o mágico para sua primeira incursão no papel recém-conquistado. Na comemoração, cerca de cinquenta garotos se aglutinavam ao redor de um pequeno palco.

– Boa tarde, criançada! – repetia Biriba várias vezes, ora se animando com a dedicada plateia infantil, ora furioso com o mágico que o havia colocado naquela enrascada.

Ambos fizeram um pastelão de improviso, para delírio da assistência.

Foi o bastante para que o rapazinho pegasse gosto e seguisse em boa companhia. A dupla montou uma trupe, agregando Jefferson, irmão do novo palhaço. Juntos, inauguraram o primeiro pula-pula da região onde moravam. Começaram a se apresentar em hospitais, muito antes de surgirem os famosos Doutores da Alegria.

Ele é Fabio Bozelli, hoje médico pediatra e pneumologista, diretor da clínica que leva seu nome, na cidade de Sorocaba.

Do tecnicismo ao humanismo

Ninguém diria que existe uma clínica ao lado do convidativo playground em meio às árvores. Esta, aliás, nada convencional, porque seus diversos ambientes são coloridos, exalando bem--estar e alegria.

O que mais impressiona na Clínica Bozelli, contudo, não é a estrutura física, mas sobretudo o acolhimento humano. Na rua sem saída, um manobrista recebe os motoristas com extrema cortesia, antes de assumir a direção dos carros. Em seguida, uma gentil anfitriã recebe, com entusiasmo, quem chega. Logo se vê e sente que é um lugar diferenciado.

– Buscamos o relacionamento com quem nos procura – diz o pediatra André, responsável pela formação e liderança da equipe médica. – Cuidamos da pessoa, não somente da doença. Tanto é que, muitas vezes, depois de uma conversa de uma hora, resolvemos o problema sem precisar prescrever nenhum medicamento.

Nem sempre foi assim, entretanto, nas diferentes atividades do mundo empresarial.

Henry Ford, pioneiro no ramo automobilístico, conta em sua autobiografia que, em 1908, quando foi fabricado o automóvel modelo T, eram necessárias 7.882 operações especializadas para completar uma só unidade. De todas, 949 exigiam "homens fortes, fisicamente hábeis e praticamente perfeitos"; 3.338 precisavam de trabalhadores com força física apenas "comum"; a maioria das restantes podia ser realizada por "mulheres ou crianças crescidas". E ele continua friamente esse triste desfile de números, admitindo que "670 tarefas podiam ser preenchidas por homens sem pernas, 2.637 por homens com uma perna só, duas por homens sem braços, 715 por homem com um braço só e 10 por homens cegos".[2] Em suma, mesmo os afazeres particulares não exigiam seres inteiros, mas somente uma parte do corpo deles.

O relato, marca indelével da Era Industrial e de uma velha e ultrapassada economia, ressalta apenas o aspecto físico do ser

---

2 FORD, Henry. *Minha vida, minha obra*. São Paulo: LeBooks Editora, 2018. E-book.

humano, ignorando todas as outras dimensões: mental, intelectual, emocional e espiritual.

Era o advento do *Homo economicus*, não inteiro, o que por si só já faria da vida uma experiência dolorosa, e do ser humano um mero fragmento, uma pequena parcela feita para produzir – mão de obra – e gastar – consumidor. Assim, deixava de viver em plenitude, algo possível exclusivamente a um ser inteiro.

As repercussões da física newtoniana não afetaram somente a ciência da administração, o mundo dos negócios e do trabalho, mas também as ciências médicas, entre tantas outras.

– Eu saí de uma formação muito tecnicista – afirma André – para outra, de aspecto mais humano.

Patrícia, a responsável pela equipe de enfermeiros, continua:

– Tome o toque como exemplo. Ele tem um poder muito grande. Transforma. É como se acendesse uma luz no paciente emerso da escuridão.

– Não é apenas o toque físico – completa André –, mas o que envolve a alma da pessoa.

Novamente, com seu jeito bem assertivo, Patrícia acrescenta:

– Às vezes, uma palavra pode fazer grande diferença. Pode até ser salvadora, em determinados momentos que a pessoa esteja vivendo. A palavra também é um toque.

Jefferson, o irmão da trupe inicial, líder da área odontológica e também um dos diretores, toma a palavra para esclarecer ainda mais como a clínica compreende a prática do relacionamento:

– É bom quando a gente não cuida somente de doenças, mas transforma vidas, de um jeito simples e natural. A alta tecnologia é importantíssima e a usamos devidamente, mas se a gente não vivenciar a convivência, o tratamento não estará completo.

Aproveitando sua experiência como odontologista, ele completa:

– A hora que a criança coloca a mãozinha na boca, ela ganha uma nova percepção do mundo, e é importante flagrar esse momento, interagir com ela.

André aborda uma questão básica:

– Quer ver uma coisa de que a tecnologia não vai dar conta? Deixa de nos informar a dinâmica da família, algo que desvendamos justamente a partir da criança. Tal descoberta vem do interesse e da curiosidade, mas também da experiência. E aí a gente constata que a criança é a ponta do iceberg que precisa ser tratado.

Fábio, então, esclarece um ponto fundamental na compreensão da forma de atuar da empresa:

– Existe um conceito nosso que é o cuidado consciente. Nós valorizamos muito a ciência. Somos altamente técnicos. É uma premissa básica. Em qualquer área (para citar alguns exemplos, clínica médica, ginecologia, odontologia, comunicação, enfermagem), cada integrante de nossa equipe tem de ser tecnicamente bom. Mas não ficamos aí, vamos além. Incluímos o relacionamento.

Fábio continua:

– Existe, no entanto, uma situação que exige distanciamento da nossa parte. É quando o paciente precisa tomar uma decisão e, então, não podemos estar emocionalmente envolvidos. Exatamente para que possamos ajudá-lo a tomar a melhor decisão, sem abrir mão das razões técnicas.

E conclui:

– Esse distanciamento é salutar, mas é diferente daquele bem habitual em que colocam o paciente em uma máquina, depois em outra e mais outra, sem que o médico lhe dirija a palavra, sempre distante, enigmático. Não se pode delegar o tratamento à máquina, porque isso cabe ao médico. Aliás, não há máquina capaz de tratar realmente um ser humano. Pode, sim, ser uma grande aliada para o diagnóstico e as ações a tomar, porém é entre os seres humanos que o cuidado se manifesta.

André apresenta uma relevante distinção:

– Distanciamento não é igual a não relacionamento. Eu tenho de ser racional na aplicação técnica, mas o acolhimento e o bem-cuidar exigem aproximação. Preciso colocar na balança o relacionamento e a técnica.

Ivani – que todos, colegas e pacientes, chamam de Iva –, responsável pela equipe de acolhimento, conclui, fazendo referência à filosofia de trabalho da Clínica Bozelli:

– Mesmo no caos que nós vivemos durante a pandemia, não perdemos de vista o nosso propósito. Nada interferiu em nossos valores. Levamos a esperança para todos os nossos pacientes e nunca abrimos mão da relação sujeito-sujeito. Persistimos no anseio de transformar dias tristes em dias melhores.

É a vez de Patrícia:

– Nós temos um propósito, que é um ato de fé. A fé é uma evolução, porque a construímos todos os dias, em meio a altos e baixos, entre as coisas boas e ruins. Quando paramos de evoluir é porque deixamos de ter fé.

O retorno à medicina ao natural

– E aí, meu velhinho! Como vai esse homem?

É assim que Fábio recebe um bebê de seis meses. A brincadeira tem um fundamento sério. O pediatra tenta imaginar seu pequeno paciente lá na frente, quando estiver com idade avançada. Então é bom pensar nele com boa qualidade de vida. A pergunta sábia é: o que é preciso ser feito hoje para assegurar-lhe essa vida com qualidade no futuro?

É cuidar do ser no presente, mas também do devir. O tratamento considera um pé no aqui e outro no acolá. Caso contrário, qualquer tratamento ficará sempre limitado a cuidar dos sintomas, deixando escapar as verdadeiras causas. Fábio faz um breve e relevante retrospecto:

– Há trinta anos, algumas crianças morriam antes de completarem o primeiro ano de vida ou até nos dois seguintes, por moléstias agora evitadas, com vacinas, ou mesmo tratáveis. O mesmo acontece com a terceira idade, em que são estendidos tanto o tempo como a qualidade de vida. Nós valorizamos os avanços tecnológicos. Eles são altamente importantes. Mas a ciência é parte de um todo.

Patrícia completa o argumento:

– Aqui na clínica, a gente faz o que o doutor do passado fazia, o que eu considero uma medicina ao natural. O médico que cuidava da família não olhava só para a dor do paciente, mas para o todo, incluídas as relações envolvidas.

Corroborando a fala de Fábio, ela acrescenta:

– A tecnologia veio para fortalecer a medicina, para ajudar o ser humano, mas o próprio médico acabou invertendo o seu papel. Ficou muito dependente da tecnologia para fazer um diagnóstico que muitas vezes depende apenas dele, está em suas mãos. Muitos de nós perderam a função do toque e de querer entender o que está abaixo do iceberg.

Patrícia conclui, citando um claro exemplo familiar:

– Quando uma mãe não está conseguindo amamentar, talvez não se trate de uma simples disfunção. Pode ser devido a uma pressão psicológica dos palpiteiros ao redor ("como você não consegue, se o peito está cheio a ponto de transbordar?"), ou até mesmo por influência de tantas informações (blogs, sites e até o doutor Google). Quando você consegue conversar com essa mãe, descobre o que está abaixo do iceberg, identificando as influências e circunstâncias que a impedem de alimentar seu bebê.

O princípio da sintropia

São Lucas é o santo padroeiro dos médicos. Paulo, o apóstolo, o chamava de "o médico amado". Um dos quatro evangelistas, Lucas conviveu com Paulo, mas não com Jesus.

Não por acaso, Fábio cita justamente São Lucas por ter uma visão do todo e por colocar o ser humano no centro. Fábio pratica e incentiva uma medicina que vai além da ciência, sem nunca a desconsiderar.

– Quando penso em São Lucas, reflito também no interesse cristão de ir além da dor física, estando atento a outras dores. Eu não gosto de separar o ser humano em partes, corpo, mente e alma, porque acredito que está além do corpo, da mente e da alma.

Ele, então, compartilha a sua visão de medicina:

– Toda vez que o médico se concentra só na doença, ele pratica uma velha medicina. A que se baseia apenas no processo tecnológico é uma medicina da velha economia. Embora se deva usar a tecnologia necessária para cada caso, é preciso voltar-se para o ser humano como um todo. Trata-se de praticar a anamnese natural, não tecnicista. A medicina da nova economia é estar junto com o paciente, em todos os seus aspectos, saber acolhê-lo, interessar-se por ele, ampliar a visão a seu respeito e, principalmente, resgatar dentro dele toda a sua energia. Transformar essa energia em cura.

E acrescenta:

– Quando eu digo "todo", estou me referindo ao princípio da sintropia.

Aqui vale um esclarecimento. O prefixo "sin-" implica junção: de tons (sintonia), de sons (sinfonia), de movimentos (sincronia), de energia (sinergia), de ordem (sintropia). A sintropia, portanto, é a vida na ordem natural.

O oposto é a entropia, que significa caos e desordem. A entropia é um estado de desorientação, perturbação e angústia. A fragmentação do ser humano, herança da velha economia, faz crescer o vazio interior, a falta de esperança, a frustração. É o estado convidativo às doenças, conspira para que surjam e se agravem.

A sintropia, ao contrário, é um estado de harmonia, comunhão e unidade. É onde habita a saúde.

– A sintropia não depende só do médico no consultório – explica Fábio –, mas do comportamento, das atitudes de todos os integrantes da clínica. É uma soma virtuosa de cuidados, que começa com a maneira como o manobrista cumprimenta quem chega e pega o carro, e continua com o acolhimento na recepção, com o trabalho da enfermagem e, evidentemente, com o médico no consultório.

E exemplifica:

– Atendente de cabeça baixa não sabe nem quem está na sua frente. Ele também está em transe, embriagado com a situação, em estado de entropia.

O princípio da sintropia se aplica dentro e fora da clínica. Fábio cita, então, o projeto Sextante, implantado por orientação da Clínica Bozelli em uma empresa:

– A sintropia vale para a vida humana e também para a vida empresarial. Tal qual um ser humano, uma empresa também é dotada de corpo, mente e alma. Assim deveríamos enxergá-la e tratá-la.

Essa é a visão sistêmica, tão natural em Fábio e seus colaboradores:

– Com isso, buscamos a leveza, o equilíbrio e a sustentabilidade dos dois organismos: a empresa e as pessoas. Implica cuidar dos casos graves de Covid-19, mas ao mesmo tempo não deixar de lado o conjunto corporativo, o entendimento sobre o que estava se passando, as emoções geradas e, o mais importante, o que cada um pode aprender com essa experiência.

Tudo está interligado: paciente, família, trabalho e empresa. O princípio da sintropia é não deixar nenhum fio solto, cuidando do entrelace das partes e do todo.

– Muitas vezes, a gente pensa em saúde como se dependesse apenas de realizar coisas, procedimentos, exames – acrescenta Jefferson –, quando o cuidado está em entender o todo, seja a família, seja a empresa.

Se o princípio da sintropia é a filosofia de trabalho da Bozelli, o SAS é o método. A sigla concentra um amplo significado: tem de ser Simples, focando no que é preciso, tem de ser Ágil, dando um sentido de urgência ao que precisa ser feito, tem de ter Significado, tanto para quem cuida como para quem é cuidado.

Mais da metade das prescrições feitas aos pacientes não costumam ser obedecidas, justamente por falta de SAS: simplicidade, agilidade, significado.

– De fato – comenta Fábio –, nem tudo o que habitualmente se prescreve é necessário. Precisa mesmo? Essa é uma pergunta fundamental. Simples é prescrever o que realmente tem efetividade. E fazê-lo com agilidade. Mas, para isso, tem de haver algum significado para quem tem de seguir a prescrição.

Como exemplo da filosofia e do método praticados na Clínica Bozelli, André conta o caso da criança que padecia de uma alergia a determinado tipo de alimento. O sintoma persistia porque a criança não fazia a dieta recomendada. A mãe reclamava que o filho chorava a noite inteira. André teve de dizer a ela:

– Eu não consigo apertar o parafuso para você. Eu lhe dou a chave de fenda, mas você vai ter de usar. Não estou em sua casa olhando o que o seu filho vai comer, nem ouço a criança chorar à noite ou vejo seu marido dormir. Eu estou lhe dando a ferramenta.

Simples, ágil e com significado.

O dom da comunhão

– Há médicos e médicos – diz Bianca, responsável pela área de comunicação interna e externa. – Olhando para a fila, na sala de espera, tem aquele que só pensa em atender mais um e o que pensa: como eu vou conseguir ajudar essas vinte pessoas hoje? A intenção muda muito a qualidade do atendimento.

André amplia a reflexão:

– A minha intenção é que o paciente seja tratado em casa, ou seja, não interná-lo. Para isso, é necessária uma estrutura que permita fazer o diagnóstico e o tratamento sem hospitalizar. Será que a gente precisa aumentar tanto o número de hospitais ou tem de criar uma rede de distribuição para que a pessoa seja bem acolhida e cuidada em casa? O que é mais confortável para o paciente?

– Hoje, as pessoas morrem sozinhas nos hospitais – diz Fábio. – Mas há quem diga: "Pelo amor de Deus, não me deixe morrer em casa, quero ir para o hospital". Então tem os dois lados: 80% das situações podem ter tratamento domiciliar, a outra parte requer recursos que só se encontram nos centros especializados. O importante é tratar cada situação da maneira mais natural possível.

Para Fábio, a palavra imprescindível é "comunhão":

– "Olhe, fique tranquilo. Se precisar, estamos aqui." É isso que o paciente precisa escutar. Essa é a pegada espiritual. Comunhão com o paciente e sua família, comunhão na equipe que vai cuidar e dar o suporte. Queremos a cura do paciente, a cura da família, a cura do mundo.

André complementa:

– A comunhão valorosa é o elemento-chave na relação. Permite o estabelecimento da cultura sintrópica e, quando criamos a sintropia, geramos a unidade.

O santo e o palhaço

A Clínica Bozelli pretende levar a cultura da sintropia para onde for preciso. Almeja ser o time de cultivadores da medicina ao natural. Manter-se em Sorocaba, mas expandir-se para além do berço. Prioritariamente, para as cidades vizinhas e depois estar presente em todo o estado. Deseja plantar em outros lugares uma semente capaz de florescer como excelência na saúde para toda a região.

Lucas, o santo, sabia que todo ser humano carrega consigo a digital do Criador. Para Fábio, o Biriba, São Lucas é o arquétipo da sintropia, a medicina na ordem natural. Deus está do lado da vida, Fábio tem certeza. Se nos foram dadas a consciência e a inteligência, é para fazer com que as pessoas vivam, e vivam bem. O paraíso tem de ser na Terra.

– Não se trata de religiosidade – alerta Fábio. – É uma integração do ser humano com Deus. Existe uma força gravitacional, uma energia cinética que joga a favor da saúde.

Enquanto isso, para lembrar de leveza e bem-viver, geralmente no mês da criança, o Consultório da Brinquedologia dá o seu plantão, atendendo às crianças, mas também aos avós. Quem está por lá, ávido para entrar em cena e atender às famílias, é o doutor Biriba e sua equipe.

Famílias também estão presentes e são fundamentais na história que se segue, do sentido estrito ao amplo.

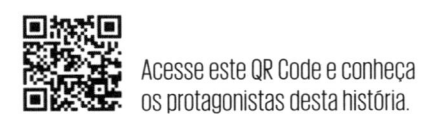 Acesse este QR Code e conheça os protagonistas desta história.

GRANADO – A PORTA MÁGICA

Deixa a porta aberta
Já vai clarear o dia
DÉA TRANCOSO

Ao atravessar a divisória, a menina se deparava com o País das Maravilhas. Era o que achava das guloseimas vendidas na ainda precária empresa de seu pai, na parte de baixo do sobrado em que a família morava, e que era também um lugar para brincadeiras. Ela cresceu em paralelo ao empreendimento, mas seu interesse se concentrava nos doces, sem maior vínculo com os demais produtos, tampouco com as pessoas que lá trabalhavam. Eram invisíveis para a garotinha. Visível mesmo, somente a passagem secreta por onde ela entrava naquele mundo de gostosuras.

"Nunca vou trabalhar aqui", pensava quando era adolescente e a empresa já alçava voo de cruzeiro.

Ao ingressar na faculdade de Engenharia da Produção, a jovem se viu diante de um desafio lançado pela escola e que acabou revelando o quanto ela havia mudado. Tratava-se de reduzir custos em determinada empresa. Por conta própria, ela apimentou ainda mais a provocação ao propor que a solução excluísse demitir pessoas. Sabia que, assim, eliminaria o que há de mais convencional no mundo da velha economia.

O grupo de trabalho do qual fazia parte assumiu o risco e conseguiu discorrer sobre outras alternativas para alcançar o objetivo proposto. Na contramão do modelo mental reinante, a ousada equipe recebeu a nota máxima.

A estudante atrevida, Pâmela, que todos chamam de Pam, tem 22 anos de idade e é filha de Alessandro e Vanessa, os sócios-diretores da Granado Distribuidora de Alimentos. O que mais a animou foi ter descoberto que os jovens de sua idade, assim como ela, anseiam por uma nova economia.

A pergunta certa

Alessandro gosta muito de contar um caso interessante de que tomou conhecimento ao ler um artigo de Carlos Demetrio, arquiteto de solução tecnológica da IBM.

Aconteceu durante a Segunda Guerra Mundial, quando o matemático Abraham Wald, com a sua equipe de estatísticos, analisava os aviões que retornavam das batalhas, geralmente com partes avariadas perfuradas por balas. A pergunta a responder era: onde as aeronaves deveriam ser reforçadas?

O complicador era que a solução não poderia deixar o aeroplano muito pesado a ponto de prejudicar as manobras, aumentar muito o consumo de combustível ou deixá-lo mais vulnerável.

A resposta imediata para a pergunta seria "reforçar as asas", o lugar mais atingido por disparos. Nada mais óbvio, portanto, do que blindá-las. Não, porém, para o sábio matemático. Ao contrário, ele recomendou o fortalecimento de partes sem marca nenhuma, como os motores, por exemplo.

A lógica de seu raciocínio era muito clara: com avarias nas asas, os aviões conseguiam retornar, mas não os que haviam sido atingidos em outras partes. A atitude geral foi concentrar-se nas aeronaves salvas, quando a atenção deveria estar voltada justamente para as abatidas.

Diante dessa história, vale pensar na pergunta típica formulada nas empresas: "Quanto foi o faturamento?".

Em uma distribuidora que supre a rede de varejo de produtos alimentícios, a pergunta é diária, seguida de outras na mesma linha: "Quanto ficou por faturar?", "Qual deverá ser a meta de faturamento para o próximo dia/semana/mês?" e assim por diante.

Essa conta as empresas conhecem muito bem. Equivale aos aviões que retornam. Tanto a área comercial como a financeira ou contábil costumam ter as informações on-line. Mas as perguntas de praxe são, mesmo, as melhores? Existe outra que não é feita habitualmente: "Qual a conta do não faturamento?", ou seja, do que poderia ter sido faturado e não foi? Esses são os aviões que não retornam.

Os líderes da Granado aprenderam que o faturamento depende do grau de engajamento do cliente, para evitar que ele integre a conta do não faturamento. Tal engajamento decorre da atenção e do interesse em atendê-lo da melhor maneira, algo que só acontece quando se dispensa aos colaboradores, em igual medida, atenção e interesse.

Trabalho com significado

A administração – tentativa de resolver problemas práticos – existe há milênios, estima-se que surgiu em 5000 a.C. Mas só se transformou em ciência há pouco mais de um século, quando o norte-americano Frederick Taylor publicou o livro *Princípios de administração científica*, em 1911. A sua linha filosófica de trabalho persiste até hoje e recebe o nome de taylorismo.

Nesse mesmo fluxo surgiu outro pioneiro da ciência da administração e fundador da teoria clássica da administração: Henri Fayol, radicado na França.

Fayol criou a estrutura de empresa que o organograma representa até hoje, dividindo-a por áreas: administrativa e financeira, produção ou industrial, vendas ou comercial, recursos humanos e, mais tarde, acopladas a essas, marketing, logística, TI, dentre outras mais específicas.

Os arranjos de trabalho atuais, e que bem representam a velha economia, sofrem influências desses dois pensadores.

A ousadia de romper com o modelo clássico areja a economia, dando-lhe novas nuances. A Granado soube safar-se das regras convencionais, a começar pela denominação das áreas de trabalho, substituindo as tradicionais por outras que oferecessem significado aos seus integrantes.

Foi assim que armazenamento e distribuição se tornou *Empactamento e Retoke*, contando com amplos corredores separados por prateleiras. Cada um deles é chamado de alameda e recebe o nome de algum dos meninos, ou seja, dos colaboradores que compõem a equipe. Eles velam por uma parte vital do negócio – receber, conferir, separar e despachar os produtos.

Outros departamentos são o *Fiscalturamento*, que cuida do faturamento e das obrigações fiscais, e o *Asa Forte*, nome dado pelos próprios motoristas que fazem entregas.

A criatividade em denominar os antigos departamentos não para por aí. Tem ainda o *Abraçamento*, nome sugestivo para quem cuida de vidas, o tradicional RH.

São apenas detalhes, mas que são relevantes para considerar o jeito de viver a economia ao natural.

A ilha das competências

Às vezes dá para desconfiar que as empresas da velha economia não gostam dos seres humanos, quando empregados são tratados como meios para atingir outros fins, tais como a produtividade ou a lucratividade, com o agravante de que os fins prevalecem sobre os meios. Assim, entulham os consumidores do que podemos chamar de insatisfaciente, oferecendo o que lhes parece acenar para o vazio existencial, mas dele jamais dará conta.

Tais empresas, quando planejam o futuro, olham para fora, em busca de tendências e oportunidades. Almejam encontrar a abundância em mares sem peixes. A Granado, ao contrário, prefere olhar para dentro e, desde que virou a seta, deparou-se com um oceano de possibilidades.

Tudo começou com a descoberta da ilha de competências. Nessa analogia, todo ser humano é uma ilha. A parte aparente reúne – de maneira visível e averiguável – seus conhecimentos, habilidades e comportamentos. Se você quer que uma pessoa discorra sobre o que sabe a respeito de determinados assuntos, basta perguntar a ela. Da mesma forma, caso pretenda certificar-se de que tem mesmo habilidade para aquilo a que se propõe, basta que ela demonstre. E, sobre os seus comportamentos, trate de observá-la quando trabalha, como se comunica e interage com as outras pessoas. Tudo se resume à parte emersa da ilha e ao que geralmente consta nos currículos. A submersa é muito mais ampla e contém vasto potencial.

O que existe em cada ser humano e melhor o representa, mas permanece desconhecido por ser invisível e não averiguável, a menos que se investigue? Suas múltiplas inteligências (lógico--matemática, linguística, musical, cinestésica-corporal, espacial, naturalista, interpessoal e intrapessoal), conforme ensina o autor Howard Gardner. Também os dons e os talentos.

As pessoas podem até ser parecidas na parte visível da ilha, por isso são destacadas para ocupar os mesmos cargos e exercer as mesmas funções. Ambos, cargos e funções, descritos com base na parte menor da ilha, são intercambiáveis por isso. Na velha economia, olha-se primeiro para o que está vago e depois para quem ali se encaixa. Na economia ao natural, busca-se descobrir o que faz cada um ser quem é, ou seja, único e irrepetível, e onde esse ser humano pode ser escalado para dar o melhor de si e oferecer a sua melhor contribuição.

– Quando uma pessoa ingressa na empresa – diz Vanessa –, ainda como candidata, ela quer saber qual o seu papel, em que setor vai trabalhar, como ela pode ser útil. Todas essas preocupações são válidas. Sua surpresa surge quando dizemos que pode ser contributiva onde quer que esteja.

A ilha das competências tem mais uma parte, a que representa a vocação da pessoa e permite identificar suas razões, motivações e inclinações.

– O conhecimento da própria ilha é uma descoberta – diz Vanessa. – É como se, antes, ela estivesse apagada, esquecendo de si.

Bea, colaboradora contratada recentemente, concorda:

– Eu sinto uma diferença muito grande entre este e o meu emprego anterior. Aqui eu me sinto bem, acolhida e ouvida. Noto que vocês enxergam o melhor de mim, algo que nem eu mesma enxergava. Vocês estão me ajudando a me encontrar e a seguir o meu caminho.

Alessandro dá um sentido de urgência ao processo de desenvolvimento humano:

– O potencial que existe em cada ser é tão grande que a gente não tem tempo a perder!

O interesse para conhecer a ilha das competências se dá quando as pessoas são tratadas como fins, não meios. Isso acontece quando elas se livram da pecha de mão de obra, termo cunhado na velha economia. Pam esclarece qual foi o passo seguinte:

– Foram tão grandes os ganhos que tivemos ao reconhecer as ilhas de competências, tanto para o colaborador como para a empresa, que decidimos prosseguir nesse caminho criando uma escola. Achamos que seria a melhor forma de tatuar a cultura da Granado na mente e no coração de cada colaborador. Ao mesmo tempo, é a melhor maneira de manter nossa cultura viva.

– E isso repercutiria positivamente, sem dúvida, no cliente – arremata Alessandro.

Cultura de peregrinos

– Não se trata de uma escola normal – esclarece Pam. – Nós podemos ensinar o que a tradicional não consegue. Coisas fundamentais da vida, como lidar com dinheiro, pessoas, trabalho em equipe, descobrir o propósito da vida.

Vanessa completa a reflexão:

– Olhar para nossos próprios medos nos ajudou a pensar sobre o que deveria ser tratado. Queríamos trazer a essência das pessoas à tona, resgatar o peregrino que nasce com a gente e que acabamos deixando de lado.

Nunca é demais lembrar que o peregrino é o contraponto a outro tipo de viajante: o turista. Turistas vagam em transe por aí. É claro que essa analogia vem dos que pisam ligeiro sobre a terra, apressada e desatentamente, sem sentir o chão, o ar, as pessoas. O olhar deles apenas resvala sobre os ambientes e – ainda mais grave – nem mesmo se trata do próprio olhar, mas daquele interceptado pela lente de uma câmera fotográfica.

O turista está sempre de passagem, ávido pelo que vem adiante. Quando muito, deixa rastros. A relação que trava com o mundo e com os outros é epidérmica, superficial, efêmera. Nunca vai além de olhar e partir.

Viagens de fuga, eis o objetivo do turista. Fugir dos lugares, dos outros, de si.

Como ser de fuga, ele evita compromissos e tudo o que implica responsabilidade, sem atentar para qualquer outra saída. Não se engaja em nada, nenhuma causa o toca, permanece insensível diante da miséria humana e dela quer distância.

Aceita o mundo como ele é até se sente confortado ao saber que a sua desdita não é maior que a de outros sofredores. Foge para não se identificar com o que despreza. Quanto mais se esquiva, mais carente se torna de coisas e artifícios absolutamente incapazes de preencher o seu vazio interior. Ocupa apenas a sua segunda mala.

Ao partir, nada marcará a presença do turista por onde quer que passe, porque está sempre ausente. Jamais deixará pegadas. O tempo tratará de apagar seus tênues sinais. Nada significarão além de páginas viradas de uma história banal.

– Quem é o turista e quem é o peregrino? – pergunta Adriana, para responder em seguida: – A escola ajuda a revelar um e outro.

Elcio Ralado complementa a ideia:

– Peregrino é aquele que levanta a mão, como forma de dizer "eu quero!".

Diante do que vivenciam, os aprendizes se revelam, diz Adriana:

– É claro que o peregrino é dado aos desafios de aprendizagem, pois sabíamos que ia chegar o momento em que a cultura iria incomodar. Incomoda porque desacomoda.

Ralado acrescenta:

– Os turistas são desconfiados. "O que eles vão querer de mim", perguntam-se, ressabiados, sempre questionando. O turista demanda muito, está sempre apressado. É menos produtivo despender energia com ele.

O peregrino, ao contrário, caminha com vagar. Aprecia e contempla tudo e todos ao redor, praticando suavemente a virtude da atenção. O olhar paira sobre os lugares, e ele deixa que os sentidos façam contato com o cenário e sua história. Assim, algo de si ali permanece, mesmo depois da partida. Mantém a presença com suas pegadas.

Para o peregrino, menos é mais. Trata de esvaziar-se, enquanto acrescenta e internaliza aprendizados. A sua viagem é de busca.

Os peregrinos estão por toda parte. Querem participar da história. Como seres de busca, desejam seguir uma luz que ilumine os seus dias, dando-lhes sentido. Tratam de se engajar em algo que faça pulsar o seu coração com entusiasmo. Por trás de tudo aquilo com que se comprometem apaixonadamente, há um profundo anseio por uma vida com êxtase.

Alguns pensam em busca como algo que vai lhes causar dor e sofrimento. É verdade, sim, que certos momentos da viagem requerem sacrifícios, sempre rejeitados por quem prefere a fuga, alienado na vã felicidade registrada em selfies. Mas é na busca que transcendemos de seres existentes para seres viventes.

– A chama apaga para aqueles que deixam de peregrinar – continua Vanessa. – O propósito da escola é perpetuar o peregrino, mantendo a chama acesa e vivendo a sua essência. Mas existe, também, o objetivo de ensinar um ofício, como aperfeiçoar o trabalho dos *embelezadores*, nome carinhoso dado aos promotores de vendas, e, com isso, servir ao nosso holograma.

Holograma é o nome que se dá à rede de relacionamentos do negócio, formado por clientes e colaboradores, fornecedores e investidores, líderes e parceiros. Adriana pergunta, fazendo referência também aos fornecedores, parceiros, familiares dos colaboradores e demais pessoas que se relacionam com a empresa:

– E se a relação que conquistamos internamente fosse estendida para todo o holograma, como seria?

Michele continua:

– O holograma nos ajuda a alinhar o conteúdo com as necessidades dos participantes. Tem que fazer sentido para eles.

É a vez de Aninha complementar a reflexão, com a maneira de fazer abordagens:

– O importante é partir dos interesses deles. Por exemplo, podemos tratar de finanças, mas se for a partir do ponto de vista familiar vai fazer mais sentido para todos os participantes.

Paula esclarece a intenção:

– Queremos que os participantes coloquem os aprendizados em prática, tanto aqui como na vida que se estende além do trabalho.

Ralado aprofunda mais a visão:

– É bom lembrar que, na Granado, os líderes são também educadores. O surgimento da escola é uma decorrência da prática de liderança que já adotamos. Claro que boa parte dos educadores da escola provém dos líderes educadores da empresa. É importante frisar: o educador tem de representar o que ele ensina. Estamos vivendo o nosso propósito.

Pam acrescenta, com satisfação:

– Os líderes educadores se transformaram nos Guardiões da Cultura. Para realmente cuidar dessa cultura, não permitindo que se apague.

Michele intervém para destacar a relevância dos demais envolvidos, além dos educadores:

– É fundamental lembrar que tem gente nos ajudando nos bastidores. Eu mesma não queria ir lá para a frente.

Aconteceu o contrário do que pretendia, lembra Pam:

– Quando da primeira aula, quem estava lá na frente? A Michele!

A citada reconhece, sem titubear:

– Tudo foi se encaixando e, quando vi, lá estava! Foi um presente.

Vanessa admite a influência e a importância de um fator externo:

– A pandemia nos ensinou a aprender pelo meio digital, o que tornou a escola mais inclusiva. A equipe *Coração*, que reúne os representantes comerciais que moram em Itapeva, Bauru e outras localidades, pode participar sem ter de se deslocar. Via internet, podemos abraçar mais gente.

A prática tem demonstrado como a iniciativa abriu caminhos, assinala Pam:

– É muito bom quando, não importa a distância, o propósito daquela pessoa que está em outra cidade consegue se conectar com o mesmo propósito da que está aqui em Sorocaba. Todos na mesma vibração.

O propósito da Granado é *"encantrar" relações, distribuindo sementes de luz que geram riquezas*. O verbo é um neologismo que combina *encantar* e *encontrar*. A partir de tal inspiração, Vanessa explica:

– Quando a gente consegue promover uma escola em que a pessoa tenha a oportunidade de olhar para si mesma e trazer para fora um pouquinho de sua essência, sabemos que os educadores conseguiram *encantrar* as relações.

E sobre os resultados da empresa? Alessandro arremata:

– Coincidência ou não, o mês em que a escola foi ao ar foi histórico em relação aos resultados econômico-financeiros.

Alessandro sabe que a empresa vai ganhar dinheiro. Sim, exatamente quando essa não for a única preocupação.

De volta à porta mágica

"Nunca vou trabalhar aqui", era o que Pam pensava na adolescência. Um dia, sua mãe lhe deu o trabalho como presente de aniversário. E foi justo onde ela havia jurado jamais atuar: na empresa dos pais.

Reconhece que foi o seu melhor presente de aniversário. O que os olhos não veem, o coração não sente. Agora, os olhos veem o que antes não viam.

Pam se encontrou e se arrependeu do que não cogitava antes. Sabe que a menina que atravessava a porta mágica – sim, justamente a divisória que transpunha alegremente na infância – não é a mesma de agora.

Quando despertou, sua vida ganhou significado e, do outro lado da passagem secreta, não são mais as coisas, as guloseimas que encantam, mas as gentes. Quando os olhos estão abertos para todos os peregrinos dispostos a caminhar juntos, o coração sente, a alma vibra.

Nessa querência, Pam encontra paz e tranquilidade. Sabe que pode ser quem é. Conectou sua própria chama ao chamado que já lhe sussurrava aos ouvidos desde o começo. Assim, tudo faz completo e virtuoso sentido.

Agora é a vez de Lorena, a Lo, irmã de Pam, que ainda não sabe para onde a sua essência a levará. A porta mágica continua aberta para ela e tantos outros peregrinos dispostos a se aventurar, com a Granado, na travessia para uma nova economia.

Herdeiros podem reconhecer sua própria essência no caminho que os empreendedores desbravaram, como acontece na próxima história.

Acesse este QR Code e conheça os protagonistas desta história.

UNIVERSAL CHEMICAL – SUBLIME HERANÇA

E que lhe chegue a esperança
E a espera siga acontecida
Na recompensa de uma alma leve
Um barco a vela que eleve a vida
ALISSON MENEZES

Sarapó é o peixe que dá nome ao rio. Rio dos Sarapós, por sua vez, inspira a denominação de Sarapuí, cidade situada no interior do estado de São Paulo, na microrregião de Sorocaba. Nasceu como pouso de tropeiros, no início do século XIX. Tornou-se município em 1937, sobrevivendo do cultivo de algodão e cereais.

Atualmente, além da agropecuária, a cidade conta com um polo industrial que emprega mais de mil munícipes, dos 10 mil que lá habitam.

O processo local de industrialização começou no sonho de um menino obstinado em ser empreendedor. Em sua engenhosidade de criança, Cassio montava fábricas com as peças do Wooden Toys, como se já tivesse dentro da sua alma a chama que viria a se transformar na Universal Chemical. Ao sonho somou-se o gene altruísta, capaz de promover o desenvolvimento não só da empresa, mas de toda a comunidade.

Persistente, Cassio nunca perdeu de vista o foco: ser um industrial na cidade onde passava as férias na casa de parentes, durante a meninice e a juventude. Lembra sempre que seu avô Olegário foi o pioneiro que se deparou com o lugar e decidiu sem titubeio: "é aqui que vou ficar, vou viver e vou morrer". O gene intuitivo já estava presente na linhagem da família.

Dois tempos

"Se você já construiu castelos no ar, dê-lhes agora alicerces", disse o pensador norte-americano Henry David Thoreau. Como bom aprendiz, Cassio foi atrás dos conhecimentos de que necessitava para realizar o seu sonho.

A química se manifestou como uma profecia a ser cumprida. Ao definir qual seria o curso superior a seguir, sua primeira opção era Engenharia. Foi, no entanto, sua segunda, a Química, que lhe abriu as portas para o primeiro emprego em uma corporação internacional.

– Fiz os anos de faculdade na Universidade de São Paulo, depois cursei mais dois anos de pós-graduação em Química Analítica e Coordenação de Complexos – conta Cassio. – Um dia peguei o caderno de empregos do *Estadão* e estava lá o anúncio: "Indústrias Gessy-Lever procuram químico para desenvolvimento". Recortei, fiz um envelopinho, mandei meu currículo. Fui chamado e, depois de duas entrevistas, estava contratado.

Era o ano de 1986. Ele segue recordando:

– Eu olhava a fábrica daquele tamanho, e dizia: "Acho que dá para fazer uma dessa". – Tanto é que a primeira planta de seu empreendimento é uma cópia da antiga Gessy-Lever.

A divisão chamada Lever Industrial foi a sua primeira escola e inspiração por cerca de cinco anos. Um dia, tocou o telefone na sua mesa de trabalho. Era um *headhunter* convidando-o para uma oportunidade na Johnson & Johnson.

– Troquei a Gessy-Lever, que ficava a vinte minutos de casa, para trabalhar em São José dos Campos, a uma hora e meia.

Na Johnson & Johnson, Cassio discutia contabilidade, construía fábricas, montava tanques, iniciava a start-up da linha. Foi se desenvolvendo e desenvolvendo pessoas. De gerente de Pesquisa & Desenvolvimento foi ser vendedor na rua, gerente de produto, até chegar a diretor de Marketing e Vendas.

Com o mesmo cargo, depois ele se empregou na Baxter, onde se tornou o segundo homem da empresa e, de certa forma, a presidia na prática. O sucesso profissional era consistente, mas ele jamais perdeu o foco da própria fábrica, que começou a construir com a poupança de sua remuneração como executivo.

Tentações para deixar o seu projeto pessoal e seguir em frente, aceitando novos postos, não faltaram, inclusive para trabalhar nos Estados Unidos, com muita visibilidade internacional. Mas Cassio estava convicto do que queria.

Aproveitou ao máximo a passagem pelas multinacionais, trafegando por diversas áreas: marketing, vendas, laboratório, produção, planejamento.

– Eu sempre observava o presidente da empresa, como ele decidia e agia. Procurava saber qual era a visão do CEO. E fui aprendendo. Sempre tentei extrair e absorver ensinamentos de quem eu mais valorizava.

Até hoje Cassio guarda o livro em que fazia suas anotações, incluindo os cursos feitos em vários países e também no Brasil. E dizia a si mesmo: "Esse conceito vou aplicar na minha futura empresa".

– É como se a minha vida tivesse dois tempos: o de preparação e aprendizado e o de aplicação do que valia a pena.

Havia duas riquezas em Sarapuí e ambas contribuíram para a decisão de Cassio de instalar ali sua sonhada fábrica. Uma delas, extremamente preciosa, era a nascente que ele sabia existir no fundo da casa de uma tia, mas algo bastante comum na região. Era a pista para descobrir água mineral em abundância e de altíssima qualidade, matéria-prima dos produtos que seriam fabricados. A outra riqueza era o caipira, ser humano simples e próximo de sua essência, daí a certeza que Cassio admite sem rodeios:

– Este é o cara de que eu preciso. Ele é inocente de alma e não traz os vícios que vi nas multinacionais.

É um perfil muito diferente, porque se dedica mais ao trabalho do que às práticas competitivas e muitas vezes predatórias que ele havia observado quando executivo.

– Aqui vai ter tudo de bom das multinacionais, mas o que for ruim não entra – comenta Cassio, com segurança, ao falar de seu sonho. – Nenhum funcionário vai competir com outro. Cada um terá o seu espaço e será valorizado em sua individualidade.

Fabíola, sua esposa na época, era quem cuidava da seleção das pessoas. Com o coração na frente, ela sabia como trazer outros corações para a empreitada, seguindo as premissas do que viria a ser a cultura da empresa.

– Sarapuí era absurdamente precária – recorda ela de quando fez as primeiras contratações. – Muita pobreza, muita necessidade.

Da parte boa, Cassio notara que a cultura é fator-chave de sucesso.

Se as riquezas do lugar ofereciam os recursos necessários – matéria-prima e força de trabalho – para viabilizar o empreendimento, o aprendizado nas multinacionais oferecia inspiração para a estratégia do negócio. Cassio sabia que a sua empresa deveria ser flexível e criativa, justamente o que as grandes companhias não conseguiam ser, como ele mesmo pôde observar:

– Naquelas em que trabalhei, gastava-se muito tempo e dinheiro fazendo política. Essa é uma das razões pelas quais são tão burocráticas e custosas. A nossa não poderia se dar a esses luxos equivocados nem à cultura de competição interna.

Cassio vislumbrou uma empresa sem a complexidade, os custos e os desperdícios das organizações em que foi empregado. Conseguiria produzir com mais eficiência, produtividade e competitividade.

A matemágica do negócio

Por ser ex-Unilever, Cassio conseguiu participar de concorrência para terceirizadores da multinacional. Funcionava assim: o terceiro apresentava a sua folha de pagamentos, os custos administrativos, o *overhead* etc. e acrescentava-se uma margem. Por exemplo: se os gastos somam R$ 200 mil, são acrescidos 10% e o faturamento seria de R$ 220 mil. *Grosso modo*, essa era a regra: os custos eram apresentados e, uma vez aprovados, acrescia-se a margem de lucro.

A demanda da Unilever era um grande desafio para a pequena fábrica de Cassio. Desafiado, passou um final de semana debruçado sobre a mesa de jantar fazendo simulações em uma planilha do Excel. Durante a semana, dirigiu-se à Vila Anastácio, em São Paulo, para apresentar a sua proposta.

Cerca de trinta executivos rodeavam uma mesa gigante, cada fornecedor com seu lance, mas um se destacou por ser inusitado.

– Produzo por R$ 180/tonelada – disse Cassio, sem mais palavras.

– Está bem, e quanto você vai ganhar? – perguntou um dos executivos. – Qual a margem?

– Ela virá da minha produtividade. Fechando esse valor, não há necessidade de vocês controlarem os custos. Deixem que eu cuido do resto.

Ao redor da mesa, os presentes se entreolhavam, espantados com tamanha ousadia. Uma executiva pediu que ele esperasse lá fora, enquanto decidiam. Dali a pouco o chamaram:

– Cassio, sua proposta foi a vencedora. Nós só não vamos lhe dar um volume maior porque sua fábrica é pequena.

Quando o empreendedor deixou a reunião e chegou à rua, chorava de alegria. A porta se abrira e o céu era o limite.

Cassio cumpriu o que havia proposto, expandiu a fábrica e conquistou o seu maior patrimônio: a credibilidade. Em vinte anos de operação, nunca houve um pallet de produtos retornado.

E como era e continua sendo feito o controle de qualidade?

– Nosso inspetor de qualidade faz o mesmo que o comprador na gôndola do supermercado: pega e olha. O produto sai daqui testado pelo olho do consumidor – conta Cassio. – Uma coisa ou outra até pode passar, até chegar nele, mas não sai para fora do portão. Vai para o retrabalho.

A Unilever serviu como um cartão de visita, validando a confiabilidade. A ela, outras grandes marcas se seguiram: O Boticário, L'Óreal, L'Occitane, Ecolab, Diversey, Flora, Bombril, P&G.

O céu era mesmo o limite.

As primeiras intenções

Em março de 1998, ainda trabalhando como executivo, em um momento de profunda inspiração, Cassio idealizou o que seria a empresa dos seus sonhos:

"AOS NOSSOS PARCEIROS

Cremos que a nossa primeira responsabilidade é para com nossos clientes. A qualidade de nossos produtos deverá superar suas expectativas. A melhoria contínua dos nossos processos deverá proporcionar preços competitivos. Nossos fornecedores e distribuidores devem ter oportunidade de auferir lucros justos.

AOS NOSSOS COLABORADORES

Temos responsabilidade para com nossos empregados. Cada um deve ser considerado em sua individualidade. Devemos contribuir para o correto desenvolvimento de seus filhos. Eles devem se sentir seguros em seus empregos, recebendo adequada remuneração. O ambiente de trabalho deve ser limpo, ordenado e seguro. Os empregados devem sentir-se livres para fazer sugestões e reclamações. Devemos ter uma administração competente e suas ações devem ser justas e éticas...

À NOSSA SOCIEDADE

Somos responsáveis perante as comunidades nas quais vivemos e trabalhamos. Devemos apoiar obras sociais de caridade e contribuir para melhoria da qualidade de vida. Devemos incentivar o desenvolvimento do civismo, saúde e educação. Devemos proteger o meio ambiente e trabalhar em harmonia com a natureza.

AO NOSSO NEGÓCIO

O crescimento do negócio deve ser sistemicamente planejado. Nossa visão deve estar adiante do nosso tempo. Devemos incentivar a criatividade e ações empreendedoras de acompanhamento do desenvolvimento tecnológico. Novos equipamentos devem ser adquiridos, novas fábricas construídas, novos produtos e serviços devem ser lançados. Reservas devem ser criadas para suportar tempos adversos. Ao operarmos de acordo com estes princípios, os acionistas devem receber sua justa recompensa.

Que Deus nos ilumine e nos abençoe para o cumprimento de nossa missão".

As diretrizes idealizadas por Cassio representam os quatro pilares que sustentam virtuosamente a empresa até os dias de hoje.

Thomas e Cassinho, os herdeiros, agora em plena atividade, reverenciam a tradição e acrescentam, em uma só voz:

– Nós acreditamos que a fé e a contribuição de cada um geram a evolução de todos.

De lá para cá

Foram cinco anos de construção para erguer o primeiro prédio. Cassio, na época executivo da Baxter, colocava tudo o que tinha no empreendimento, enquanto Fabíola cuidava dos filhos.

A Unilever, cuja chegada representou o primeiro grande salto, curiosamente também foi o primeiro emprego do empreendedor. Cassinho fala sobre a evolução do negócio:

– Começamos com produtos de limpeza e depois evoluímos para cosméticos e higiene pessoal. São 22 linhas de produção, garantindo 180 milhões de frascos por ano, com a contribuição de cerca de setecentos colaboradores.

O herdeiro entra em detalhes sobre os procedimentos:

– Nós somos capazes de fazer desde frasquinhos de 10 ml até contêineres de uma tonelada. Produzimos também potes, bisnagas, refis. A flexibilidade é um dos nossos diferenciais. Não temos as linhas muito velozes ou automatizadas, mas somos capazes de atender a diferentes demandas. Por isso, entre outros motivos, é que temos muita gente nas linhas de produção. Todas as vezes que pensamos em colocar um robô no lugar das pessoas, avaliamos o tremendo risco de perder o diferencial que nos caracteriza. O ganho econômico, portanto, não compensa.

Em 2018, a empresa bateu a marca de 1 bilhão de frascos produzidos.

– Hoje temos a Solução Universal – conta Edimilson, gerente de RH. – Inclui o planejamento, a logística, o transporte com os nossos caminhões, caso o cliente necessite, e a manufatura, que é o nosso *core business*. Solução completa, 100% flexível. Essa é a nossa marca.

Beleza ao lado da capela

O Jardim das Boas Energias fica ao lado da capela onde habitualmente se reúnem todos, colaboradores, parceiros, visitantes e empresários, para a missa. Uma placa indica: "O jardim se alimenta da boa energia vinda dos nossos parceiros e floresce graças ao trabalho da Família Universal. Manter o jardim crescendo e prosperando é o nosso desafio de todos os dias. Vamos continuar colhendo frutos juntos?".

O desafio é acolhido por toda a equipe e os resultados podem ser constatados em outras palavras divulgadas ali mesmo, entre flores e folhagens da vegetação amorosamente cuidada, nas placas existentes no jardim.

"Apreciamos muito sua atitude em sempre buscar alternativas aos problemas que enfrentamos, isso é um dos grandes motivos de termos escolhido a parceria com a Universal Chemical", diz Marcela, da P&G.

"Excelente exemplo de colaboração! Obrigado pela parceria de tantos anos! Que a nova marca que está nascendo seja um grande sucesso para todos nós!", comemora Renato, da Unilever.

"Se todos os anos pudermos contar com parcerias assim, poderemos vencer qualquer desafio! Obrigada por tudo!", compartilha Carolina, da Unilever.

"Os valores e as relações, que são nossos pilares, não mudam e se perpetuam com o tempo. E que venham mais vinte anos de parceria!", prevê Michelli, da P&G.

"A gente faz todo trabalho que a gente faz, mas ao final toda correria vale a pena porque o resultado é um trabalho lindo que está saindo e que está impactando a vida de muitas pessoas", confessa Carine, do Grupo Boticário.

"Assim como a Unilever, vocês cuidam muito bem do maior patrimônio que uma empresa pode ter: as PESSOAS!", comunga Fernando, da Unilever.

"Que orgulho de poder trabalhar em uma empresa que tem valores e propósitos tão próximos com seus parceiros", relata Luis, do Grupo Boticário.

"Pessoas são nosso bem mais precioso. Parabéns pelas histórias, temos que respeitar e amar ao próximo, como a nós mesmos. Tudo na vida passa, metas, vendas e resultados, mas o que fica são as histórias e a família", declara Miler, da L'Oréal.

Essas são apenas algumas mensagens expostas no Jardim das Boas Energias para comprovar o quanto a empresa sabe conquistar a mente e o coração de seus clientes.

– Somos o primeiro terceirizador a ter nota máxima de qualidade no certificado BRC (British Retail Consortium) – comenta Cassinho, com justificado orgulho. – Cada cliente tem uma régua diferente de qualidade e nós nivelamos sempre no máximo para atendê-los em suas particularidades.

As conquistas vão além das relações comerciais com os clientes, estendendo-se para todo o seu holograma. A Universal é também referência de cuidados ambientais na América Latina, como pioneira no sistema de ultrafiltração. Essa tecnologia sofisticada, de origem japonesa, devolve água cristalina após passar detritos industriais e domésticos pela estação de tratamento.

– Participamos de 100% da vida no município: corpo de bombeiros, posto de saúde, igreja, creche, asilo, polícia, tudo o que é comunitário – informa Thomas, também responsável por esse trabalho. – Conhecemos e acompanhamos. Estamos presentes.

O herdeiro fala sobre a contribuição relevante da empresa na cidade:

– Quem conheceu Sarapuí há vinte anos e a visita hoje nota uma extrema diferença. Continua pequenininha no núcleo urbano, mas existe mudança de mentalidade, de capacidade técnica das pessoas, de desenvolvimento do civismo, de sonhos e possibilidades. E isso é apenas o começo. Fico pensando em como estará nas próximas duas décadas, porque cada vez mais a gente coloca esforços para fora dos muros da empresa.

A Universal também atua intramuros quando é preciso. Assim, abriu um espaço interno para cuidar da saúde de seus colaboradores por meio de parceiros. Durante toda a pandemia da Covid-19, por quase dois anos, cuidou de seus colaboradores vitimados, assegurando que tivessem tudo o que fosse necessário para o fortalecimento e a recuperação da saúde, contrariando todas as estatísticas. Em mais de 350 casos, não houve sequer um colaborador que necessitou de internação hospitalar. Um desses parceiros compõe a próxima história.

Os herdeiros

Para chegar aí, no entanto, foi um árduo percurso feito de trabalho e abdicação.

– Até 2009 a empresa não tinha caixa, rodava no vermelho – lembra Thomas. – Caixa negativo. Era só cheque especial. Tudo era reinvestido, pagávamos os juros para o banco e mantínhamos firme o propósito.

Thomas conta que a empresa só começou a ter caixa positivo em agosto de 2009, coincidentemente o mesmo mês do aniversário do empreendedor, como um presente que anunciava novo ciclo de expansão.

O empreendedor, Cassio, admite sem rodeios, ao se referir aos filhos:

– Eu tenho uma dívida com eles. Cresceram sem me ver. Morávamos na chácara e eu saía antes de eles acordarem e muitas vezes voltava às quatro horas da manhã do dia seguinte. Enquanto Fabíola cuidava deles, eu estava "cortando giro". Acompanhava todas as linhas e turnos.

Cassio dizia aos dois, com a assertividade que revela rigor:

– Para vocês entrarem aqui, têm de mostrar competência e gosto por isso. Se não tiverem, cada um vai poder ser pintor, professor de educação física, o que quiser. Mas não vai entrar na empresa.

Recomendava:

– Vocês têm de construir a imagem de vocês. Se vierem, vão entrar por baixo para aprender. São herdeiros, mas nada pior do que liderar por hierarquia. Precisam ser líderes por competência. É necessário que as pessoas da fábrica olhem para vocês como referências.

Cassinho começou como assistente do gerente de produção e Thomas como assistente administrativo. Durante cinco anos nenhum deles teve função de liderança.

– Todos os e-mails que eu mandava para os clientes reenviava cópia para os dois – conta Cassio. – Nos finais de semana e feriados, tínhamos muitas conversas sobre o motivo de determinadas decisões, de fazer de um jeito e não de outro.

Aos poucos, Cassinho e Thomas foram se legitimando como líderes, em condições, portanto, de assumir funções executivas.

– A fábrica havia ficado bastante produtiva, com uma imagem muito boa perante os clientes, mas com um sistema matemático rígido demais – reconhece Cassio. – A nova geração mudou a cabeça.

Os herdeiros souberam fazer a virada. A Universal já era uma fábrica respeitada, com alto padrão de qualidade, rentável, mas faltava aprofundar o fator humano.

O solo era fértil, como ficou bem claro nas primeiras intenções de Cassio e incursões de Fabíola, também muito aberta ao novo. Quando Thomas e Cassinho começaram a jogar as sementinhas corretas, a alma da empresa desabrochou.

Thomas cuidou do processo de humanização, enquanto Cassinho zelava pela parte técnica.

– No início da liderança deles, os colaboradores ainda ficavam desconfiados se eu estava ou não concordando com as iniciativas – lembra Cassio. – Mas eles foram avançando, legitimaram-se e o grupo foi percebendo o valor deles. Aos poucos, já não queriam mais saber se eu concordava ou não. Havia confiança nos novos líderes.

Bia, irmã de Cassio e responsável pelos projetos sociais, sensível ao que se passa, vai além na maneira intuitiva de fazer a sua leitura sobre o processo de humanização da empresa:

– A fé é a pedra angular para nós. O processo não é uma estratégia de RH, mas uma maneira de viver a espiritualidade no trabalho. Afinal, como fazer com que todos os colaboradores entendam se a gente não se aprofundar também no sentido espiritual? Para nós, o lado humano caminha ao lado do espiritual.

Estava lá, nas intenções de Cassio. Não por acaso existe a capela dentro da empresa, com missa e comunhão para aqueles que desejarem, durante o próprio turno de trabalho.

– Todos trabalham em prol do todo – finaliza o empreendedor. – Não é para o seu Cassio ficar rico ou os herdeiros. É para as pessoas comprarem suas casas, seus carros, criarem e educarem seus filhos. Tanto o lado humano como o espiritual fazem parte da cultura da empresa.

Os resultados são evidentes:

– Agora como espectador, vejo nitidamente a diferença na cultura para melhor e a satisfação dos colaboradores – confirma Cassio, com alegria. – O ambiente está mais descontraído, produtivo, tranquilo, todos se sentem mais felizes.

Os herdeiros haviam criado a Família Universal.

Iluminando futuras gerações

– Quando estudei em escola pública – lembra Thomas –, tinha vários amigos que iam à aula para comer a merenda. Moravam do outro lado do lixão. Vinham com fome. Como uma criança dessas vai ter disposição para aprender?

E lança a pergunta:

– O que a gente pode fazer para semear um mundo melhor?

A indignação vinha de Cassio, há longo tempo:

– Nem todas as crianças têm acesso a um bom nível de educação e saúde.

Embora o inconformismo estivesse presente, faltava partir para a ação. Quem deu o sentido de urgência foi Fabíola:

– A gente sempre adia, deixando para depois. Por que não agora?

Thomas tomou a frente do projeto. Bia se juntou a ele para criar o Cantinho Dona Zilda, nome da avó dos herdeiros. A sede, o ponto de partida, é justamente a casa onde ela morava.

Situado em Sarapuí, o imóvel térreo foi reformado para a nova destinação, uma iniciativa que será expandida para o amplo terreno de 3 mil metros, ali em frente.

– Queremos igualdade de oportunidades para todas as crianças – declara Thomas. – Existe um vazio cada vez maior na sociedade, nas empresas, nas escolas, nos bairros, nos lares. A gente vê os dados de internações, quadros depressivos, tentativas de suicídio.

Direcionado para crianças de 6 a 17 anos, o Cantinho Dona Zilda aproveita-se do contraturno escolar para promover práticas educacionais, esportivas, sanitárias, culturais, artísticas, espirituais, incluindo programas de profissionalização para os adolescentes.

A cozinha industrial do prédio novo conta com despensa e área de higienização com capacidade de gerar alimentação para centenas de pessoas.

O projeto arquitetônico contempla, ainda, um espaço para os professores, lavanderia, vestiários, refeitório e auditório para palestras, com palco e projeção, onde cabem duzentas pessoas. Haverá sete salas de aula multifuncionais para música, informática, robótica, apoio à alfabetização e idiomas. Tudo planejado com adaptações para pessoas com deficiência.

Nas áreas ao ar livre estão previstas instalações de quadra poliesportiva, danças, contação de histórias, fogueiras, horta orgânica e capela.

– Nosso propósito é *semear amor para colher evolução* – afirma Thomas. – Queremos proporcionar oportunidade de desenvolvimento para crianças e adolescentes em ambiente acolhedor, oferecendo educação e amor.

Ele anuncia com satisfação:

– O Cantinho Dona Zilda é como uma fonte de luz integrada à comunidade. Uma obra coletiva, em que cada um vai poder colocar a sua argamassa para contribuir. Queremos pessoas com valores virtuosos, competentes e de bom coração.

Seus olhos brilham quando compartilha o sonho:

– Vamos começar com cem crianças, mas chegaremos a mil um dia. Nos próximos dez ou vinte anos, conseguiremos mudar a próxima geração de uma cidade.

Conclui com convicção:

– Sonho não tem tamanho. Se é para sonhar, que seja grande! O mundo em que a gente vive não é o mesmo mundo para todos, então é preciso fazer com que seja. Essa é a ideia do Cantinho, que nasce à luz da Universal Chemical.

Na frente da saúde, o Cantinho Dona Zilda conta com Fabio Bozelli (sim, ele mesmo, o doutor Biriba), que também coordena campanhas de vacinação para as crianças que lá frequentam.

Cassio orgulha-se de seus herdeiros. Com razão. Na parede da garagem da antiga casa onde moravam seus pais, o Cantinho Dona Zilda estampa a imagem de um barco a vela.

A vela e o vento

– Quando tinha 25 anos, entrei na Unilever sem saber quem eram os irmãos Lever, os Lever Brothers, fundadores da empresa. Será que eles sabiam que a Unilever iria virar tudo aquilo?

Cassio continua sua reflexão:

– Depois fui para a Johnson & Johnson, criada também por dois irmãos. Será que eles sabiam no que a empresa iria se transformar?

Cassio recorda a razão do logotipo da empresa:

– Quando empreendi a Universal Chemical, criei o logo de um barco a vela. Uma vela que o vento levaria para a frente, para o futuro e além.

Ao avaliar a história de seus empregos, Cassio reflete:

– As duas companhias em que trabalhei têm quase cem anos. O que aqueles irmãos sabiam é que, para além da própria obra, deviam gerar outros empreendedores. E é o que eu estou fazendo. Esse vai ser o meu maior legado. Por acaso, trata-se também de dois irmãos, Cassinho e Thomas.

Finaliza, o olhar embargado, com a oração aprendida de um amigo no dia em que ingressou na Unilever, há 35 anos:

"O meu barco não vira, não vira não.

O meu barco navega com Nossa Senhora da Conceição.

Eu vim ao mundo para cumprir minha missão.

Fui mandado por Deus e por Nossa Senhora da Conceição.

O meu barco não vira, não vira não".

Acesse este QR Code e conheça os protagonistas desta história.

INSTITUTO MATUOKA – ENTRE O NATURAL E O AFETO

Se dar
sem medo de amar
Andar
sem pisar na dor
Trocar
muito mais carinho e calor
LEVI RAMIRO

Entre os rios Peixe e Aguapeí, banhado pelos ribeirões dos Marrecos e Nova Palmeira, situa-se o município de Tupi Paulista, com cerca de 15 mil habitantes. Nessa área agrícola e outrora bem pobre, nasceu Amélia Fugino, filha de camponeses.

Na Faria Lima, a famosa avenida, um dos mais importantes e abastados centros comerciais e financeiros de São Paulo, no pujante endereço que sedia empresas como Google e Deutsche Bank, além dos consulados da Holanda e da Alemanha, encontra-se o Instituto Matuoka, criado pela dra. Amélia Fugino Matuoka.

De lá para cá, uma história de empreendedorismo que acompanha a ordem natural.

A natureza como guia

Desde menina, Amélia ficava encantada ao ver como seu avô cuidava das plantas, da mesma forma como seu pai, Nelson, tratava as uvas. Contrário aos agrotóxicos, às orientações dos agrônomos e da cooperativa da qual fazia parte, ele acreditava que o veneno combatia as pragas, mas também a boa cepa. Assim, recusava-se a usá-lo na plantação. E olhe que ainda não se falava tanto em ecologia!

Paciente e de temperamento tranquilo, seu Nelson observava tudo o que acontecia com os cultivos: o desenvolvimento nos diferentes períodos do ano, as florações, os frutos. Aprendia. Conseguia fazer enxertos com sucesso, conhecimento e habilidade que poucos tinham. Foi ele quem desenvolveu a uva Itália, na região da Alta Paulista.

Amélia ainda lembra da rigorosa geada dos anos 1970, deixando a vegetação empedrada. A orientação era cortar todas as videiras. Mais uma vez ousado, remando contra a maré, seu Nelson se recusou. Sabia que entre os ramos queimados havia muitos íntegros. E, a partir deles, a certeza de bons frutos.

Sem que nenhum dos dois, tanto o pai como a filha, ainda soubesse, o princípio de cura estava presente naquela atitude. E se manifestou nos tratamentos adotados pela médica mais tarde, com clara influência da maneira como o pai lidava com a plantação. Ele sabia que tudo estava na terra, nos nutrientes e profiláticos que a própria natureza é capaz de produzir. Da mesma forma como o corpo humano também tem condições de se recuperar, se bem cuidado, quando adoece.

O afeto como química

Quando garota, Amélia era muito doente, sofria de insuficiência renal. Aos 11 anos de idade, teve de permanecer internada durante um bom tempo para tratamento. Inchada, quase perdendo o rim, viu-se cuidada por alguém que supôs ser médica e de quem lembra carinhosamente:

– Era tão bom o cheirinho dela! Enquanto me tocava, fazia uma oração e eu sentia uma paz muito grande. Depois falava e eu me deliciava com as suas palavras. Achava maravilhoso aquele contato, mesmo estando ali sozinha, sem a presença constante de alguém da minha família.

Só mais tarde ela soube quem era mesmo o médico. Ele vinha todo de branco, a examinava e logo ia embora. Quem ficava com ela todos os dias era uma freira em seu hábito, cujos cuidados foram mais terapêuticos para a menina do que as prescrições tradicionais.

Quando perguntavam a ela o que queria ser quando crescesse, sempre respondia:

– Médica!

A sua inspiração, portanto, era a prestimosa freira. Amélia havia descoberto a sua vocação e também a cura que existia na química das relações.

A medicina integrativa, adotada mais tarde pelo Instituto Matuoka, beberia da fonte do natural e do afeto, aprendido pela garota sensitiva e observadora.

Nem rica, nem inteligente

Mas como estudar para conseguir o que queria em sua condição de pobreza, trabalhando na lavoura e ouvindo disparates?

– Para ser médica tem de ser rica e inteligente – diziam as colegas da escola –, e você não é nem uma coisa, nem outra.

Amélia recorda, sem rancores, suas dificuldades para aprender durante a infância e a adolescência:

– Era uma péssima aluna. Falavam que eu era burra e lenta de raciocínio. Eu só chorava na classe. Além de enfrentar os problemas de saúde, não conseguia estudar, nem mesmo ler direito. Tudo era muito difícil!

Se não era rica nem inteligente, tinha então de redobrar os esforços, pensou. Com a preciosa ajuda de seu irmão, passou a colher mamona de madrugada, para juntar algum dinheirinho, vendendo a colheita para os operadores da máquina de beneficiamento. O pai depositava na poupança tudo o que ela conseguia, mas o valor acumulado não ajudou nada quando Amélia passou no vestibular na Pontifícia Universidade Católica, a PUC, instituição particular e, portanto, paga.

Seu Nelson conseguiu empréstimo no banco para pagar o primeiro ano, mas o valor teria de ser devolvido no ano seguinte. Amélia aceitou a condição como sua responsabilidade.

A faculdade de Medicina da PUC fica em Sorocaba, cidade do interior de São Paulo. A jovem começou a assistir às aulas preocupada em conseguir o dinheiro não apenas para saldar o empréstimo de seu pai: tinha de comprar livros e materiais, além da alimentação e do aluguel do pensionato.

Por ter feito cursinho mais de uma vez, tinha bons conhecimentos de matemática, física, química e geometria. Começou a dar aulas particulares dessas matérias, à noite e aos finais de semana.

Descobriu que o seu problema não era a inteligência, mas sim aprender de um jeito diferente. Quando um de seus colegas a ajudava, lendo conteúdos, ficava mais fácil entender e memorizar tudo. A experiência a ajudou a compreender a dificuldade de aprendizagem de outras pessoas, mudando sua maneira de ensinar. Não igual para todos, mas a cada um conforme suas dificuldades e facilidades, algo que requer atenção e desprendimento.

Além de todas as atividades, Amélia ainda ganhava alguns trocados fazendo faxina onde morava e, para complementar a renda imprescindível, fazia alguns trabalhos de datilografia, ensinava japonês e dava aulas de piano.

Tinha de ser assim. Ninguém empregava quem estudava em tempo integral. Estudava na biblioteca da faculdade e tudo o mais conseguia de outras formas, conta Amélia:

– Nunca comprei um livro nem qualquer outra coisa, incluindo roupa. O avental e os materiais cirúrgicos eram usados e o estetoscópio era velho. Mas funcionavam.

Sem se queixar, ela tentou todas as alternativas para viabilizar os seus estudos. Conseguiu até abatimento de 20% na mensalidade, ao conversar com a direção da faculdade.

Não satisfeita, ampliou as informações de que dispunha. Soube que havia um crédito educativo na Caixa Econômica Federal, algo capaz de cobrir seus gastos durante todos os anos de faculdade. A devolução era obrigatória, mas só anos depois de formada e a juros baixíssimos. Conseguir, porém, revelou-se uma batalha diária, que ela enfrentou sem esmorecer, sempre certa de que seria bem-sucedida. No dia da aprovação, sentiu-se tão alegre como no que soube ter passado no vestibular.

A estudante, com muito e justificado orgulho, devolveu o dinheiro do empréstimo ao pai antes do prazo combinado.

Entre a maternidade e a medicina

Amélia seguiu até completar o curso formal, ainda sem planos para adiante, menos ainda quanto a se envolver em algum relacionamento emocional, certa de que não despertava o menor interesse nos homens:

– Achei que ninguém ia gostar de mim, do meu jeito. Eu não fazia nem maquiagem. Achava que as pessoas tinham de ser do jeito que vieram ao mundo. Sem artifícios. Minhas irmãs eram vaidosas e diziam que eu nunca iria arrumar alguém.

Tão logo terminou a faculdade, ao contrário de seus próprios prognósticos, Amélia casou-se e foi morar em Adamantina, no interior do estado de São Paulo, próximo à sua cidade natal, Tupi Paulista.

– Meu marido se apaixonou por mim do jeito que eu era e realizei o sonho de ser mãe e ter muitos filhos.

Egresso de uma família conservadora, ele não permitiu que Amélia exercesse a profissão, mas não houve reclamação dela. Ao contrário, confessa, gostava de ser dona de casa, cozinhar, servir, bordar, costurar. Tinha de estar com a refeição pronta quando o marido chegasse, conforme reza a tradição nipônica. O cardápio, no entanto, era bem brasileiro: arroz e feijão diariamente, com bife preparado na hora.

Embora gostasse da vida doméstica, ela continuou estudando e, para preencher o tempo disponível, desafiou a relutância do marido quanto a trabalhar fora, atendendo no período da tarde, no Centro de Saúde da cidade, à fila de pessoas à espera de consulta devida a uma greve de médicos. Era muita gente sofrendo com a pobreza e as infecções. Pensava em ajudar, como voluntária.

Ao ver toda aquela miséria, não se limitava a oferecer seus conhecimentos médicos, mas também cestas básicas e remédios caseiros, porque não havia medicamentos gratuitos para todo mundo. Entre as mães, algumas tinham mais de dez filhos, e Amélia ia assisti-las em casa. Assim foi criando vínculos com a população.

A maternidade era um sonho – Amélia teve cinco filhos –, mas a vocação estava na medicina. Convidada para trabalhar em um hospital psiquiátrico por um dos diretores do Centro de Saúde, Amélia foi desenvolvendo um modelo próprio de atendimento em que não usava remédios, exceto nas situações de crises agudas e surtos. No mais, substituía qualquer medicamento pela escuta. Era o despertar de uma líder, certa de que a atenção é terapêutica. E embora os clientes fossem muitos, Amélia sabia que a melhor estratégia é cuidar de um de cada vez.

Aos poucos, os pacientes começaram a perguntar se Amélia não tinha consultório. O questionamento gentil fez com que ela, depois de algum tempo, alugasse uma sala em um centro de pediatria. Mais tarde, fundou a sua própria clínica, o embrião do que viria a ser depois o Instituto Matuoka, como ela mesma conta:

– Não planejei, a princípio, ter um consultório. Foi algo que criei a partir da evolução de necessidades percebidas. Eu não me encaixava em nenhum modelo existente. Criei, então, o meu jeito.

Aconteceu em Adamantina.

Equilíbrio pleno

O que é a doença? Amélia responde:

– Vai depender do ângulo de visão de quem a vê. De um ângulo, é uma visão metabólica. De outro ângulo, um mecanismo de sobrevivência que o sistema encontra para se organizar. Ainda de uma perspectiva diversa, um meio de se curar ou um caminho que o nosso sistema central, o subconsciente, encontra para fazer um processo de evolução.

E sintetiza:

– Doença é o desequilíbrio do corpo, da mente e da alma.

Ela recorda que a Organização Mundial da Saúde olha a saúde de forma integral, não se limitando aos aspectos físicos.

E como recuperar a saúde?

– Hipócrates fala sobre cura – responde Amélia. – Você só pode curar se realmente o paciente estiver disposto a se livrar da causa que o levou a isso.

Mas, para isso, ele mesmo precisa reconhecer a causa. Geralmente, encontra-se nas crenças, nos hábitos, no meio em que o paciente vive.

– Nem sempre é fácil para ele mergulhar nesse lado – admite Amélia. – Somos dominados por fatores comportamentais e relacionais. Na hora que a gente mergulha nas relações humanas, encontra as causas. Somos seres de relação. Emocionais. Espirituais. Não somos só seres físicos e racionais.

Muitas vezes, o paciente quer compreender a sua doença somente pelo lado científico. Aí prevalece o mental. Mas se mergulhar um pouco mais, aumenta a chance de encontrar a causa. Amélia comenta:

– Se me fixar somente no *eu físico*, eu me mantenho no problema, em minhas limitações, e me perco. Mas se eu apostar no *eu divino*, consigo ir além. Tem situações em que o *eu físico* não tem o controle. É quando o *eu divino* está na condução.

E continua:

– O propósito é, ao mesmo tempo, fazer uma cura bioquímica, fisiológica, metabólica, mental e chegar até o ponto de levar ao equilíbrio da alma. Sem trabalhar todas essas dimensões, é difícil chegar à cura plena.

Amélia retorna ao início da carreira:

– Quando eu me formei, meu pai foi diagnosticado com Parkinson. Ao procurar um neurologista, começou a tomar um monte de remédios, nada menos que cinco grupos de medicamentos. Ele ficava babando, tinha tremor e contraturas. Não conseguia andar. Ficou em cadeira de rodas.

Amélia começou a rodar o mundo em busca de ensinamentos. Resolveu tratar o pai da mesma forma como ele cuidava da plantação. De forma natural.

– Suspendi tudo o que lhe prescreveram e, depois da desintoxicação, ele viveu plenamente por mais 25 anos, continuou namorando a esposa Mitsuko, com quem manteve uma união admirável, e seguiu inspirando as pessoas na pequena cidade em que sempre morou.

O mundo do trabalho na velha economia sempre foi muito masculino. Amélia superou essa barreira como mulher, mãe e esposa. Nunca parou de estudar. Fez pós-graduação na Argentina, participou de cursos e congressos no Brasil e no exterior. Ia com os filhos e a babá. Foi buscar tecnologias na Itália e passou a estudá-las com grupos de colegas de diferentes faculdades: USP, Unifesp, ABC, em São Paulo, e também em outras, do Nordeste.

De volta à Faria Lima

Por meio de uma medicina integrativa, o Instituto Matuoka cuida da saúde como um todo, procurando restaurar o equilíbrio físico, mental e emocional, conta Amélia:

– Até inaugurá-lo, procurei refinar muito tudo que aprendi, em especial minha interação com o paciente. Sempre observo cada caso cuidadosamente. Da mesma forma, o tratamento é individualizado. Não há normas gerais, senão tudo o que diz respeito à ética profissional.

Diante de um paciente, Amélia desenvolveu as práticas do não julgamento e da suprema atenção. Deixa que as coisas fluam naturalmente e faz perguntas para aprofundar os pontos obscuros. Criou protocolos que são seguidos por sua equipe. Ela esclarece:

– Se ficar presa ao problema, a gente não encontra os caminhos. O passo seguinte é a queda física, a doença. Para não adoecer, é preciso encontrar alternativas. Problemas adoecem, desafios geram oportunidades.

Uma de suas colaboradoras, Regina, sempre atenta e observadora, revela:

– A gente não pode perder de vista o nosso ponto de partida. Sem deixar de olhar para a frente, aonde eu quero chegar. Aqui temos a prática de compartilhar aprendizados, percepções e tanto ampliar os conhecimentos como expandir a consciência.

Toda a filosofia do Instituto pôde ser testada na pandemia de Covid-19, que virou o planeta, a medicina e a clínica de pernas para o ar, como bem lembra Vera:

– Ali foi um marco. Testamos o nosso propósito, a liderança, a equipe. Foi um processo incrível de criatividade. Na cidade, não havia nem lugar para fazermos as refeições. Tudo fechado. Os pacientes não vinham e também não nos recebiam em suas casas.

– Tivemos de criar uma estratégia – conta Amélia. – A equipe da enfermagem aceita em domicílio por alguns pacientes levava tudo embalado e esterilizado. Quatro ou cinco máscaras e luvas eram jogadas fora a cada atendimento. É claro que os números não fechavam, mas o nosso foco era manter cada paciente assistido.

Vera acrescenta, citando outras colegas:

– A gente via a dura realidade ao redor. Clínicas do nosso segmento fechavam, demitiam funcionários, enquanto nós expandíamos. A equipe da Dayane dobrou, Lilian precisou ampliar sua equipe de nutricionistas.

Amélia diz como era complicado trabalhar, pelas distâncias a superar:

– Muitos pacientes se isolaram no campo, em sítios ou fazendas, e íamos até lá, paramentados.

Vera acrescenta:

– Cada paciente tinha um protocolo, que era adaptado às mudanças do novo coronavírus. As situações se alteravam e, a cada dia, era necessário revisar os protocolos.

A realidade levou os integrantes do Instituto Matuoka a desafios totalmente inéditos, como frisa Amélia, sempre disposta a enfrentar tudo:

– Chegamos a desenvolver uma estratégia para atender a uma empresa inteira, durante um ano, no interior do estado. Foi preciso criar um ambiente próprio no local, além de ampliar o atendimento aos parentes dos contaminados. A pandemia trouxe uma oportunidade de crescimento para todos nós.

Amélia se refere à empresa da história anterior.

Lilian complementa, oferecendo a dimensão do aprendizado:

– Assim somos nós, uma obra superviva. Nasce a ideia e todos abraçam.

Amélia resume a sua trajetória empreendedora:

– Algumas pessoas que chegam a nossa clínica na Faria Lima me perguntam: "Você desejou construir tudo isso?". Respondo que não. Eu desejei que a gente ajudasse mais pessoas, conseguisse tirar o sofrimento delas.

E acrescenta:

– Para a cura física e a cura das dores os hospitais estão cheios. Quem nos procura não consegue eliminar a dor no hospital, porque a dor não é só física.

Ao concluir, sorri olhando em torno, para o andar inteiro que o Instituto ocupa:

– Acho que o nosso espaço aqui está ficando pequeno de novo.

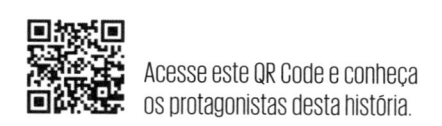

Acesse este QR Code e conheça os protagonistas desta história.

PADARIA REAL – UMA EMPRESA QUE CURA

Templo de sonhar
A casa é o mundo nosso lugar
LEVI RAMIRO

O pão nosso de cada dia é o bendito símbolo de um produto atemporal. Tem a sua origem no trigo, cereal plantado, colhido, debulhado. Em cada grão, está concentrado o trabalho de tantos seres humanos, de quem lavrou e semeou a terra, ceifou ou malhou, transportou e armazenou.

Imagine as histórias que um simples pãozinho conta antes de ser apreciado no café da manhã. Muita gente atua ao redor dos grãos de trigo, inclusive os operadores de máquinas agrícolas, capazes de arar, colher e debulhar, entregando a colheita aos transportadores, para que levem tamanha riqueza aos silos.

A criatividade humana é mesmo fascinante. O processo continua com múltiplos desdobramentos até que os grãos sejam transformados na farinha que vai chegar às mãos do masseiro, do forneiro e de quem vai entregar o pão quentinho ao consumidor, ávido por degustar aquela crocância inigualável.

Quantos movimentos e roteiros acontecem antes de o trigo se transformar no alimento que nos encanta e sacia! Na Padaria Real, um virtuoso pedaço de Brasil que dá certo, situado na cidade de Sorocaba, no interior do estado de São Paulo, o simples pãozinho segue contando histórias relevantes e inspiradoras.

Seus líderes-estadistas, junto com seus colaboradores-cidadãos, ajudam a saciar a fome não apenas fisiológica, mas também emocional, afetiva, espiritual. São as fomes de atenção, reconhecimento, cuidado, beleza, amizade, ternura, amor. Por essas e outras a Padaria Real é considerada uma nação. A Nação Real.

Uma simples padaria é capaz disso tudo? Constate por aqui ou ao vivo, se quiser. Pode até parecer muito romântico, mas saiba que é tudo muito real. Sem nenhum exagero.

No ritmo dos clientes

Era a fase mais aguda da pandemia. Comércio fechado, os clientes só podiam ser atendidos na frente da loja. Lygia, da família fundadora, notou que a maior parte das pessoas na fila era idosa, exatamente o grupo de maior risco diante da ameaça do coronavírus. Assim, a atendente começou a dizer para cada um deles:

– Não venha, a gente leva até você o que precisa.

Assim nasceu o "Entregando Afeto", com o intuito de atender às senhoras e aos senhores de idade, os mais necessitados de cuidados. Para fazer as entregas, foram compradas duas bicicletas bem antigas.

Muitos daqueles clientes não tinham familiaridade com os instrumentos virtuais, como o WhatsApp, então todo o processo teve como base o velho telefone mesmo. Tudo feito no ritmo deles, com paciência e calma, sem pressa de fechar as compras e aproveitando para sugerir produtos que poderiam estar esquecidos nos lapsos de memória naturais da idade avançada.

– Tem uma senhora que ficava na sacada da varanda e, quando a mercadoria chegava, ela descia uma cestinha de papelão amarrada em uma corda fina. Quem fazia a entrega colocava os produtos lá dentro, junto com um bilhetinho para ela. Assim, com o alimento, ia o nosso carinho – conta Lygia, sempre atenta aos cuidados.

São muitos os relatos a conferir durante a pandemia. Lygia lembra de outro caso, depois da chegada das vacinas. Um senhor saiu de casa pela primeira vez, encerrando um ano e quatro meses de clausura forçada, mas imprescindível. Abriu a exceção justamente para tomar a vacina. Do posto médico, chamou um Uber para retornar e, no trajeto, decidiu passar na Padaria Real para agradecer. Ele recorda o que disse aos atendentes:

– Não podia deixar de vir aqui. A minha gratidão por vocês é gigante. Não fosse tudo o que fizeram por mim durante esse difícil período, nem sei se eu estaria aqui, vivo, para contar.

E continuou, emocionado:

– Eu esperava por vocês todos os dias porque era o único contato que eu tinha com as pessoas. Não havia mais ninguém. Vocês entregaram muito mais do que eu esperava.

Vivendo milagres

Robson, ou Robão, como é conhecido, um dos líderes da padaria, praticamente nasceu na Real. Ainda menino, todos os dias a frequentava, levando marmita para seu pai, que trabalhava como padeiro. Aos 50 anos de idade, não esperava ser vítima da Covid-19. Quando diagnosticado, estava com mais de 30% do pulmão afetado. Hipertenso, diabético, com vinte quilos além do peso ideal, teria de ser internado imediatamente. Antes, porém, a enfermeira leu para ele a carta enviada por Lygia, revelando como estava sua esposa, também infectada, bem como sua filha, Bia, e a companheira dela, Mariana: "Meu amigo Robão, a Silvia está melhor. Cuide de você. Volte ao seu centro. Fale com o Papai do Céu".

– Enquanto a enfermeira lia, eu chorava, soluçava – recorda ele.

Depois disso, Robão foi entubado na UTI, com 90% do pulmão comprometido. Soube depois, pela fisioterapeuta, que tinha tido muitas alucinações.

– Logo que Robão foi internado, comuniquei a equipe e combinamos de orar diariamente às oito e meia da noite – conta Doia, irmão de Lygia e líder-estadista da Nação Real. – Foi uma corrente vigorosa de orações. Acompanhávamos o boletim diário sobre seu estado de saúde, na hora do almoço.

Tanto a esposa, Silvia, como as filhas de Robão contavam aos médicos sobre as preces.

– Estávamos todos muito angustiados – diz Alê, parceiro de Robão na equipe de líderes. – Mas, com esperança renovada, o amor entre todos nós aumentou muito.

As rodas de oração não se limitavam aos colegas da padaria, revela Alê:

– Eu saía por aí e as pessoas perguntavam como estava o Robão, dizendo que também rezavam por ele.

Ao que acrescenta Lygia, firme em sua fé em Deus:

– Foi uma cura ecumênica. O mesmo acontecia com crentes de várias religiões, como evangélicos, espíritas, católicos.

Depois de oito dias, Robão foi extubado. Havia acontecido o milagre. Enquanto se recuperava, ele fazia muitas amizades na UTI.

– Quem vai cuidar do queridinho hoje? – perguntava a enfermeira-chefe, todas as manhãs, aos integrantes da equipe, sempre dispostos a fazer selfies com o paciente.

O carinho se justificava plenamente, comentavam as cuidadoras, dizendo que "pouca gente faz o que você faz com a gente", referindo-se à maneira atenta e afetuosa do Robão para com todos, incluindo fisioterapeutas e médicos. Assim que melhorou a ponto de deixar a UTI, ele foi transferido para a enfermaria, onde teve a chance de rever virtualmente a família:

– Eu ainda não tinha visto minha esposa, as filhas e outros parentes. Mari e Débora, minhas cuidadoras, usando o celular de uma delas, fizeram uma chamada de vídeo e foi uma choradeira.

Na enfermaria, Robão conheceu o seu Aristides, que teve uma parada cardíaca e perdeu a consciência, sem expectativas de melhora. Ficou em estado vegetativo. Robão consolou seus parentes e os ajudou a tomar decisões naquele momento tão difícil.

A neta de 21 anos de idade do seu Aristides revelou que sonhava cursar Medicina. Robão não pensou duas vezes para colocá-la em contato com a médica que o assistia e deixou que ela cuidasse do acesso do soro, como se já exercesse a profissão. Com a mãe da jovem, ele conversava sobre negócios, abordando os medos e desafios de quem pretende empreender, porque ela pensava em abrir um salão de beleza.

Esse conjunto de atitudes era uma prova evidente de que o jeito de ser na padaria vai muito além de uma estratégia comportamental de atendimento. Era o jeito Real de ser, onde quer que se esteja. De acordo com Lygia:

– Robão conseguiu transformar todo mundo à sua volta. Foi um momento de muita fé, mas também de muito aprendizado para todos.

Reconhecimento da ONU

Jady acabara de ser contratada na confeitaria da Real, mas ninguém sabia ainda que fazia doces em casa, para vender. Ela e seu marido, Murilo, são cegos. Ele era conhecido por causa do Instituto Magnus, especializado no adestramento de cães-guias.

A inclusão de pessoas com deficiência faz parte da cultura da Padaria Real, mas nenhuma delas havia sido contratada na área citada. A razão é explicada por Samanta, embaixadora da inclusão e diversidade na empresa:

– A confeitaria é um setor muito dinâmico e um ambiente fisicamente apertado, onde trabalham muitas pessoas. Além disso, nenhum dos integrantes da equipe já havia tido contato profissional com alguém cego, portanto, eles não sabiam como lidar com o desafio. Tivemos de prepará-los para receber a Jady.

O processo de inclusão de pessoas com deficiência na Padaria Real é também dedicado aos que não têm deficiência, ampliando assim o conhecimento geral sobre a convivência. É um aprendizado mútuo por meio de uma educação especial.

Jady pôde trabalhar na confeitaria, além de estudar Nutrição. Sentia-se muito realizada. Faltava-lhe, no entanto, algo para realizar o grande sonho da sua vida: ter um cão-guia.

Esse tipo de animal é treinado para a virtuosa função durante seu primeiro ano de vida, um trabalho de custo altíssimo. Por isso, e também porque há poucos disponíveis, é preciso pagar um valor avultado para conseguir um, portanto, para uma pessoa cega trata-se de ganhar na loteria. Foi justamente o que aconteceu com Jady, contemplada pelo Instituto Magnus para receber o seu Wally.

A alegria indescritível pelo merecimento foi, no entanto, obstada de início por uma dificuldade extra. Jady não podia levá-lo consigo à confeitaria, porque animais não são admitidos onde se manipulam alimentos. A solução veio de imediato, com a transferência dela para o atendimento, na loja, e sua vaga ficou para outro cego, o Edi, com a vantagem de a equipe já estar pronta para acolher o novo parceiro.

Na Real, esse tipo de atitude não significa preencher cotas nos moldes da velha economia, mas sim oferecer igualdade de oportunidades para todos. Para isso, conta com a expertise da Consolidar, empresa especializada em diversidade e inclusão de pessoas com deficiência nos ambientes de trabalho.

Os méritos da Real foram reconhecidos pela Organização das Nações Unidas (ONU), em cuja sede, na cidade de Nova York, seus líderes-estadistas foram receber o Prêmio Reconhecimento Global pelas "Boas Práticas de Empregabilidade para Trabalhadores com Deficiência". A partir daquele momento, a empresa passou a ser referência no Brasil quando o assunto é inclusão de pessoas com deficiência.

A teia virtuosa

– Um médico oncologista, que mora em São Paulo, todos os domingos pega o carro e vem para a padaria – conta Doia. – Ao chegar, ele senta em uma mesinha, lê o jornal e fica ali a manhã inteira, das oito ao meio-dia.

Um dia ele contou para o Doia porque mantém esse hábito, mesmo quando está prestes a viajar, no primeiro dia de férias:

– Logo embarco para a Europa, mas antes não posso deixar vir à Real. A intenção é ler o jornal, mas não consigo, porque sempre chega um ou outro amigo e a gente conversa. A Real faz parte da minha vida.

A teia virtuosa cujo centro é a Padaria Real envolve todos, além de clientes e colaboradores. Quem dela se aproxima não sai ileso. Sai melhor, muito melhor, incluindo parceiros e fornecedores, que, quando contumazes, são chamados de "cumpadis", no bom caipirês.

Anderson, um deles, vivia uma depressão e se recolheu em isolamento total. Tinha dificuldade para sair de casa e se relacionar com as pessoas, até mesmo com os seus clientes. Seu próprio tipo de trabalho já é solitário, ensimesmado atrás de uma tela de computador executando programações.

A cura se deu quando ele se arriscou a visitar a padaria, onde é acolhido como ser humano, não como tecnólogo. Assim, consegue conviver de igual para igual com todos, podendo ser quem é e viver o seu natural.

– A gente ficou muito próximo – conta Tati, responsável pela cultura digital na empresa. – Passamos o dia inteiro juntos, brincando, abraçando, conversando e estreitando a relação. Nem sabíamos que o Anderson estava depressivo. Nós o acolhemos do mesmo jeito que todos.

Doia compartilha outra das muitas histórias vividas na Real:

– Seu João, a esposa e o filho iam quase todas as noites à Padaria Real da Boa Vista. Chegavam, tomavam o café, conversavam. Certo dia, o filho sofreu um acidente na rodovia conhecida como Castelinho, em Sorocaba, e faleceu. O baque foi muito forte para o pai. Seu João ficou dias sem aparecer.

E continua:

– Quando retornou, contou para nós seu triste drama. Todos o acolhemos, amorosamente. Disse que não sai mais de casa, a não ser para vir à Real. Todas as noites, ele e sua esposa continuam frequentando a padaria porque é onde eles têm a melhor lembrança do filho.

Os fornecedores, por sua vez, sentem diferença no contato com a Real, quando a comparam com outros clientes. Tem algo que eles não conseguem explicar, mas sentir.

– As portas se abrem para a Real – confidencia Doia. – Estamos construindo algo em que todo mundo quer estar, fazer parte, marcar presença, falar que conhece.

– É a nossa humanidade e simplicidade – arrisca Tati, tentando resumir o segredo.

A magia da coxinha

Mais do que pão, disso é feita a Padaria Real. Não se trata apenas do tradicional alimento, mas do pão substancial que vai além da necessidade fisiológica e do desfrute sensorial do paladar. Tem, mesmo, o poder de saciar outras fomes, sem deixar de ser um ambiente perfeito para todos os paladares.

São muitas as delícias oferecidas pela Real, mas uma em especial já cruzou as fronteiras geográficas da cidade, do estado e do país: a coxinha.

– Tem casos de pessoas que vinham aqui à noite, se conheceram e depois se casaram – conta Doia. – No final da festa, os noivos ofereceram aos convidados uma surpresa: as coxinhas da Padaria Real. Entramos com um carrinho repleto do nosso trunfo bem quentinho. E olhe que o casamento era em Jaú.

Lygia acrescenta:

– Fora os pedidos de casamento que acontecem no balcão da padaria, tendo as coxinhas como testemunhas!

Tati conclui:

– Não vamos esquecer das noivas que, vestidas a rigor, vêm celebrar a união onde antes namoravam ao sabor das coxinhas.

São muitas as histórias emocionantes e também divertidas, ou mesmo curiosas, como a que lembra Doia, ao revelar que a magia desse quitute não tem limites:

– Em um spa da cidade, clandestinamente, por baixo dos panos, frequentadores vendiam nossas coxinhas a um preço dez vezes superior ao da padaria.

Robão não tem dúvidas sobre o alcance da iguaria:

– A coxinha deixou de ser da Real, é de Sorocaba. O sorocabano se apossou dela, descrevendo-a, com orgulho, como a melhor do mundo.

A fama rompeu as fronteiras da cidade. Nas redes sociais, a coxinha de Sorocaba é mais conhecida que a Padaria Real.

– Até a Rede Globo esteve por aqui fazendo matéria a respeito – conta Tati.

Samanta acrescenta que a delícia é conhecida até no exterior. Um dos lugares mais exóticos para onde ela foi é Madagascar. O cliente levou para fritar por lá.

As virtudes do seu Zé

Muitas são as passagens que ficam indeléveis na memória de todos os que vivenciam a empresa. Lygia relata uma emocionante:

– Um médico bem conhecido na cidade perdeu uma filha. Diante de tal sofrimento, ele se desestruturou completamente. Saiu de casa pensando em tirar a própria vida. "Vou passar na Real, um lugar que sempre me fez muito bem, e tomar o meu último cafezinho", pensou. Veio em direção à padaria, estacionou na porta e, ao entrar, se deparou com a cópia de uma oração.

Seu Zé, pai de Lygia, Marisa, Doia e Zezinho, é o gene de todas essas histórias. Tinha o costume de distribuir essas mensagens.

– O médico se arrependeu imediatamente da intenção e disse que, ao ler, era como se Deus falasse com ele – continua Lygia. – Voltou atrás e se conectou com a palavra divina.

Seu Zé é o primórdio de tudo o que a Padaria Real é e pratica. Em seus gestos ficaram os exemplos e ensinamentos de uma empresa virtuosa.

Voltando ao drama vivido pelo Robão durante a pandemia, uma lembrança lhe veio à mente quando estava internado:

– Muito tempo antes, eu estava na porta do hospital vendo meu pai, que acenava da janela. Em 1974, ele teve tuberculose e o seu Zé fez para ele exatamente o que os filhos fizeram para mim. Não deixou faltar nada em casa, além de oferecer atenção e carinho.

Certa feita, um milionário da cidade decretou falência e, por isso, deixou de ir à padaria. Era cliente de caderneta e estava devedor. Seu Zé foi até a casa dele. O diálogo entre ambos, na ocasião, mostra a influência do empreendedor no jeito de ser Real:

– Seu Zé, estou com vergonha, não posso pagar – disse o falido cliente.

– Volte a comprar! – recomendou seu Zé. – Quando puder você paga. Mesmo que não possa, continue a vir!

Casos como esses são muitos e compõem o fadário da Padaria Real.

– Seu Zé queria servir – conta Zezinho, líder-estadista ao lado de Doia. – Era sua marca registrada. O fio de bigode sempre prevaleceu. "Compre um quilo e venda um quilo", ele dizia. Se uma receita pede cem ovos, coloque 101, nunca 99.

Babi, líder-educadora, conta da moça desgrenhada e malvestida que entrou na loja e foi falar com o seu Zé:

– Filha, vai lá e pega o que tem de mais bonito na vitrine. Escolha o melhor.

Mais exemplo do que discurso, mais o gesto do que a palavra. Assim é o criador da empresa.

– Há muitos anos fazemos a "Fila Feliz" – relata Doia. – Todos os dias, às cinco e meia da manhã, a gente doa pães quentinhos em saquinhos com dez unidades. Nesse horário forma-se uma fila imensa de moradores de rua no portão da padaria.

– Percebemos, certa vez, que pessoas não carentes se aproveitavam da Fila Feliz – continua Alê. – Eu sugeri ao seu Zé que a gente fizesse um cadastro das pessoas a quem essa ação era destinada. Ele não aceitou. "A intenção é doar", disse. E ponto-final.

Robão conta que um dia parou no semáforo ao dirigir a Kombi da padaria. O flanelinha se aproximou mais que depressa, despejando água no para-brisa. Embora o carro não ostentasse a logomarca que traz impresso o rosto do seu Zé, ela estava estampada na camisa do Robão. O flanelinha a reconheceu ao chegar na janela.

– Você é da Padaria Real?

– Sou.

– Então não precisa dar nada. Tá tudo certo. Eu pego pão lá todos os dias.

Em tantas passagens está implícita a marcante presença do seu Zé, bem como seus ensinamentos. Doia conta mais uma:

– Houve um tempo em que o leite era tabelado. Comprávamos mais caro, porque era uma exigência do mercado, mas vendíamos ao cliente na tabela, ao contrário do que outros faziam, ao cobrar por baixo do pano por um preço superior.

Zezinho acrescenta mais detalhes:

– Às cinco horas da manhã tinha uma fila enorme para comprar o leite tabelado. A padaria mantinha um caixa separado só para o leite, que chegava a toda hora em caminhões. A gente assumia o prejuízo, mas garantia que ninguém ficasse sem o produto.

Milagrosamente, jamais faltou dinheiro em caixa.

Seu Zé ensinava pelo exemplo a honestidade, a ser verdadeiro e fazer o bem.

– Ele sempre nos transmitiu seriedade, responsabilidade e amor pelo trabalho – conta Lygia. – Em nossa infância, uma vez ou outra saíamos para jantar fora. Era um momento esperado. Como meu pai vinha tarde do trabalho, voltávamos para casa depois das onze horas da noite. Ele era incapaz de retornar sem antes parar na padaria e dar uma geral, ver se estava tudo em ordem. A gente dormia no carro, enquanto aguardava por ele.

Durante toda a sua vida, seu Zé tinha um único dia de folga: o primeiro do ano. Somente a pandemia foi capaz de fazê-lo ficar em casa. Ele, então, retirou-se à praia. De lá, enviou ao Doia uma mensagem por WhatsApp: "Estou na frente do marzão, agradecendo a Deus por tudo o que esta vida me deu e por estar vivo. Agradeço a Deus e a todos pela cura".

Pausa mais que merecida, pensam todos, embora sintam falta da presença daquela figura marcante, ícone de um legítimo líder-estadista-mor.

A espiritualidade de dona Mara

"Atrás de um grande homem sempre tem uma grande mulher." A frase surrada de tão repetida tem a sua verdade atemporal reescrita com uma sutil, mas marcante diferença quando o grande homem é o seu Zé e a grande mulher é a dona Mara: ao lado de um grande homem, uma grande mulher.

– Quando me perguntam se minha mãe trabalhava na padaria – conta Lygia –, eu respondo: "E como!", embora ela nunca tenha posto os pés na Real para cumprir um ofício. O trabalho dela sempre foi nos bastidores, mas nada do que assistimos hoje no palco teria sido possível sem ela.

É com muita saudade que Lygia continua contando sobre a sua mãe:

– A gente entrava no banheiro e todos os dias tinha uma mensagem ao lado do vaso sanitário.

Dona Mara, nos bastidores, tecia a trama da família que se estendia para o trabalho.

– Todas as terças-feiras tínhamos nossos momentos espirituais – lembra Lygia. – Conversávamos sobre passagens da Bíblia, trocávamos ideias e mamãe passava paz e serenidade, aquela coisa boa que vinha dela. Ela sempre foi o nosso suporte.

Mesmo depois de partir, dona Mara ainda se mantém viva nas histórias que não cessam de ser descobertas. Lygia e os irmãos escutam com frequência:

– Você não tem ideia do que sua mãe fez na minha vida, o que ela proporcionou para a nossa família.

Não é sem motivo que dona Mara dá nome ao Instituto que compõe a Nação Real. Certo dia de pandemia, isolada em casa, Tati confeccionava coraçõezinhos de origami representando os abraços que não poderiam ser dados. Foram mais de 5 mil autoabraços – como foram denominados – dobrados um por um pela equipe da Real. Eram destinados aos clientes, para que eles soubessem que o amor continuava presente, mesmo diante da calamidade vivida.

– O Instituto, fruto da nossa inquietude e indignação, nasceu na pandemia e do agravamento que provocou – comenta Tati. – Não dá para a gente ouvir, ver, sentir e ficar sentada no sofá. O que tem de fazer? Temos uma força que precisa ser posta em movimento.

Se a teia virtuosa da Nação Real – também conhecida como holograma – pode muito, com o Instituto Dona Mara poderá ainda mais. A comunidade formada por clientes, colaboradores, fornecedores, parceiros e admiradores faz parte do pedaço de Brasil que dá certo.

– A gente quer ajudar, mas não praticando assistencialismo ou recorrendo ao governo – explica Tati. – Queremos que cada um descubra a força que existe em si mesmo. Essa força é capaz de mudar uma família, uma comunidade, uma economia.

Quem pode ajudar a mudar uma família, uma comunidade, uma economia?

– Uma vez um garoto cheio de gíria, e que começou a fazer aviãozinho aos 12 anos de idade, estava buscando uma oportunidade para ajudar a família – conta Giva, líder na Nação Real. – Eu o mandei para a escola do Jovem Aprendiz e a moça de lá me retornou dizendo que ele não tinha o perfil da Real, que nem falar direito ele sabia. Ora! O programa do Jovem Aprendiz não é para isso?

Foi assim que a indignação de Tati cruzou com a de Giva e o Instituto Dona Mara definiu como primeiro foco o perfil daquele jovem.

– Histórias de jovens com problemas familiares metidos em drogas existem aos montes – diz Giva.

O Instituto vai ser um braço da Nação Real para contribuir com essa juventude geralmente marginalizada. Não se trata de deixar um mundo melhor para os jovens, mas de deixar jovens melhores para o mundo.

Do pão à nação

Uma empresa pode gerar doenças ou curas, pode assombrar ou desassombrar, pode ser geradora de adrenalina ou de endorfina. Sempre existe uma química, seja tóxica ou atóxica.

Você percebe a química do lugar nas pessoas que o compõem: no brilho dos olhos, na expressão do rosto, no estado de espírito reinante, na maneira como se tratam e até no modo como caminham. É quando existe espaço para a iniciativa, a colaboração e a confiança. É quando existe um propósito ao redor do qual todos se aglutinam.

Cada pessoa que se aproxima e respira esse ar sente-se especial, porque é tratada de forma especial.

Esse lugar, a Padaria Real, é um pedaço de Brasil que dá certo. Quiçá inspire outros mais – como já vem fazendo – para que, um dia, nosso país possa se transformar em nação.

 Acesse este QR Code e conheça os protagonistas desta história.

BENASSI – UMA ECONOMIA BEM AO NATURAL

Siga sem medo que a colheita é farta
E cada passo vale o desafio
ALISSON MENEZES

A primeira onda da imigração italiana veio para substituir a mão de obra escravizada abolida no final do século XIX. Com baixíssima perspectiva na Itália, os egressos do país vieram "fazer a América".

Dalla Italia noi siamo partiti
Siamo partiti col nostro onore
Trentasei giorni di macchina e vapore,
e nella Merica noi siamo arriva.
Merica, Merica, Merica,
cossa saràlo 'sta Merica?
Merica, Merica, Merica,
un bel mazzolino di fior.

"América, América, América", repete o refrão da letra que se transformou no hino do movimento no Brasil. "O que será essa América?", indaga o segundo verso do instigante refrão, demonstrando as dúvidas que embarcaram junto com o povo aventureiro. Sim, havia incertezas, mas também esperança, imaginada como um belo buquê de flores.

Assim chegaram os Benassi, vindos da Toscana, enquanto a matriarca, figura importante dessa história, era do Vêneto. Uma parte da família se estabeleceu em Ribeirão Pires, outra, na região de Campinas. A princípio, os recém-chegados trabalharam na lavoura, literalmente como mão de obra.

Juntando as economias, reunidas a duras penas, os irmãos conseguiram comprar um sítio em Jundiaí, onde a família mora até hoje. Lá cultivaram banana e café, graças ao conhecimento trazido da Itália. Nos anos 1940, ousadamente, começaram a plantar uva e foram também os precursores da niagara no Brasil, a conhecida uva rosada, de polpa bem macia. Outras famílias passaram a produzi-la, e com tal intensidade que, até pouco tempo, Jundiaí era chamada de terra da uva e considerada uma das cidades mais italianas do Brasil, com festividades que mantêm e reforçam a tradição.

Bruno Benassi, da nova geração, conta como tudo se deu:

– A niagara foi um produto que fez muita diferença no mercado. Jundiaí estava muito próxima de São Paulo, a uva caiu no gosto da população e a italianada tinha muito jeito para cuidar dos vinhedos.

A Benassi nasceu em 1952, com José Benassi, na época um jovem com pouco mais de 20 anos de idade. Havia, no entanto, um obstáculo a ser ultrapassado. A família plantava, cultivava e colhia, mas para chegar ao mercado dependia do distribuidor, que ficava com a fatia maior do bolo. Inconformados, os empreendedores arriscaram vender diretamente aos consumidores. Fretaram um caminhão e abriram um ponto de venda na rua da Cantareira, nas proximidades do tradicional Mercado Municipal de São Paulo – o conhecido Mercadão.

Outro obstáculo se apresentaria logo em seguida: a produção própria não dava conta de encher o caminhão, o que encarecia o frete. A solução foi completar a carga com as frutas dos vizinhos. Assim, logo se transformaram em distribuidores.

O pulo do gato, no entanto, foi trabalhar de maneira oposta ao distribuidor tradicional, ou seja, repassavam a maior parte do valor obtido aos parceiros. Quem esclarece é Bruno:

– Esse é um tipo de gene da nossa cultura e que trazemos conosco até hoje. Quando o produtor entregava as frutas para a Benassi levar ao Ceasa, ficávamos com a menor parte. Sempre valorizamos o trabalho do campo. Afinal, viemos de lá.

A Benassi estava entre as primeiras empresas a participar do chamado Ceasa quando este abriu as portas, em 1966 (o entreposto depois passou a chamar-se Ceagesp – Companhia de Entrepostos e Armazéns Gerais de São Paulo). Bruno mantém a tradição e a reverência pela história da família:

– A lição ensinada pelo tio José era a seguinte: a fruta permanece muito pouco tempo com a gente. Da roça até a entrega ao cliente passam-se apenas umas oito ou dez horas. O produtor fica o ano inteiro exposto às intempéries: chuva, geada, seca. O risco está todo com ele. Quem tem de ganhar mais? Produzir é fé pura. Gente de pouca fé vai fazer outra coisa, não agricultura. Esse é um valor, uma filosofia que passou de geração a geração: do tio José para o tio Mário, do tio Mário para o meu pai, Sérgio, e do meu pai para todos nós.

É com essa filosofia de trabalho que a Benassi se cerca de grandes parceiros do campo, cada vez em maior número, pois consideram a empresa a melhor saída para não ficarem na mão de gente que faz a riqueza não junto com o produtor, mas em cima do árduo trabalho dele.

Dos muitos entrelaces

– Nos anos 1970 e 1980, o Brasil era o país da fartura: "fartava" tudo – brinca Bruno. – Dependendo da época do ano, tinha melão no Nordeste e maçã no Sul, porém a produção era muito mal distribuída. Fomos fazendo conexões com outras regiões do país além do Sudeste, e assim a Benassi avançava.

Garantir que o produtor fique vivo e saudável é um ato de humanismo, mas também uma estratégia de negócio. Ele é parte integrante e fundamental do holograma da Benassi. Conquistar e manter a sua confiança sempre tem sido fundamental. Exemplos não faltam dessa atitude, como relata Bruno:

– Um pastor de igreja conhecia um produtor de imensa quantidade de abacaxi na região de Tocantins e que estava passando por dificuldades, sem saber como escoar as frutas. Depois que fez a ponte com a Benassi, ele consegue vender o abacaxi mais barato do que antes e ainda assim ficar com uma parcela maior, além da garantia de que recebe o que foi combinado. Assim, está prosperando.

Os negócios se movimentam seguindo a ordem natural, de maneira mais orgânica do que planejada. A família vai crescendo, a economia se abrindo, as oportunidades surgindo. Uma sucessão de boas e competentes práticas, inclusive na escolha de parcerias, esclarece Bruno:

– O diretor-executivo de uma grande empresa parceira produtora de maçã, Jorge Meyer, acabou saindo. Quando meu pai soube, perguntou a ele: "O que nós vamos fazer juntos?".

O rapaz havia saído do Chile nos anos 1970, em busca de oportunidades. Montou uma operação com a Benassi para comprar frutas em seu país de origem e vender no Brasil. Ficou sócio do negócio e tomou tanto gosto pela atividade que ampliou as perspectivas internacionais, trazendo mercadorias da Itália e da Espanha. Era o começo de uma nova e promissora escalada.

– No final dos anos 1990, chegamos ao extremo de trazer um navio com o porão repleto de peras dos Estados Unidos. O Brasil inteiro comeu aquelas frutas, antes quase inacessíveis – lembra Bruno, orgulhoso do feito.

E diz que os entrelaces não paravam por aí, mas se estendiam para relações pessoais:

– Jorge Meyer é meu sogro, porque eu me casei com sua filha. A amizade era tão grande que estávamos sempre por perto e acabamos embolando tudo.

Boas sementes são garantia de boas colheitas. A Benassi movimenta diariamente, só em São Paulo, 500 toneladas de hortifrútis (frutas frescas e secas – como nozes damascos e castanhas –, legumes, verduras, hortaliças, flores etc.). Todos os dias são carregados cerca de 150 caminhões com cargas diversas, de 2 mil a 15 mil quilos. E Bruno continua:

– O nosso negócio é ser um facilitador para encurtar o caminho entre o consumidor final e os produtores do mundo: Europa, Ásia, América do Norte e do Sul, Oceania. Quando a abertura econômica aconteceu, enveredamos por novas portas.

No final dos anos 1990, a Benassi já estava entre os grandes importadores do Brasil. Continua vendendo no Ceagesp, onde se destaca. Ao mesmo tempo, a família crescia e expandia os negócios. Primeiro veio a tripulação, depois se decidiu para onde vai o navio. E as navegações se estenderam para o interior de São Paulo, Rio de Janeiro e Minas Gerais, compondo os atuais 11 Centros de Distribuição (CDs), que movimentam por dia algo em torno de 2 a 3 milhões de toneladas.

De volta à feira

No final da década de 1990, a rede de supermercados Pão de Açúcar havia explodido, com mais de setenta lojas na Grande São Paulo, estendendo-se ao interior do estado, Rio de Janeiro e Minas Gerais. Seus consumidores podiam comprar quase tudo, menos frutas em abundância, pois só estavam disponíveis em feiras livres, sacolões e varejões, que ainda viviam os bons tempos em que os clientes eram reconhecidos e tratados pelo nome, tamanha era a proximidade.

Pois foi a Benassi que levou a feira livre para a rede de supermercados Pão de Açúcar. A primeira experiência aconteceu na loja da rua Gabriel Monteiro da Silva, justamente aquela frequentada pela família Diniz, dona da rede. Quando o empresário Abilio Diniz vivenciou a feira com o colorido das frutas bem arrumadas, o atendimento de excelência, a degustação até então impensável naquele tipo de negócio, ele decidiu que a experiência teria de ser oferecida a todos os clientes.

A então acanhada sessão de hortifrútis, delegada aos fundos das lojas, foi transferida para a frente, dando boas-vindas aos clientes com cheiros e cores. A experiência, no entanto, só se completaria se fosse nos moldes das feiras livres. Foi então que a Benassi, além de preparar o cenário convidativo, passou a colocar a sua equipe dentro das lojas, para assegurar a excelência no atendimento.

Nem é preciso dizer o efeito sobre as vendas e os resultados, conta Bruno:

– Nós levamos aquele cuidado e o estado de espírito da feira para dentro do supermercado, algo que não só faz sentido, como fez a diferença. O consumidor encontra bons legumes e frutas por preço justo em um ambiente limpo e refrigerado. E a interação olho a olho.

A Benassi passou a incluir a novidade em uma outra loja a cada quinze dias, depois todas as semanas. O conceito estava validado e o desafio agora era montar times para todas. Não havia lugar melhor para buscar os colaboradores do que nas feiras livres. Foi assim que Ricardo Leite ingressou na empresa, atuando ativamente como líder e partícipe da expansão. Em cerca de dois anos, a Benassi vendia para todas as lojas da rede Pão de Açúcar da Grande São Paulo.

Ricardo ajudou a recrutar, qualificar e profissionalizar o pessoal egresso das feiras livres, mas teve de enfrentar um dilema, como ele mesmo conta:

– Eu sou de Sapopemba, em São Paulo, e trabalhava na feira. Quando a Benassi me convidou, não gostei do salário oferecido e recusei. Recebia diárias muito boas. Dos 16 aos 17 anos de idade, eu tomava conta da barraca e dividia o lucro com o dono.

A Benassi continuou insistindo, com a promessa de salário melhor. Tanto a mãe como o irmão de Ricardo argumentavam a favor do trabalho registrado. "Se não der certo eu volto para a feira", ele pensou, avaliando os argumentos. Acabou aceitando, mas com o intuito de voltar. "Vou ficar três anos na Benassi registrado, pego o dinheirinho, compro uma barraca e vou trabalhar para mim."

Ele morava na Zona Leste da capital paulista e ia trabalhar no distante Pão de Açúcar da Praça Panamericana. Embora fosse pequena, era uma loja relevante da rede. Ricardo lembra como foi sua atuação:

– Comecei a arrumar a mercadoria como se fosse um artista. A composição de cores e os cortes das frutas chamavam a atenção e todos começavam a admirar a banca. A beleza deu alma ao negócio. Os produtos pulavam para dentro dos carrinhos.

Em 2000, a experiência transformou-se em um caso de sucesso, multiplicando a participação do hortifrúti nas lojas.

A decisão de aceitar o emprego trouxe para Ricardo um conforto antes inacessível. Na feira, ele tinha de descarregar o caminhão muitas vezes na chuva, levando a mercadoria nas costas. No supermercado, trazia tudo no carrinho, em ambiente coberto e sem passar frio. Assim, foi ficando. Embora ganhasse menos, sobrava mais dinheiro no final do mês. Não havia tempo para gastar, tal era a intensidade de trabalho, como ele comenta:

– Saía de casa às quatro horas da manhã para chegar às seis na loja. Ficava no batente doze horas por dia.

A Benassi começou a expandir a participação no supermercado, de maneira que Ricardo precisava procurar mais colaboradores nas feiras. Tinha de trabalhar e ensinar.

De vez em quando recebia um telefonema de Mário, tio de Bruno, dizendo que iria levar um pessoal da Argentina ou do Chile para conhecer o trabalho da Benassi. Ricardo e seus colaboradores deixavam as lojas impecáveis para impressionar os fornecedores, certamente orgulhosos de ver seus produtos tão bem apresentados. Não por acaso, mas porque o pessoal caprichava, diz Ricardo:

– A gente lustrava uma por uma das ameixas, dos caquis. Arrumava, com cuidado, cada limão. Os visitantes se encantavam com o que viam. Foi assim que criamos uma escola. Uma escola de excelência.

Sedução pela excelência

Eduardo Benassi, primo de Bruno, disse a Ricardo:

– Nós vamos preparar o melhor time para atuar na Coop.

Coop é uma cooperativa de consumo nascida na região do ABC paulista em 1954, atualmente uma rede de supermercados com 34 lojas. Beleza e excelência compunham o espetáculo que a Benassi já sabia desempenhar muito bem. Foi o que contou Ricardo para convencer o novo parceiro, disposto a testar a experiência.

– Eles nos deram quatro lojas – lembra Ricardo. – Tinha final de semana que eles vendiam 2 mil abacaxis em 28 lojas, enquanto nós, apenas nas quatro iniciais, escoávamos 5 mil abacaxis.

Ele mesmo conta o segredo:

– A gente escolhia o abacaxi à mão pela cor, textura e tamanho. Depois deixava tudo exposto, com o preço. Claro, os fregueses podiam degustar, encontrando fatias que davam água na boca. Era a feira livre dentro do mercado, com arrumação impecável e dedicação extrema. As vendas triplicaram.

Diante de tamanho sucesso, a Coop fechou seu CD e entregou todas as lojas para a Benassi, cujo êxito sempre se sustentou na fidelidade com o fornecedor/produtor, com o cliente e com os clientes do cliente.

– Se eu quiser colocar o preço do abacaxi a R$ 7, eu coloco – diz Ricardo. – Se eu quiser que seja a R$ 4, também posso. Só não posso é perder a confiança dos parceiros.

Ele se emociona ao lembrar de depoimentos dos fornecedores, como o seguinte: "Plantava cenouras há vinte anos e nunca consegui trocar o caminhão. Estou com um novinho em folha, desde que comecei a trabalhar com vocês".

Os funcionários dos clientes também se encantavam com o jeito como a Benassi atuava. Milton é um deles e conta a sua trajetória de cinco anos na empresa, depois de ser funcionário da Coop, onde durante uma década e meia se relacionou com a Benassi:

– Assim como na rede Pão de Açúcar, a Coop não sabia operar com hortifrúti. A Benassi chegou para resolver a questão e assim nasceu o meu encanto pela empresa, mas ainda levaria dez anos para que eu mudasse de emprego. Não foi planejado nem previsto. Quando eu me dei conta, já estava totalmente envolvido.

Milton deixa clara a diferença entre a Benassi e seus concorrentes na maneira de atuar:

– A Coop tem um acordo de fornecimento com outras empresas. Com a Benassi, tem um propósito compartilhado. Daí a carta branca conquistada. Não é de imposição, nem se trata de uma relação puramente econômica. É um entrelaçamento, em que uma empresa faz parte da outra.

Milton explica didaticamente o sentido dessa parceria:

– É como se a Coop dissesse assim: uma parte da minha casa é sua e você faz da melhor maneira que entender, porque certamente será melhor para seus cooperados.

E complementa:

– A interação da Benassi com a Coop não é daquelas reuniões de negócios e estabelecimento de metas ou troca de favores, mas de conversa, entendimento e relacionamento.

Bruno acrescenta o plano geral que define a parceria:

– A macroestratégia definimos juntos. A estratégia de cada loja, dadas as suas características e tipo de público, fica por conta da Benassi.

Durante a expansão com o Pão de Açúcar e a Coop, surgiu Fábio, futura liderança da Benassi que havia começado como jovem aprendiz no Pão de Açúcar, passando depois a empacotador e operador de caixa.

– Entrei na Benassi em 2002. Ricardo perguntou se eu sabia mexer no computador, mas eu nem sabia o que era isso. Fiz um curso e vinha de Santo André para São Paulo, aprendendo a praticar no escritório da Benassi.

Hoje, Fabio é um dos gestores que tem sob a sua responsabilidade uma ampla carteira de faturamento, cuidando da precificação e dos resultados. Como ele, Ricardo e Milton, Garcia é um líder engajado e relata sua experiência anterior:

– Eu também trabalhava na feira durante mais ou menos uns oito anos, lidando com legumes, depois com frutas. Quando a Benassi me convidou, não queria largar meu patrão, mas resolvi fazer uma experiência.

Garcia se recorda muito bem de como foi o seu primeiro dia, quando chegou a conclusões bem semelhantes às do Ricardo:

– Era um sábado de manhã. Troquei de roupa e fui para a loja. Estava explodindo de gente, mercadorias saindo pelo ladrão. Às sete horas da noite pensei comigo mesmo: não tem de montar barraca, nem de lombar as caixas ou desarmar a barraca, que no outro dia está no mesmo lugar, é só vir e abastecer. Sombra e ar-condicionado. Mas o que mais me atraiu foi aquela energia, gente com vontade de vender. O que se colocava na banca vendia; não sobrava nada. Descarregava um caminhão de maçã pela manhã e outro à tarde. Havia muita vibração.

Em 2005, Garcia topou outra aventura:

– Fui desbravar Cuiabá, no Mato Grosso, em lugar do Ricardo, que estava noivo e não podia viajar durante muito tempo. Éramos vinte pessoas dentro do avião e chegamos lá com um apetite sem igual. Rodamos a cidade toda, bem como Rondonópolis e Tangará. Distâncias enormes. Fiquei um ano e um mês por lá e essa aventura foi um divisor de águas na minha vida. Mudou minha consciência e evoluí como gestor e como pessoa.

Hoje, Garcia lidera uma equipe de cerca de novecentos promotores na rua. Entenda-se "rua" como todos os colaboradores externos locados na "casa" do cliente.

O teste do pronome

Cepa é a base do tronco de uma árvore de raízes fortes e de uma linhagem ou família. Ser de boa cepa é participar de uma boa família.

A Benassi passa pelo "teste do pronome". Funciona assim: quando os membros de uma equipe dizem "nós" em vez de "eles", é porque o empregador passou no teste do pronome. É comum os líderes colocarem Benassi após o nome, tal a identidade com a família.

– Na Benassi nós não somos apenas colaboradores – admite Garcia, sem rodeios. – Não somos apenas executores, mas provedores de informação, orientação, melhorias de processos. Nossas observações e opiniões são levadas seriamente em conta. Afinal, estamos em contato direto com os clientes.

Dá para sentir o sentimento de orgulho de Garcia em suas palavras:

– Não estamos trocando horas de trabalho por dinheiro. O tempo todo melhoramos, o que também acontece com quem está ao nosso redor. As nossas histórias de vida estão entrelaçadas.

E conclui:

– Tem algo mais além da parte funcional e de desbravar mercados, que é o que une as pessoas. O fato de poder ajudar, contribuir, estar sempre por perto de uma maneira ou outra auxiliando e multiplicando aquilo que foi aprendido.

Fábio, por sua vez, confessa:

– O que mexe comigo é ver como alguém simples, que não sabe do seu potencial, realiza grandes coisas no trabalho. Eu me emociono quando as pessoas bem orientadas encontram o caminho correto e se superam.

Ricardo acrescenta o que sente:

– Embora não seja meu, é como se fosse. Também sou um empreendedor. Toda vez que me entrego a um novo movimento, crio oportunidades para outras pessoas. Começa em uma loja, você se torna um líder, depois um supervisor e vai ensinando, vendo as pessoas crescerem.

E continua:

– Todas as que estão aqui tornaram-se melhores do que seus pais e irmãos. Evoluíram. Acreditaram e mudaram de patamar. Doaram-se e cresceram. Apostaram junto conosco naquele projeto, negócio, empresa. Tem dado certo até agora e assim vai continuar.

Milton também admite a mesma sensação:

– Eu me vejo muito melhor como ser humano. Tenho plena consciência de tudo o que já andei nessa vida e fico imaginando o quanto eu ainda posso andar.

Camila, no entanto, é mesmo da família. Irmã de Bruno, é responsável pelo marketing e pela gestão de pessoas. Ela explica sua função:

– Na verdade, sou uma organizadora de pessoas. Gestores são o Ricardo, o Miltinho, o Fabinho e o Garcia. Todos cuidam de pessoas, eu só organizo e entrelaço todo mundo.

E continua:

– O que temos de mais nobre é a nossa cultura. O nosso propósito vem carregado de um orgulho por nossa história, pela família ter construído tudo isso. O propósito de *nutrir vidas* é muito forte, mexe comigo.

Quem se manifesta sobre o que sente é Bruno:

– A mim, o que traz uma enorme satisfação é ver pessoas com um baita potencial, com uma baita riqueza, vivendo a sua plenitude diante de tantos desafios. Quando observo o Ricardo, o Fábio e o Garcia, de onde eles vieram e aonde chegaram, sei que é mérito deles, mas o ambiente permitiu que acontecesse. Fazer com que esse ambiente seja favorável é a parte da empresa, é a minha parte como líder.

Bruno vai além:

– O coração bate forte quando a gente faz uma diferença enorme para o cara que está lá na ponta, tem seu supermercado, mas não está conseguindo fazer algo diferente para o consumidor.

Desde os 13 anos, Bruno passava as suas férias dentro da Benassi, no Ceasa, no CD, onde quer que seu pai o escalasse. Quando entrou na faculdade, aos 18 anos, mudou-se para a capital. Fazia um ano que estava trabalhando na Benassi. A operação da Coop apenas começava. Ele mesmo relata como foi a trajetória, a partir do início:

– Emoção é o que não faltou nesses quase vinte anos de história na Benassi. Recebi um chamado e penso que correspondi. Meu pai me disse: "Bruno, o negócio é o seguinte: tem um desafio novo e é grande! Nós precisamos cuidar de uma maneira diferente dessas empresas que surgem, como a Coop. Você ainda não está preparado, mas é a melhor opção. Não carregue mais peso do que as suas costas aguentam. Se precisar, você grita. Eu vou estar do seu lado".

Sérgio, pai de Bruno, sabia em quem apostava. E o filho respondeu à altura:

– "Beleza! Estamos juntos!", eu disse a ele. Comecei como o Ricardo, o Fábio e o Garcia. Eu fui o primeiro a comprar tomate na Benassi. Não sabia lidar com bananas, joguei dois caminhões lotados no lixo. Errando e acertando, eu me conectei. "Esse negócio é meu!", disse a mim mesmo um dia. "Agora faço parte."

Olhando para Ricardo com gratidão, Bruno declara:

– Eu me encostei nesse cara e ele me ensinou muito. Comecei a entender o que é negócio, gestão de equipe, cuidar das pessoas, escutar o cliente, acomodar os interesses do fornecedor na hora em que ele precisa, toda essa dinâmica do universo empresarial. As coisas do mundo dos negócios chegaram como um tsunami na minha vida.

Bruno tem consciência da importância da história e da tradição para construir um futuro inovador:

– A Benassi está na vanguarda há quase setenta anos, e nós continuamos a mantê-la assim. Nos anos 1990, nos destacamos levando a feira livre para dentro do Pão de Açúcar e entregando excelência para um público exigente. Hoje fazemos o mesmo nas lojas populares com alto potencial de expansão. Excelência é algo que todos apreciam. Da Praça Panamericana a Taipas, Franco da Rocha e Ribeirão Pires, tratamos o cliente com a mesma atenção e carinho em todos os lugares.

Bruno respira, orgulhoso:

– Hoje somos a empresa de distribuição de hortifrúti mais bem estabelecida em infraestrutura e *know-how* de campo, de compra e execução em lojas do Brasil. Talvez não sejamos a que mais ganhou dinheiro ou a que mais cresceu, mas temos uma cultura ímpar e imbatível que persevera no tempo.

Certamente, a receita é infalível. E foi sendo elaborada a partir de um propósito bem definido, com todo o respeito à ética e seguindo uma evolução natural. Oferecer excelência é da própria natureza.

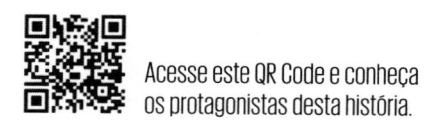

Acesse este QR Code e conheça os protagonistas desta história.

SOTER – O MUNDO COMO SALA DE AULA

Na terra sou apenas aprendiz
A essência mais profunda da raiz
Há que molhar o grão pra germinar
Missão maior é o ato de cuidar
SANDRA DUAILIBE E MARCO DUAILIBE

A mãe perguntou para a filha qual a profissão que ela ia escolher. Eis a resposta da estudante do ensino médio:

– Mãe, eu já estou entendendo o que eu gosto, mas acho que a profissão ainda não existe.

Os antigos gregos já faziam distinção entre instrução e educação. A instrução serve para aprender o que hoje denominamos matérias, como matemática, geometria, história, geografia, gramática etc. A educação trata do aprendizado dos valores, das virtudes, das boas maneiras, das relações, do refinamento do caráter etc. A instrução oferece conhecimento, a educação expande a consciência.

A formação escolar brasileira foi muito influenciada por uma corrente filosófica do século XIX, o positivismo de Auguste Comte, que acredita na ordem e na ciência como meios para conquistar o progresso social. Foi o que inspirou a formação da república brasileira e a própria insígnia "Ordem e progresso", estampada na bandeira nacional.

A grade educacional inclina-se, então, mais para a instrução do que para a educação. O aprendizado, fragmentado em disciplinas ou matérias, trata mais da compreensão das ciências do que da formação do caráter. Assim, a educação ficou a vagar – em parte, mas nem sempre, incorporada pela família e, em parte, assumida por empresas como a Volo, protagonista da próxima história, que vale a pena conhecer.

Como agravante do modelo de ensino focado na instrução, as escolas mais cobiçadas são aquelas que preparam para o vestibular, não para a vida. Os pais mordem a isca e, sem saber direito para onde ir, acabam achando que é disso que seus filhos necessitam.

Diante de tal quadro e de um novo mundo, do qual as profissões tradicionais não dão mais conta, é que as escolas, o ensino, a educação e a aprendizagem entraram em parafuso. Os jovens não veem nas aulas tradicionais algo mais instigante do que encontram nos celulares repletos de informações, portanto, não desgrudam dos aparelhos. As salas de aula continuam taciturnas diante do mundo aberto da internet.

Fazer educação, portanto, passou a ser um desafio e tanto.

Lá para os lados da Zona Leste paulistana, no bairro de classe média Vila Formosa, situa-se o Colégio Soter, cujo propósito é instruir sem deixar de educar. Uma educação que, como veremos, extrapola os muros da escola.

Para o desafio, uma gestora

"Quem não é capaz de amar os seres inacabados não pode educar", ensina Paulo Freire. Pois foi na mesma Vila Formosa que Cris empreendeu com amor, tanto pelos seres inacabados como pela educação. Focada e inquieta, nunca mediu esforços para oferecer uma educação de qualidade.

– Eu sempre quis fazer a diferença na vida das crianças. Quando começamos, com vinte alunos, era fácil chamá-los pelo nome. As famílias faziam parte da nossa família. Sempre tive a intenção de ofertar o melhor para as crianças, em um ambiente leve e agradável, bom para elas. Foi assim desde o início.

Grandes redes de ensino estão entrando no mercado. São investidores, não propriamente educadores. Seduzem com preços mais acessíveis, mas os alunos são números. Os pais não querem ver seus filhos considerados como números. Anseiam por uma escola mais humanista, que traga a sociabilização, os valores, as relações, o sentido de família.

Como manter a qualidade diante do crescimento da demanda? Não são mais vinte crianças, como antes. Para enfrentar o dilema clássico, a empreendedora e a educadora, presentes na mesma pessoa, se transformaram na gestora, capaz de cuidar do arranjo de trabalho que garante a oferta do mesmo cuidado dispensado na origem. Para cada cinquenta ou cem alunos, elege-se uma cuidadora, que oferece apoio para eles e suas famílias.

– Os pais não telefonam mais para a escola – explica Cris –, mas diretamente para a cuidadora, que conhece muito bem tanto os filhos como os pais.

Existe também uma dinâmica entre as cuidadoras, que se reúnem em encontros quinzenais para compartilhamento de experiências, troca de informações e percepções. A prática tem tudo a ver com a cultura do Soter e a fortalece.

O desafio, no entanto, continua: diante de décadas de influência do positivismo, como manter a educação se a primazia é da instrução?

– Eu sou resultado da escola da velha economia – admite Cris. – Estudamos história e geografia e, embora essas palavras não nos soem estranhas, ainda não sabemos com propriedade do que tratam. Então, efetivamente, não aprendíamos. Decorávamos informações para as provas. Depois descartávamos os conteúdos. Por isso, sempre quis fazer uma escola diferente.

Foco na vocação

Como lidar com o embate entre passar no vestibular e uma escola mais humanista? Tomemos como exemplo o pai que queria ver a filha estudando Medicina. Diante dessa pretensão paterna, impotente para negar, a jovem entra em depressão profunda porque não é o que deseja.

– Os pais têm grande expectativa sobre a profissão que será exercida pelos filhos – observa Cris. – Então, promovemos encontros temáticos para que os pais possam debater. Muitos deles passam a aceitar bem as escolhas que vão fazer seus filhos melhores, independentemente do que a sociedade sinaliza.

O Soter realiza esses bate-papos sobre educação, cursinhos e vestibulares, o futuro do trabalho. No mínimo, para que os participantes saibam fazer a pergunta certa.

– Muitas vezes os pais não sabem formular a questão – comenta Cris. – Sim, porque se limitam a fazer as perguntas prontas da sociedade. Estão relacionadas ao vestibular, ao ENEM, às profissões. Como lhes falta conhecer melhor as probabilidades, tratamos de reuni-los para ampliar seu entendimento, pois o convencional é que o ensino médio tem de preparar para o vestibular, a futura profissão, entre algumas consideradas "de futuro", como engenharia, medicina, direito.

Quando chega a hora das escolhas, os alunos estão mais cheios de dúvidas que de certezas. Existe um excesso de informações chegando para eles, o que os torna ainda mais confusos. Não por acaso, 60% deles enfrentam algum grau de infelicidade, de problemas emocionais, de ansiedade ou mesmo de depressão. A instabilidade não é somente dos jovens, mas também dos pais, que mal sabem o que fazer para ajudar. Eles se sentem impotentes, perdem a autoridade quando os rebentos chegam à maioridade.

– Nos encontros temáticos, os pais também percebem que não estão sozinhos – compartilha Cris. – Todos estão vivendo a mesma dor e o mesmo drama, seja com as crianças ou com os adolescentes. O resultado é bem interessante. São sessões de cura.

A mãe havia perguntado à filha qual profissão ela iria escolher, lembra? Nos encontros temáticos, a pergunta feita aos pais toma outro rumo: o que você deseja cultivar na vida de seus filhos nesse ano? Cris dá uma pista:

– As buscas estão muito além do convencional, e a cada momento aparece uma nova profissão. Então, o que a escola pode fazer é preparar o aluno para que descubra a sua vocação.

Primeiro a vocação, depois a profissão. A vocação faz com que o aluno retorne ao seu eixo, ao seu centro, ao contrário da profissão, que o remete a desejos que não lhe pertencem.

– Podemos preparar o aluno para que faça contato com a sua essência, descubra o seu propósito, desenvolva competências e habilidades voltadas a ele e, então, a profissão aparece – aposta Cris.

Entre trilhos e trilhas

– Nós sempre vimos o estudante como ser integral, não apenas sua parte cognitiva – define Cris.

Tati, sua filha e administradora-geral da escola, conta sobre uma relevante novidade:

– Agora, o ensino médio permite fazer a escolha de trilhas, ou seja, de disciplinas que vão além da tradicional grade de matérias convencionais.

A Base Nacional Comum Curricular (BNCC) define o conjunto orgânico e progressivo de aprendizagens essenciais que todos os alunos devem desenvolver ao longo das etapas e modalidades da Educação Básica.

– Para o Soter – continua Tati –, a mudança caiu como uma luva. Vem ao encontro do que já fazia parte da filosofia da escola. Outras escolas talvez a apliquem como obrigação. Faz parte da nossa vocação.

– A Cultura da Infância, até os seis anos de idade, é prova disso – comenta Cris. – Nós não temos mais salas de aula, mas sim espaços de vivências, por intermédio das quais acontece o aprendizado. É uma maneira de os alunos treinarem a autonomia.

As matérias tradicionais existem, porém sob outro prisma, explica Débora, líder pedagógica da escola:

– É no ensino médio que os alunos estudam matemática, português, história, geografia etc. Passada essa etapa, começa o preparo para o vestibular. Tudo isso define um padrão comum para todos.

Tomando como base os antigos gregos, é como se Débora nos dissesse que o ensino médio antes cuidava da instrução. É chegada a hora da educação.

– As disciplinas citadas não deixam de existir – complementa ela mesma, sempre ponderada –, mas a carga horária dedicada a elas é reduzida, dando lugar a outros itinerários mais significativos para os alunos e seus projetos individuais de vida.

É justamente o que propicia a BNCC, pois o jovem pode se desenvolver com base em sua vocação, não por conta de uma grade curricular em que todos devem se enquadrar.

– Os alunos também podem experimentar um pouco mais de diversos campos – esclarece ela – antes de escolher a faculdade ou a profissão que seguirão mais à frente. Não se trata de um curso técnico profissionalizante, mas de vivências que permitem expandir os horizontes, enxergar além.

É nas trilhas ou nos projetos que os alunos escolhem as disciplinas eletivas, exemplificadas por Débora:

– Trabalhamos com temas como empreendedorismo social e projeto de vida. As trilhas estão voltadas ao mundo do trabalho, os projetos, ao conhecimento e à expansão de consciência. Trata-se de eleger um tema que desperta a curiosidade, pesquisar e aprender sobre ele e os problemas existentes na sociedade. Não é só teoria, pois vai haver um produto final como fruto dos aprendizados.

Débora esclarece do que se trata:

– No Projeto de Vida, a descoberta do propósito faz parte do resultado final. Existe tempo e espaço para que os alunos pensem sobre seus objetivos, descubram o seu propósito e comecem a trilhar o caminho na direção dele.

Quem complementa a ideia é Tati:

– Os alunos têm um manual socioemocional para ajudá-los a nortear suas escolhas.

E Cris arremata:

– Os professores do Projeto de Vida são também denominados propositadores, ou seja, apoiadores da descoberta do propósito de cada aluno.

Nas trilhas, os alunos se organizam por área de interesse, independentemente da série em que cada um estuda as disciplinas convencionais. São possíveis duas aulas semanais ao longo de cada semestre, destinadas às disciplinas eletivas. O aluno pode prosseguir na disciplina escolhida ou mudar, elegendo outra.

– A gente sempre diz a eles que não precisam acertar de primeira – esclarece Tati. – Podem fazer uma escolha agora e depois trocar. A ideia é errar, aprender com os erros, corrigir. Descobrir, enquanto desenvolvem o autoconhecimento.

Além dos temas habituais, outros mais específicos e práticos podem ser agregados, a exemplo de produção audiovisual, como extensão da área de linguagem, ou programação e análise de dados estatísticos, como extensão da matemática.

Falar a mesma língua

– Uma vez visitei uma escola em Curitiba – conta Cris. – Vi os alunos com tablets, não apostilas. Sempre achei que devíamos acompanhar os estudantes, falar a língua deles.

Com a chegada do Chromebook, a tecnologia avançou no Soter, facilitando o estudo e a escrita, a pesquisa na internet e as reuniões de aprendizado. Para Cris foi um sensível avanço:

– Fiquei realizada quando vi cada mesa com o seu Chromebook, os adolescentes sem as apostilas. O pedagógico e a tecnologia alinhados.

Quando a pandemia chegou, o Soter estava pronto para implementar o sistema de aulas on-line. Os professores sabiam usar o Chromebook e a plataforma digital, lembra Cris:

– Ao acolher alunos de inclusão em nossa escola, podemos coletar lindas conquistas. Um desses alunos com deficiência no aprendizado se inscreveu no Tutor Google, um programa que tem como objetivo colocar os estudantes na posição de protagonistas dos seus próprios processos de aprendizado. Enquanto ele aprendia, ajudava também as professoras a se inteirarem da tecnologia, portanto, foi importante para desenvolver a cultura digital no Soter. O final dessa história é muito interessante e inspirador. Mais tarde, ele foi contratado para trabalhar no Google. Veja só quanto um aluno de inclusão pode progredir e contribuir para o progresso de todos.

Alguns estudantes do Soter diziam ter gostado do avanço tecnológico na escola, mas não viam nisso nenhuma diferença do que faziam as demais, com mensalidades menores. Daí a dificuldade de competir com as grandes redes financiadas por investidores. A tecnologia, no entanto, não era nem podia ser o diferencial.

– Ainda tratamos os alunos pelos nomes e como únicos – diz Tati.

Esse detalhe fundamental faz parte do sistema humano, que vai além do convencional. Determinantes do jeito Soter de ser, existem três modalidades de encontros temáticos: o coletivo, em que algum assunto de interesse geral é colocado para os pais; o bate-papo com cada família; e os eventos entre pais e filhos.

– Antes, os pais não vinham aos encontros temáticos – conta Tati. – Agora, eles comparecem. Existe interesse. E o bate-papo com a família não é coletivo. É a cuidadora quem faz. E é firmada uma parceria: a parte que cabe à família e a que cabe à escola na educação dos filhos. Durante um primeiro encontro combina-se a parte de cada um e no outro, no semestre seguinte, são feitos a avaliação e o balanço.

Tati segue adiante, fechando o ciclo dos contatos e conversas, com espaço para questões bem pessoais:

– Há o evento semestral em que o professor, junto com pais e alunos, realiza alguma atividade e produção conjunta.

A relação permanece diariamente, acompanhando os eventos familiares. Cris lembra que, em uma família, a avó havia sofrido um infarto e a mãe pôde desabafar quando trouxe o filho para a escola.

– Muitas vezes a gente ajuda a família em um momento difícil justamente porque chegamos a um patamar de amizade com ela. É o nosso propósito.

E o principal diferencial do Soter.

Entre a escola e o mundo

– Existe no Soter uma nova visão para os pais, os seres humanos, a sociedade – diz Cristiana, ampla conhecedora das mazelas sociais vividas na sua experiência no setor público. – É como se cuidássemos de um pedaço de mundo. Buscamos mais naturalidade, leveza, socialização e vivência dos valores.

Tati acrescenta, para deixar a intenção bem clara:

– Pensamos no quanto podemos fazer o bem para nós sem prejudicar o outro. Somos um único corpo, tanto a natureza como o colaborador, a família. Todos precisamos trabalhar no auxílio mútuo. Mais do que uma empresa, somos um legado.

Cris esclarece que as mudanças acontecem no conjunto dos participantes:

– À medida que a liderança da escola vai mudando as percepções e expandindo a consciência, o mesmo acontece com os professores, os alunos e as famílias. Estamos fazendo uma travessia e conduzindo os demais a fazer o mesmo. Somos cultivadores de um novo mundo. O nosso objetivo é avançar para o holograma.

O holograma é composto de todos os agentes que se relacionam com a escola, além dos professores, alunos e famílias. Inclui fornecedores, parceiros, vizinhos e a comunidade acessível à escola.

– *Soteração* é o nome que damos ao Soter "em ação" – conta Cris. – É cuidar do planeta, da ecologia, da reciclagem. Um exemplo disso é o que fazemos com a destinação dos descartáveis: as tampinhas vão para o Hospital do Câncer, os lacres, para cadeiras de rodas, as caixas de leite e suco, para fazer tapetes distribuídos aos moradores de rua. O aluno se inscreve para ser voluntário.

Cristiana revela:

– Tem também os cuidados às crianças com dificuldades de aprendizado, a quem os professores dispensam toda a atenção necessária.

O leque de atividades extracurriculares da escola é amplo, incluindo o trabalho com autistas de 12 a 24 anos e também com dependentes químicos, como lembra Cristiana, que aprecia estar no meio de jovens:

– Queremos que os nossos adolescentes conheçam de perto essa realidade e ajudem a trabalhar a autoestima dessas pessoas.

Como se tudo isso não bastasse, ainda existe empenho em contribuir para a melhoria do meio ambiente:

– E o projeto da canalização dos córregos da região – finaliza Cristiana.

O Soter, com seu jeito de ser, ensina que a sala de aula pode ser estendida mundo afora, clareando e iluminando mentes e corações. Instrução e educação se fundem na busca de um mundo melhor. Essa é a escola ao natural em uma nova economia.

 Acesse este QR Code e conheça os protagonistas desta história.

VOLO – A EMPRESA COMO SALA DE AULA

O amor pediu tão pouco
Aceitar no outro a flor do seu quintal
ALISSON MENEZES e CELO COSTA

Qual a relação que existe entre negócios e consciência, empresa e educação? Para a velha economia, nenhuma. Tem certeza de que o lugar do aprendizado é na escola e o dos negócios é nas empresas e mercados. Quando muito, oferece treinamentos técnicos e profissionalizantes para que as pessoas sejam fazedoras eficientes, independentemente de serem ou não bons seres humanos.

No município paulista de Santana de Parnaíba, a Volo, do ramo de logística, atua de maneira diferente quando o tema é educação. Assim, assumiu o papel de empresa de aprendizado e sabe fazer do trabalho um meio para a educação de seus colaboradores. É como uma sala de aula permanente, em que todos têm tempo e espaço, tanto para o aprendizado edificante do humano como para a instrução orientadora dos afazeres.

A princípio, logística é o processo que administra e organiza os pormenores de uma operação, contando com a lógica e a racionalidade. Não obstante o ramo de atividade, na Volo o próprio negócio é conduzido com trejeitos próprios, num molejo que confronta os rigores burocráticos dos processos. Tanto é que *alfaiatar* é o verbo mais representativo da intenção estratégica ao oferecer a logística como serviço.

"Alfaiatar" expressa um serviço cuidadoso nos detalhes, conforme as necessidades específicas de cada cliente. Se esse verbo é a escolha estratégica da Volo, então os ganhos de escala – sustentados por padrões de atendimento que desconsideram as nuances de cada cliente – estão fora do modelo de negócio da empresa.

Para cada cliente, oferece um jeito único de prestar o serviço, como nos tempos dos bons alfaiates. Ou, lembrando o que disse

Bernard Shaw, o grande romancista irlandês: "A pessoa que mais me conhece é o meu alfaiate. Cada vez que me vê, tira as minhas medidas". Pois é assim, tirando as medidas de seus clientes, que a Volo segue em frente alinhada com eles.

Por conta da opção estratégica, a Volo escolheu como foco a indústria da moda. Tem como exemplo o grupo Soma, o maior do segmento no Brasil, dono das marcas Hering, Farm, Animale, Foxton, Fábula, Cris Barros, Maria Filó, ByNv. Segue ainda outras duas grandes marcas, a Lacoste e a Loungerie, além da Guess e da Le Postiche.

A visão de negócios da Volo não se restringe à logística para os clientes, mas estende-se ao consumidor que entra na loja ou acessa o canal de atendimento. A Volo é ligada em pessoas, dentro e fora, incluindo aquelas que compram pela web.

Para além da logística, sua liderança compreende que existem as pessoas, cuja mente e coração devem se sobrepor às racionalizações e mecanizações dos processos.

Zumbidos do passado

Não foi sempre assim, com um foco bem definido. Antes, a Volo fazia a logística de qualquer coisa, de queijos a GPS, de caixa de banco a produtos promocionais da Unilever. Fazia tudo e não fazia nada, doença empresarial que também recebe o nome de quaisquerismo. A intenção era sobreviver. E, quando a empresa pensa apenas em sobrevivência, os envolvidos também acompanham a mesma opção.

Roubos aconteciam com frequência. Mercadorias eram desviadas e vendidas clandestinamente. Havia assédio moral e ameaças para que os esquemas criminosos não fossem delatados. O ambiente de trabalho era tenso – nada além da velha economia na sua pior versão.

Problema de liderado é problema de liderança. Sim, havia conflito de percepções e distorções na maneira de pensar das principais lideranças. Urgia fazer algo para corrigir tal rumo.

– Tudo está associado, de certa forma, a quem está à frente – explica Giovanni, líder da empresa. – E também ao papel que essa pessoa exerce no mundo.

Giovanni começava a desconfiar que não dá para separar o líder do cidadão, o gestor do ser humano. O movimento para mudar aquela realidade cabia à liderança principal. Ele recorda:

– Naquela altura, a empresa vivia em tremenda insegurança. Estava sem caixa, sem crédito, com sério risco de não honrar a folha de pagamentos, os funcionários receosos e os clientes sentindo o mau cheiro que exalava de dentro.

Peterson, coordenador operacional, oferece detalhes:

– Na ocasião, contávamos com duzentos funcionários. Era muita gente desconectada. Foi preciso desligar o supervisor e outras pessoas, mudar os turnos. Nada fácil porque até sofríamos ameaças.

Era o momento de degenerar para regenerar, a começar pela composição da sociedade, passando pelo quadro de colaboradores. Aos que ficaram, coube o desafio da reconstrução. Muito trabalho. A empresa teve de atuar 24 horas por dia, sete dias da semana.

Mas não é só por meio do trabalho que se faz uma mudança consistente. É preciso, sobretudo, virar a chave, mudar a cultura. E cultura é resultado de consciência e educação.

Serendipidade explícita

"A boa e a má sorte são como bananas. Vêm em cachos", diz um velho ditado. Pois, à medida que o modelo de gestão da velha economia se degenerava, uma nova economia se regenerava. E as serendipidades já começavam a acontecer.

Foi num encontro casual, em um restaurante, que Giovanni se deparou com o presidente da Lacoste, sentado em outra mesa. Aproximou-se dele e, conversa vai, conversa vem, captou que o futuro cliente tinha necessidade de resolver as questões de logística, cujos parceiros eram substituídos todos os anos por não corresponderem às necessidades da companhia.

Se relacionamento é a alma dos negócios da nova economia, a confiança é o coração. Foi assim que a Volo conquistou o seu primeiro cliente do mercado da moda e o princípio do que viria a ser o seu foco de atuação, livrando-se do impertinente e prejudicial *quaisquerismo*. Para isso, foi preciso reavaliar e alterar também a carteira de clientes, desligando uns para dar lugar aos novos, pertencentes ao foco.

Claro que a empresa teve de desenvolver novas competências para se concentrar. Giovanni mergulhou no negócio da moda, para saber como funciona, do que as marcas precisam, onde estão, como são atendidas.

Terá sido mesmo uma escolha o segmento da moda? Às vezes não se sabe muito bem como as coisas acontecem. Não se trata de planejamento estratégico. Trata-se de estar com a seta pronta para quando aparecer o alvo.

Como a reconhecer os efeitos da serendipidade, Peterson resume em uma única frase:

– A moda escolheu a gente.

Empresa de aprendizado

Na economia ao natural, uma empresa é como um organismo vivo, portanto, mais sujeito do que objeto. Ao ser tratada como sujeito, todos os que lá estão recebem o mesmo cuidado. É natural, portanto, pensar em expandir a consciência das pessoas e ampliar suas competências, diferentemente do habitual exercício de adestrar a mão de obra para as tarefas ou de promover apenas treinamentos técnicos.

– Sem consciência não existe competência – argumenta Giovanni. – Se as pessoas não tiverem coragem e disposição para a busca do autoconhecimento, o caminho para a consciência, então a gente não consegue dar os passos como empresa, ampliando as competências.

E complementa:

– As pessoas têm de tomar consciência de si, mas a empresa também precisa tomar consciência da razão da sua existência. Estou falando de propósito.

O propósito da Volo é *alfaiatar relações evoluindo vidas*.

Giovanni sabe o quanto é difícil uma empresa com propósito ser composta de pessoas sem propósitos. Não dá liga. O melhor dos mundos é quando pessoas propositadas encontram uma empresa propositada e a conexão acontece. O binômio consciência e educação faz com que isso aconteça.

A Volo assumiu-se como empresa do processo de educação do indivíduo, complementando a família e a escola, muitas vezes com vantagens sobre essas duas – que nem sempre cumprem bem o papel a elas destinado.

– De dois valores a gente nunca abriu mão: amor e fé – conta Peterson. – Ambos nos conduzem e todos estão conectados com eles.

– E como continuar revistando pessoas que acreditam na fé e no amor? Embora nos achassem loucos por suspender as revistas, a gente passou a confiar nas pessoas – complementa Andrea, que, além de sócia, é esposa do Giovanni.

Deve haver alguma razão misteriosa para explicar a confiança. É como se, ao demonstrarmos tê-la em uma pessoa, esta se sentisse disposta a honrá-la. Faz parte da dignidade humana corresponder à confiança que lhe foi depositada.

– Para mim a logística é o meio, assim como qualquer outro negócio ou atividade também pode ser – acrescenta Andrea. – A expansão de consciência é o fim.

Para Andrea, ninguém deveria retornar à casa no final do dia do mesmo tamanho que saiu pela manhã. Promover o aprendizado intelectual, moral, cívico, relacional, psicossocial e espiritual de cada indivíduo é o desafio de toda empresa que assume a sua função educadora e partícipe da nova economia.

– Tocar a essência das pessoas – lembra Cris, guardiã dos valores da empresa –, foi o que a Andrea me disse quando me convidou para trabalhar na Volo. Até então, a área de RH se resumia a um departamento pessoal que nem se dava ao trabalho de olhar na cara de quem estava sendo contratado. Andrea queria humanizar o DP e isso me tocou.

Embora esteja falando de departamentos, Andrea tem clareza de que a função RH deve ser assumida por todos os líderes da empresa. O setor pode lhes dar apoio técnico, mas são eles que devem assumir por completo os cuidados para com os seus liderados.

– Quando você coloca o dedo na essência, a pessoa acende – observa poeticamente Vanessa, que complementa a fala da Cris e admite suas dúvidas iniciais. – E olhe que eu duvidava! Perguntava à Andrea: "Cite uma empresa em que essa abordagem funciona. Qual, onde?". Ao mesmo tempo via a Andrea investindo tempo em conversar com os funcionários e o Giovanni ajudando a carregar caminhões. É só olhar para os lados que a gente vê o crescimento de cada um.

Para os migrantes da velha economia, é muito difícil acreditar que exista algo diferente das famigeradas relações utilitárias, em que a pessoa existe apenas para o desempenho, não para o seu crescimento como ser humano. Vale só enquanto rende, deixa de valer na medida em que deixa de render, não importam as razões.

– Quando perguntavam qual era o meu propósito, eu respondia: trabalhar – continua Vanessa. – Eu não tinha a menor ideia do que fosse e hoje sei qual o meu propósito de vida, consigo vê-lo com clareza e o exerço todos os dias.

Sentido de inteireza e plenitude

Faz parte da expansão de consciência o entendimento do sentido e do significado do trabalho. Todas as pessoas têm necessidades fisiológicas, intelectuais, psicossociais e espirituais. O significado faz parte das espirituais. É o combustível para a alma de todo ser humano.

– Sinto-me fazendo parte – diz Cassia, desvencilhada da velha economia. – Muitas vezes a gente não conhece os próprios potenciais. A Volo nos faz olhar para dentro de nós, descobrir a luz e nos expandir.

Pertencimento é outra busca de todo ser humano. Sentir-se parte de uma equipe e participar das decisões na empresa faz do ambiente de trabalho um tipo de pátria, em que vale a pena viver.

– Expandir a consciência é uma busca eterna – acrescenta Claudia. – É o contínuo exercício de desconstruir e construir. Sei, agora, que estou cada vez mais próxima da minha inteireza.

Alinhar pensamentos, sentimentos e comportamentos com valores é o exercício de tornar-se humano. É o que dá o sentido de inteireza, de não estar dividido ou fragmentado.

– Trabalhar na Volo é um estilo de vida – acrescenta Márcio, focado no cuidado com os clientes. – Aqui você pode viver os seus valores, crenças, medos, potenciais. Aprende a se despir. É muito mais que uma relação profissional. Existe cuidado e entrega. Cada dia sinto a vida tornar-se cada vez mais plena.

O desnudar a que se refere Márcio, também gestor relacional, é um exercício de vulnerabilidade altamente salutar para a humanização do lugar onde se trabalha. Ao invés de super-homens e mulheres-maravilhas, ali estão reunidos seres humanos com suas dores e seus amores.

– Plenitude, essa é a palavra que me vem – diz Giuliano, líder de negócios e gestor de relação com clientes, ao compartilhar seu valor essencial. – Viver por inteiro, viver o seu melhor, tudo isso a Volo permite acontecer.

Daiane, a Dai, concorda com Giuliano, pois sente o mesmo:

– A plenitude é o que vivo hoje na Volo, com meu propósito de vida.

E acrescenta:

– Tenho o sentimento de conquista. Cuidar, ajudar as pessoas que necessitam. Antes, achava que isso era para a religião. Não sabia que era possível, também, no trabalho.

Não se trata de religião, mas de legítima espiritualidade, que inclui uma vida com propósito alicerçada por valores.

– Dia desses fui abordado por uma colaboradora – conta Peterson, o líder "camisa 10". – Ela me disse: "Meu filho vai fazer 18 anos e precisa trabalhar aqui. Eu pretendo me aposentar na Volo e quero que meus outros filhos também venham para cá. A minha vida mudou por causa da Volo e espero que eles vivam essa experiência".

Filosofia e método

Para Giovanni, uma nova economia é feita de beleza, bondade e relação. Os negócios devem expressar essa tríade com coerência e consistência.

– Para tanto, a gente tem de formar, ensinar, educar e conscientizar muitas pessoas, propiciando que possam fazer suas escolhas.

Andrea entende que a economia ao natural é se colocar a serviço. É feita de doação, e trazer essa possibilidade para o mundo empresarial é a grande novidade. A empresa é um meio para servir, ela define:

– A gente trabalha a consciência e a educação e, como resultado, as pessoas têm o sentimento de pertencimento.

Para alcançar tal nível de engajamento e compromisso emocional, a filosofia de trabalho de Giovanni e Andrea é parte da história. É preciso o apoio de um método de trabalho, um jeito de trabalhar juntos, ombro a ombro.

– A gente trabalhava sob a égide da hierarquia – lembra Andrea. – Hoje temos uma estrutura sistêmica bastante horizontalizada. O poder é distribuído e todos podem crescer a partir de sua autonomia.

Diferentemente da estrutura tradicional vertical e hierárquica, geralmente representada pelo clássico organograma, a estrutura sistêmica é orgânica e adaptável às mudanças que acontecem com o negócio. Mais voltada a servir o cliente do que a atender ao chefe, trata-se do arranjo de trabalho que melhor combina com a filosofia da Volo. É como se a empresa fosse uma ampla sala de aula em que todos podem aprender juntos, experimentando os mesmos aprendizados.

– Uma vez por semana a empresa para por meia hora – continua Andrea. – Com a presença de todos, a gente fala de diversidade, propósito, valores e outros temas representativos da nossa cultura. Tratamos, também, de inclusão de pessoas com deficiência, violência doméstica, abuso infantil. Não ficamos somente nas informações. Oferecemos apoio jurídico para casos de separação, com o devido acompanhamento.

Para os casos específicos, a Volo conta com o apoio de Joana Doin, da Doin Mancuso Advogados. Foi criado o Tribunal Natural, um tipo de arena de paz para promover a conciliação e o aprendizado sobre a solução de conflitos.

– A prosa continua com os líderes, falando do nosso dia a dia de trabalho e entrega – arremata Andrea.

Reputação e reconhecimento

– Giovanni, gostaria de fazer uma agenda para que a diretora de recursos humanos de nossa empresa possa conhecer a cultura de vocês.

Demandas como essa demonstram o conhecimento e a reputação que a Volo conquistou junto a seus clientes. Eles estão se conectando com as iniciativas observadas, interessados em assuntos da esfera das diversidades, como a de gênero.

Sem dúvida, a passagem de uma velha economia – o mundo da desconfiança – para uma nova economia – a vida na confiança – transformou o jeito de liderar, trabalhar e fazer negócios na Volo.

Se uma empresa pode ser uma sala de aula onde todos aprendem a expandir a consciência, viver seus valores e expressar seus talentos, então o mundo é viável e a economia pode cumprir a sua vocação natural.

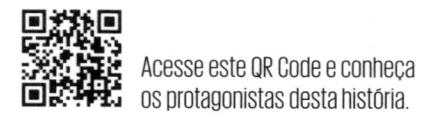

Acesse este QR Code e conheça os protagonistas desta história.

JOHN RICHARD – LIBERDADE PARA MUDAR

E giram anti-horários
E saltam dos aquários
Aqueles que respiram
O ar que inventam
JOANA TERRA, EZTER LIU e JULIANO HOLANDA

John Richard, o fundador que deu nome à empresa, antes de criá-la – com uma boa dose de ousadia – empreendeu na bolsa de valores, no mercado financeiro. No início teve muito sucesso, mas seu negócio foi minguando – quase quebrou –, e ele decidiu que estava na hora seguir em frente. Um dia, vivendo a sua liberdade de mudar, decidiu que não trabalharia mais naquilo, já não gostava da profissão. Desfez-se da corretora e partiu para outra.

Débora conhecia o marido o suficiente para saber que ele não voltaria atrás. Certa vez, viajando para os Estados Unidos, John observou que tudo era alugado. Os norte-americanos já praticavam o conceito da não propriedade. O recomeço partiria daí.

– Assustei quando o John decidiu entrar no negócio de locação de móveis – lembra Débora. – Armazém, móveis, era um pesadelo. Para complicar, ele não entendia nada de arquitetura e decoração. Mas foi aprender tudo sobre o negócio que estava abrindo. E eu confiava nele.

O futuro era incerto. O presente, por sua vez, mandava a conta.

– Mudamos os filhos de escola, fomos morar em um sobradinho modesto, encolhemos e começamos uma vida nova. Foi um recomeço partindo do zero. Não tínhamos dívidas, mas também nenhuma poupança.

"Vai atrás" era a senha de John para prospectar clientes. Lia jornais e inteirava-se dos movimentos do mercado, das empresas chegando ao Brasil, ou mesmo só investindo aqui. Então, John ia atrás. Fiel a seu lema.

Débora recorda os primeiros passos:

– O sobrado ficava no Alto da Boa Vista, em São Paulo, e a sala fazia as vezes de galpão. Naquele início, era tudo conosco. Comprávamos, alugávamos e a própria família, formada pelos filhos Johnny e Pamela, entregava os móveis.

John era bom de vendas e de relacionamento. Débora fazia o restante. O que o casal tinha em comum era "tudo para o cliente".

– Desenhamos como é que íamos atender ao cliente – conta Débora. – Pensávamos também nas competências que os nossos colaboradores teriam de ter nesse tipo de negócio.

A preocupação não era só com o cliente, mas também com o colaborador, embora a princípio não houvesse nenhum.

Tudo começou em 1998, um ano de aprendizado. No seguinte, John foi em busca de um sócio investidor. As coisas começaram a acontecer, mais por acaso que pelo dinheiro. O volume de entregas foi crescendo. Cada uma era um acontecimento. Deu, então, para alugar um galpão e contratar gente.

Nascia uma empresa disposta a manter, durante toda a sua existência, a liberdade para mudar.

Pegando fogo

O incêndio no prédio da Eletrobras, em 2004, na esquina das avenidas Getúlio Vargas e Rio Branco, no Rio de Janeiro, deixou oitocentos postos de trabalho comprometidos.

A empresa ocupava onze andares do edifício. Nos outros ficavam a SulAmérica e o Banco Real. No dia seguinte ao incêndio, a John Richard entregava 580 postos de trabalho em dez endereços diferentes. Foi uma verdadeira "operação de guerra", atendendo às necessidades das três empresas. Na outra semana, complementou os demais postos desguarnecidos.

A tal "operação de guerra" estruturava a logística que viabilizava a saída dos móveis do estoque de São Paulo para os onze endereços diferentes no Rio de Janeiro. Mesas, cadeiras e gaveteiros, tudo devidamente montado para as equipes voltarem a trabalhar.

Nasceu assim a filial no Rio de Janeiro, a segunda unidade da John Richard.

As empresas costumam manter o padrão mobiliário. A solução para uma unidade, portanto, é adequada para as demais. As implementadas no Citibank em São Paulo também serviam para as unidades do Rio de Janeiro e de Belo Horizonte. Atuar em outros estados fez com que a John Richard mantivesse a proximidade para assegurar o bom atendimento onde o cliente estivesse. Dessa forma, a expansão da empresa aconteceu naturalmente. Surgiram as novas filiais: Curitiba, Belo Horizonte, Salvador, Distrito Federal.

Ao expandir-se, a John Richard agregava novos clientes. Foi o caso da Volvo, da Texaco e do HSBC, em Curitiba, e da Ford, no Complexo de Camaçari, na Bahia.

O mercado era quase inexistente no Brasil quando John e Débora fundaram a empresa, que nasceu inovadora. Entregava móveis novos e, quando retornavam, eram reformados com tal esmero que se renovavam.

A John Richard chegou ao patamar mais alto do segmento que criou, tornando-se a maior empresa brasileira de solução mobiliária como locação, tanto no mercado corporativo como no residencial. Tem armazéns distribuídos em seis estados, sempre com foco na alta qualidade dos serviços e na agilidade do atendimento.

Em duas décadas de existência, podemos dizer que a empresa, metaforicamente, pegou fogo.

Retirada radical

Entre os diferentes galpões para os móveis e utensílios, abrigam-se as áreas de manutenção, marcenaria e tapeçaria. São vários serviços para higienização, desinfecção, reparos técnicos, troca de peças ou de tecidos e enchimento. Envolvem múltiplas competências para a transformação completa de um móvel que regressa marcado por uso intenso.

Na parte externa da sede, a pérgola é entremeada por ervas e árvores frutíferas, dando um ar campestre para aquele incrustado endereço na capital paulista, com espaço coberto para refeições.

John Richard já havia preparado a sucessão, aceitando a vinda de Pamela, fato impensável tempos atrás. John e Débora queriam que os filhos seguissem seus próprios caminhos, independentes da escolha que os pais fizeram ao adentrar no mercado de locação de móveis.

– Quando o sócio-investidor saiu, eu cheguei – conta Pamela. – Comecei a trabalhar nas áreas financeira, de marketing, logística, e depois comercial, em que meu pai atuava. "Vou sair, estou velho", ele disse. Assumi em janeiro de 2018, depois de oito anos atuando nas diversas áreas.

– Ele era forte e decidido no que fazia – completa Débora. – Embora apostasse no trabalho da Pam, era muito difícil para ele deixar de dar as cartas.

John dizia que o serviço de locação, embora antigo no mundo, ainda estava sendo descoberto no Brasil. Precisava de uma cara nova, que ele não acreditava ser a da novidade que o mercado pedia. Resolveu sair. Empreendedor inquieto que era, pensou em um novo projeto e abriu outra empresa. Mas a sua retirada seria ainda mais radical. John se foi dessa vida para continuar empreendendo em outra dimensão.

Deixou, porém, o seu legado. Dizia que vender é consequência. Ele adorava se sentar à mesa, receber as pessoas, fazer trocas. Sabia ouvir. Dizia que é preciso conhecer o cliente antes de ligar para ele. Criava relacionamentos e os mantinha, inclusive com funcionários egressos da empresa.

Criativo e inovador, seu legado vai ter continuidade sob a marca que leva o seu nome para além do que ele poderia sonhar e de uma realidade inimaginável: a chegada da pandemia.

Ao redor da mesa

A partida de John e a chegada da pandemia significaram uma série de desafios. Houve a paralização de 75% do negócio corporativo. Na pandemia, inúmeros móveis foram devolvidos, atulhando os espaços físicos. A herança deixada por John estava sendo posta à prova. O momento requeria inovações, dentre as quais o Projeto Mesa.

– O mundo pode ser melhor se a gente repensar a forma de consumir – diz Paôla, líder na John Richard e referência por sua capacidade de comunicação e entusiasmo.

É aí que entra o Projeto Mesa. Quem não gosta de sentar-se à mesa? A mesa tem uma simbologia muito forte, desde a de casa até a da empresa, passando por tantas outras. Existe a mesa da troca, da negociação, mas também a da comunhão e da comensalidade. A mesa tem um poder relacional. Remete a liberdade e igualdade. Nós nos humanizamos ao seu redor.

O Mesa surgiu como uma comunidade de relacionamento com parceiros e clientes. A intenção é conectar pessoas, cultivar relacionamentos e compartilhar experiências de forma que promova aprendizado e inovação. Entre suas finalidades estão dar respostas e repensar a lógica de consumo com quem está ousando boas práticas e transformando espaços de um jeito diferente.

O temário é amplo e abrange desde as tendências de um mercado que está mudando abruptamente até a propalada sustentabilidade, passando pelas especulações sobre o futuro do trabalho, do escritório e também da moradia. Os impactos da pandemia mudaram consideravelmente a vida, na casa e no mundo corporativo.

– A grande maioria das empresas está repensando o modo de trabalho – observa Pamela. – Vai ser híbrido, não vai, terá novas ferramentas? As mudanças já vinham acontecendo, provocadas pelas start-ups de tecnologia, mas foram aceleradas pela pandemia. Antes, porém, já se manifestavam no jeito de liderar e na necessidade de propósito, de engajamento, de pertencimento. O rompimento das hierarquias já vinha acontecendo, também. Toda mudança mexe no espaço físico. Embora fosse anunciada e em muitos casos até estivesse em curso, poucos se prepararam para ela.

– Existe ainda uma grande dúvida sobre a infraestrutura do home office – prossegue Pamela. – A questão do desenvolvimento das pessoas, das lideranças, de como receber autonomia. As empresas querem promover um espaço adequado onde o talento estiver.

A pandemia colocou às claras o fato de que não temos controle de nada. Tudo muda o tempo todo.

O Mesa existe para dirimir dúvidas, mas também para pensar soluções. Nele são compartilhados os aprendizados e as informações, transformando esses conhecimentos em inteligência para o negócio.

– E o que fazer com o espaço físico nas empresas? – indaga Pamela. – O que é preciso ter para atender às necessidades de quem está dentro, de quem está fora, de quem passa de vez em quando? Para complicar, existem ainda as questões legais a conhecer e tratar.

Paôla continua:

– No Mesa, tudo é cocriado. Nós pensamos como provedores de serviços, os clientes pensam como usuários. Buscamos compreender a nova realidade vivida por eles. Quais são as dores do RH? Do gestor de instalações ou *facility manager*? Da segurança do trabalho? A posse do móvel é uma parte da história. Usá-lo adequadamente é outra, bem distinta e complexa.

– Foi nas conversas do Mesa que cocriamos as novas soluções corporativas – emenda Pamela. – Mobiliário para home office, considerando a ergonomia, entregue na casa de cada colaborador das empresas.

Enquanto isso, os espaços coletivos também estão sendo reinventados:

– Empresas estão retornando aos escritórios, buscando transformar os seus espaços, repensando seu layout para ambientes mais flexíveis e colaborativos – explica Pamela. – Sem querer investir, buscam o acesso em vez da propriedade. A assinatura de móveis corporativos, com opção de compra, cresce e se consolida.

No Mesa, a empresa alimenta e é alimentada pelos clientes e parceiros. É mais uma forma de viver o lema da John Richard: a liberdade para mudar, agora mais urgente do que nunca. Para se ter uma ideia de como o empreendedor enxergava longe!

O voo do pássaro

Liberdade para mudar! O que melhor representa a liberdade do que um pássaro batendo as asas, livre para voar? Nesse caso, não qualquer pássaro. Precisava de um que fosse de fácil pronúncia e representativo do novo projeto da John Richard. Ele já estava à espera, pronto para ser encontrado.

O tuim é uma ave verdinha e dócil. Vive em pares, nos centros urbanos. É o menor dos periquitos brasileiros, porém robusto. Canta ao amanhecer, anunciando o dia. Muito ativo, está sempre fazendo pequenas migrações em busca dos melhores frutos. Na época reprodutiva, procura ninhos vazios de joão-de-barro. Tão logo termina a fase de cuidado com as crias, retorna às migrações.

O tuim era a referência que faltava para a mais recente inovação da John Richard. Depois de se especializar no mundo corporativo, chegou a hora de focar nas pessoas físicas. Tal como o tuim, muitas estão sempre em movimento, não se amarram, mudando de uma casa para outra.

– É possível alugar qualquer coisa para casa, dos móveis aos utensílios – diz Jason, responsável na Tuim por criar uma nova consciência de consumo de móveis na sociedade. – É um olhar para a pessoa física, um tanto diferente da pessoa jurídica, pois remete mais à variedade e à agilidade, um processo totalmente digital e prático.

As pessoas já não pensam mais na casa própria, como foi obsessão no tempo dos pais e avós, sequer em carro. A cada mudança, os móveis podem se transformar em empecilhos, pela necessidade de vendê-los ou jogá-los fora. Seja qual for a alternativa, vai tomar um tempo que geralmente não está disponível para esse fim.

E quanto aos utensílios domésticos, vale mesmo a pena investir R$ 500 em algo que vai ser usado uma ou duas vezes ao ano, a exemplo de uma furadeira?

– Na pandemia, eu comecei a cozinhar – conta Pamela – e precisava de uma batedeira. Mas não queria uma qualquer e sim uma caríssima KitchenAid. Vale a pena comprá-la para usar algumas vezes ao ano e ainda ter de arranjar lugar para guardá-la na cozinha? Afinal, o desejo é de fazer o bolo, não de possuir uma batedeira.

Jason esclarece:

– Dentro do Projeto Tuim, existe o TuimBox, com o mesmo conceito de uso em vez de posse. Imagine um grande armário com cafeteira, batedeira, liquidificador, situado no hall de entrada do condomínio, compartilhado por todos os moradores.

Jason se refere a itens para locação *on demand* ou uma assinatura do *locker*, que dá acesso a todos os produtos.

Importante é o acesso, não a propriedade. É possível usufruir da batedeira KitchenAid, bem como de tantos outros utensílios domésticos, sem precisar despender muito dinheiro para esse fim nem espaço para guardá-los. Essa é a solução TuimBox.

– A tendência é ter liberdade para mudar – declara Pamela. – Não é porque os espaços são temporários que se dispensa o conforto. É possível observar uma grande mudança de comportamento em relação ao que era tradicional. Começamos com mobiliário, introduzimos eletrodomésticos e eletroportáteis e, para uma solução completa, artigos de decoração, incluindo roupa de cama.

Estamos vivendo um novo mundo. A capacidade inovadora e a liberdade para mudar da John Richard não param por aí. Existe também o Projeto Sofá.

Revitalizar para doar

Quem já não viu, andando por esquinas das grandes cidades, móveis e sofás sendo jogados fora? E, por outro lado, gente que não tem nenhum desses confortos?

– Por semana, onze toneladas de sofás são descartadas indevidamente só na cidade de São Paulo – informa Paôla.

Jason continua, aprofundando a questão:

– Alguns móveis já fizeram a sua parte, pagaram a conta e não servem mais a quem os usava, mas estão em boas condições e podem ser úteis a outras pessoas. Então, a gente os revitaliza, dando-lhes um novo e bom destino, seja para algum orfanato, asilo, creche ou outra instituição do gênero.

Pamela conta que o armazém da empresa estava cheio de móveis devolvidos, mas nem sempre deteriorados:

– Muitas vezes estão apenas fora de linha. Não tem demanda para eles. Precisávamos de alguma forma descartá-los para liberar espaços. E qual era o seu destino final? Vendíamos no outlet, em leilões ou os doávamos.

Embora doações já acontecessem na John Richard, o Projeto Sofá foi desenhado para que se torne uma prática viva e contumaz na empresa, dando um novo começo para cada peça continuar contando a sua história.

– Agora, nosso trabalho é ir à instituição, entender qual é o espaço disponível e oferecer o que for preciso – conta Pamela.

A outra frente dessa mesma iniciativa está ligada ao Projeto Tuim, informa Jason:

– Muitas vezes nós ouvíamos os clientes dizerem: "Eu queria doar um sofá, mas o que eu faço?". Descartar móveis é algo supercomplicado. Então, ajudamos o cliente e a instituição que vai se beneficiar da doação, não sem antes revitalizar a peça.

Paôla indaga:

– Quantas pessoas não têm um sofá para se sentar ou uma cama para se deitar? Um móvel transforma o espaço, muda uma vida. Mesas, camas, sofás são os mais desejados nas casas.

A pandemia flagrou moradias inadequadas para o trabalho e o estudo. Cadeiras e mesas domésticas não foram feitas para isso.

– Quantas crianças continuam o *homeschooling* sentadas no sofá, deitadas na cama ou agachadas no chão? – continua perguntando Paôla. – Uma cadeira ergonômica faz toda a diferença para quem estuda.

O Projeto Sofá vem para mostrar que dar nova vida ao móvel pode ser também dar nova vida às pessoas.

– Imagine que a cadeira Doroteia passou pela empresa X, contribuiu para o projeto Y, em seguida passou no centro cirúrgico, onde foi recauchutada, teve um implante de cabelo, mudou de corpo, coloriu-se de roxo, e começa sua nova vida na casa da família Z – brinca Paôla.

Pamela tem até um nome para isso:

– É um processo conhecido como *upcycle*, que significa dar uma nova oportunidade para aquele móvel.

Jason, sempre aberto a novos desafios e à inovação, resume:

– Faz parte da economia circular em prol da sustentabilidade.

E Pamela acrescenta exemplos:

– Nosso sonho é fazer caminhas para pet utilizando as espumas que sobram dos sofás. Tudo pode ser aproveitado quando se tem um projeto que permite pensar a respeito. Uma cadeira pode renascer graças ao talento de algum artista ou grafiteiro. Assim, ressurge para viver uma nova história.

Liberdade para mudar, mas também para sonhar e imaginar, portanto.

– Imagine o Dia do Sofá, convidando alguns talentos para ajudar na reforma e no renascimento dessas peças. Como seria, por exemplo, uma mesa com desenhos do Kobra? – diz Pamela, animada com o que lhe vem na mente.

Tanto as pessoas como os objetos devem ser tratados como sujeitos. E se os objetos forem tratados como sujeitos, vai ser muito difícil tratar pessoas como objetos. Essa é a filosofia que vai além do Projeto Sofá.

– A gente sabe quanto tempo de vida tem cada móvel – continua Paôla. – Todos têm código de barras, então é possível acompanhar a sua trajetória, as empresas pelas quais passaram, a quem serviram, a sua história, enfim.

É a vez de Pamela arrematar:

– Transformamos espaços em experiências únicas, seja para os nossos clientes, seja para aqueles que se beneficiam dos móveis que passam por aqui.

A mudança libertadora

"Tudo muda o tempo todo. Nós, também." Esse é o lema da John Richard. Traduz o espírito criativo e inovador da empresa.

– Temos uma característica muito positiva que é olhar para a oportunidade – esclarece Pamela. – Poderíamos ter fechado a empresa se ficássemos apenas na locação de móveis para o corporativo. A gente virou a marca. Estendemos para a solução por meio de serviços.

Ergonomia e bem-estar, gestão facilitada, flexibilidade e mobilidade considerando a rotatividade do negócio, planos sob medida para empresas e pessoas.

Para a John Richard, não existem limitações de mercado. A meta é trabalhar com ideias ilimitadas. Com atenção e talento, algo que a equipe tem de sobejo.

Acesse este QR Code e conheça os protagonistas desta história.

EBCO – FAZER O BEM FAZ BEM

Assim seremos solidários
Decididos, peito aberto com você
Vamos ao encontro, com certeza
Temos muito, muito por fazer
GUEGO FAVETTI

Ter um projeto de responsabilidade social era o sonho de Luiz Cláudio, líder da EBCO Systems. Ao vivenciar o último terço de sua vida profissional, ele começa a pensar em outras dimensões da riqueza e faz uma analogia:

– A vida da gente é igual a um jogo de futebol de 90 minutos, só que de cerca de 90 anos. Você se prepara nos 30 minutos iniciais, tem mais 30 para mostrar a que veio e, depois, os 30 finais é para deixar um legado.

A trajetória de Luiz Cláudio começa como estagiário na antiga ARSA (Administração dos Aeroportos do Rio), posteriormente incorporada pela Infraero. Quando estava no quarto ano da faculdade de Engenharia, ainda como estagiário, ele resolveu trabalhar na mítica GE (General Electric), mais precisamente na divisão que fazia a manutenção do aeroporto do Galeão, a MPE (Montagens e Projetos Especiais). Era o ano de 1982. Foi quando conheceu o belga Jacques Paul Barthelemy.

Jacques, engenheiro de formação, atuou como fotógrafo no Vietnã, antes de decidir vir para o Brasil, em 1976, quando estavam sendo construídos os aeroportos de Confins, Galeão, Manaus e Guarulhos. Depois de se instalar e conhecer melhor as características do país, em 1982 fundou a EBCO (Empresa Brasileira de Comércio), escritório de representação comercial da GE para promoção e vendas de sistemas aeroportuários. Cada vez mais reconhecida, em 1994, a empresa passou a aparelhar os principais aeroportos brasileiros com sistemas para a inspeção de bagagens.

Enquanto mantinha boas relações com Jacques, Luiz atuava na MPE, aprendendo a cartilha do lendário Jack Welch, considerado o executivo do século. Apesar de concordar com as diretrizes admiráveis do icônico líder, o executivo começava a se incomodar com os cacoetes da velha economia. Então, depois de permanecer 25 anos na empresa, no ano 2009 ele pediu demissão, para trabalhar com Jacques na EBCO.

"Por que trocar uma empresa de 5 mil funcionários por outra com apenas 160?" Luiz ouviu muitas vezes essa pergunta, para a qual tem uma resposta esclarecedora:

– É possível administrar uma empresa com 160 funcionários para atingir a excelência, algo muito difícil em uma com 5 mil. Descobri também que as multinacionais gostam de si mesmas, e eu queria uma empresa que gostasse do cliente.

Virar a mesa de maneira tão radical, a princípio, não foi tão simples como Luiz podia ter imaginado. Lembra, hoje, do frio na barriga diante do novo desafio, das dúvidas sobre a decisão tomada e do sentimento que o tomou ao chegar em um ambiente desconhecido:

– Momento aterrorizante na vida de uma pessoa: o primeiro dia no novo emprego. Quando cheguei ao escritório, perguntei a mim mesmo: o que estou fazendo aqui? Passei a vida inteira em construção e montagem e agora vou vender equipamentos de raios X! Que loucura estou fazendo?

A transição dos líderes foi muito rápida e, em seis meses, Jacques resolveu passar o bastão para Luiz, que não tardaria a enfrentar novos desafios.

Em 2011, viu-se diante de um impasse: a empresa continuar ou encerrar suas atividades. Representava uma das maiores fabricantes de scanners do mundo – equipamentos de raios X para fiscalização de bagagens e contêineres – e a fabricante resolveu se instalar no Brasil. Com a cisão, a EBCO ficou com uma operação pequena, sustentada por equipamentos obsoletos. Parecia o fim!

Pois naquele mesmo ano a Associação Brasileira dos Terminais de Contêineres, que congrega a maioria desses equipamentos, lançou uma carta-convite para a compra de treze scanners e outros acessórios. Para se ter uma ideia, no Brasil só havia três deles. Além do fornecimento, estavam incluídos no pacote três anos de contrato de operação e dois anos de manutenção. Uma fábula de dinheiro! Na proposta apresentada, a EBCO montou um consórcio juntando competências de três empresas, incluindo o fabricante dos scanners.

Terminais únicos

No dia 15 de fevereiro de 2012, depois de um lapso de tensão e espera que parecia interminável, a EBCO ganhou a concorrência. Era o recomeço!

A vocação da empresa, no entanto, havia mudado. Antes, focada na distribuição e representação de grandes fabricantes, sem muito serviço agregado. Depois, prestar serviços passou a ser a sua principal atividade. A empresa, que ficara com oitenta funcionários no final de 2011 – a cisão havia provocado demissões –, já empregava quatrocentos no final de 2012, com gente espalhada pelo Brasil inteiro.

Luiz logo notou que prestar serviços é outra arte:

– Quando você tem um produto, um folder com as especificações técnicas esclarece as dúvidas do comprador. Quando você tem uma empresa de prestação de serviços, o folder é cada um dos colaboradores da empresa.

O *boom* da qualidade, que depende de normas e procedimentos, ainda se mantinha como algo praticamente obrigatório. Era preciso que fosse atestada e certificada. E que seguisse uma série de padrões, descrições, supervisões, além de se submeter à auditagem periódica. Sempre linear e analítica. Racional e lógica, portanto. Busca a produtividade e a eficiência. Somente um poderoso aparato externo pode garantir que as coisas sejam feitas dentro de determinado modelo. Pois a ISO 9001 entrou nos processos da EBCO, em 2017.

Luiz observava, no entanto, que cada terminal era único. De nada adiantava, portanto, padronizar os procedimentos. É aí que entra a excelência nos serviços. Excelência difere muito de qualidade. É sistêmica, transformadora, criativa e emocional. Está relacionada com serviço ligado ao cliente, não agregado ao produto.

A partir daí a EBCO não seria mais conduzida apenas por um manual de procedimentos, mas por valores que habitavam a mente e o coração de cada colaborador. Em 2020, os norteadores das decisões e ações da companhia seriam: empatia, ética, comprometimento, gratidão, união e respeito.

A principal fonte de poder e conhecimento é constituída justamente por valores, formando uma consciência coletiva a conduzir aos melhores caminhos.

Foram criadas as Rodas de Valor, encontros que proporcionam trocas de experiências, disseminação do processo de aculturamento e uso das ferramentas para auxiliar no trabalho em equipe.

– Redesenhamos os processos a quatro mãos com os terminais. Respeitamos suas particularidades – conta Luiz. – Cada equipe tem a cara do terminal.

Criada como escritório de representação comercial para a promoção e a venda de sistemas aeroportuários no Brasil, a EBCO segue adiante com o *know-how* da prestação de serviços de excelência.

Mas do que falávamos mesmo? Do último terço da vida profissional de Luiz Cláudio e de seu desejo de implementar um projeto de responsabilidade social.

Os arautos

Ao procurar defesa contra uma multa indevida de ICMS, Luiz contratou Adermir Ramos. O renomado advogado conversava com seu empregador não apenas sobre as questões fiscais e jurídicas, mas também sobre as aspirações de responsabilidade social. Foi quando Adermir Ramos, o pai, apresentou Adermir Ramos, o filho, a Luiz. O ponto de partida para esse movimento estava no inconformismo diante da realidade de jovens despreparados.

– A gente os contrata e eles vêm com uma deficiência muito grande em português e matemática – disse Luiz ao advogado. – Os jovens têm segundo grau completo e mal sabem escrever. Reclamar deles é muito fácil, mas não resolve a questão. Precisamos arrumar isso.

Luiz pensava em oferecer aulas de reforço para diminuir o déficit de aprendizado. Adermir lhe apresentou sua esposa, Tania, e juntos indicaram o SouPaideia. Trata-se de um projeto criado por Fabiana Iñarra – protagonista de outra história – que, ao invés de salientar a instrução, realça a educação (essa abordagem está definida no capítulo sobre o Colégio Soter). No diálogo com Luiz, o casal comentou sobre as particularidades dessa fase da vida, repleta de novidades, decisões, questionamentos, dúvidas, aprendizados e curiosidades. O desafio estava em direcionar toda a energia natural da juventude para um bom caminho, orientado por um propósito.

Nesse programa de educação espera-se que o jovem tome conhecimento do que sabota a realização de seus desejos e também de que é necessário colocar força para que eles aconteçam. O processo do SouPaideia é elaborado para que, ao final, cada participante seja capaz de descobrir o propósito que dará sentido e significado à sua vida.

Trata-se, portanto, de autoconhecimento fundamental para as escolhas em relação ao futuro, por isso, a educação antes da instrução. É mais impactante na vida dos jovens do que o reforço nas matérias escolares, embora estas também sejam importantes. Era o que Luiz queria quando pensava em responsabilidade social:

– Sempre acreditamos que tínhamos um caminho para atingir o que pretendíamos. Queríamos o bem, mas não sabíamos como fazer o bem. É bom encontrar pessoas que pensam como a gente e olham com a mesma perspectiva.

Luiz volta a lembrar dos seus sentimentos no aterrorizante primeiro dia de trabalho. Na EBCO, foi desenhada e é realizada uma estreia bem diferente da que vivenciou. Ele esclarece:

– Ao chegar, no primeiro dia, o funcionário é recebido para se sentir bem e acolhido. A gente tem a mania de falar que o cliente é o rei, mas aqui todos também somos reis.

Reis servidores

Para promover a descoberta de propósito em jovens aprendizes, a empresa teria de fazer a sua parte: definir um propósito ao qual todos pudessem conectar-se.

Do escritório de representação comercial para promoção e venda de sistemas aeroportuários, a EBCO evoluiu para os serviços prestados com excelência. Evolução de propósito é também evolução de consciência, como bem comprova a última definição a esse respeito: "Inspirar pessoas que primam pela confiança e segurança das Nações, criando relações singulares por meio de uma cultura ética e humana".

Sem dúvida mais amplo e desafiador, o propósito pode perfeitamente ser realizado por uma equipe de reis servidores atuando em portos, aeroportos, presídios, prédios públicos e terminais logísticos. São mais de 3 mil equipamentos mantidos ou operados pelo conjunto de nobres colaboradores.

– As coisas estão fluindo com uma naturalidade maior – conta Brito, responsável por gerenciar a área técnica e de manutenção. – Parece que não existe aquela imposição de que algo precisa sair de determinado jeito. Precisa sair, sim, mas no seu tempo, sem tentativas de apressá-lo.

Fabiano, gerente de operações, compartilha o que está acontecendo nesse sentido:

– Mudanças ainda estão em curso. Mesmo que os clientes não entendam muito bem o que a gente está fazendo aqui, eles começam a sentir. Por mais que se tenha uma relação mútua de longa data, eles continuam naquela posição de dar uma apertadinha aqui, forçar um pouco mais ali. Contudo, noto avanços. Algumas relações que eram de desconfiança agora são relações de confiança.

Fabiano observa que as conquistas não são tópicas, mas fazem parte de uma mudança cultural na empresa e que começa a se refletir no conjunto:

– Antes, a relação de confiança acontecia com um ou outro cliente. Agora, nesse novo jeito de se relacionar, ela permeia a empresa toda.

Rômulo, responsável por coordenar as equipes de operação das regiões Norte, Nordeste e Sudeste, acrescenta:

– Antes a EBCO era muito mais técnica, ou seja, não tínhamos relações pessoais. E mesmo as formais mereciam pouca atenção. Alinhamento e equilíbrio é como eu resumiria a cultura da empresa atualmente.

Paula, responsável pelo desenvolvimento humano, concorda:

– Estamos trabalhando mais alinhados e cuidando melhor dos relacionamentos, inclusive com as equipes internas e as que externamente atendem aos clientes.

Paula discorre sobre a sua experiência no RH:

– A gente se relaciona muito mais e não só entre os líderes, mas com toda a equipe. Durante a pandemia, aprendemos a nos comunicar melhor, mesmo à distância. Antes, teria de me deslocar a outros destinos (Rio Grande, por exemplo) para conversar com as pessoas. Agora consigo manter a proximidade marcando a reunião com todos da equipe. A gente descobre que a vida, não só na empresa, se faz por meio das relações, mesmo remotas.

Vocação para servir

– Eu venho de outra economia, anterior até à velha, uma economia da selva ou ainda anterior – confessa Laura, responsável pela área de gestão de contratos e suprimentos. – E é muito gratificante e inspirador estar em uma empresa onde as pessoas discutem valores e o lucro acontece naturalmente.

Laura, com espontaneidade e enfática diante de suas inquietações, aposta no futuro e reverencia o passado:

– Chegamos até aqui porque o passado fez sentido. Nós somos o que somos por conta do nosso passado. Tomando como exemplo o presente, esse momento de transição, de aculturamento, de mudança pelo qual estamos passando, o futuro que nos aguarda só pode ser melhor, com muita luz.

Fabiano retoma o tema do cliente, certo de que a empresa ampliou o espectro da oferta:

– O cliente começa a perceber que a gente não se limita ao que está escrito, mas que oferecemos algo a mais. Não é simplesmente o contrato, a regra do jogo, mas vai além. Quando o cliente começa a perceber que existe um alinhamento, seja de decisões, ações, valores, propósito, então ele compreende o algo a mais como parte da cultura. E o algo a mais é o que nos dá mais prazer de fazer.

Rômulo, com a sua peculiar capacidade de observação, indaga, já com uma resposta pronta:

– Que lucro teremos olhando somente para os lucros? É preciso olhar para os clientes com outros olhos para que eles também nos olhem com outros olhos.

Paula emenda, ampliando a visão:

– Esse é um processo em que todos nós evoluímos como seres humanos e em que nos complementamos. É o propósito de cada um de nós, no conjunto, nos conectando ao propósito da obra comum. Estamos crescendo em todas as dimensões, incluindo a econômica. Assim, gradativamente fortalecemos nossas competências e cultura, com a equipe e os clientes.

Brito, analítico e bom observador, aproveita para fazer uma comparação pertinente:

– Eu trabalhei em muitas multinacionais, e o que a gente percebe nelas é muito processo e burocracia sem significado. São coisas vazias. Trabalha-se, busca-se o resultado, mas sem significado. O lucro permanece acima de qualquer outra coisa.

Com a autoridade de quem faz parte dessa história desde o começo, Brito prossegue:

– A nova economia é o oposto, pois as pessoas conseguem ver significado no que estão fazendo, podem mesclar sua chama interior com o chamado da empresa, ou seja, o propósito. A soma das chamas é a força motriz que vai impulsionar a empresa para a frente. Cada um faz aquilo que é da sua natureza, externando todos os seus talentos. É algo que vem de dentro para fora, por isso tem uma força muito grande.

E acrescenta, no seu jeito de falar:

– Nós gostamos de prestar serviços, somos servidores, oferecemos nosso trabalho bem-feito. E é muito prazeroso entregá-lo! E esse prazer não tem fim. Cada dia inventamos uma coisa nova e isso faz parte do propósito coletivo que estamos vivendo.

Para Brito, o aumento do quadro de pessoal significa, também, expansão da potência da empresa:

– Ao nos concentrarmos nesse embalo, vamos fazer mais. Juntando mais gente, conseguiremos mais braços para fazer mais. Vejo um grande futuro à frente.

Rumo à economia ao natural

– Jacques tinha a idade que tenho agora quando me passou o bastão – relembra Luiz. – Eu tive a sorte de conhecê-lo e desde 2009 honro a confiança que ele depositou em mim.

Tal confiança veio na forma de carta branca para que Luiz pudesse fazer o que o seu coração pedia:

– Eu queria a responsabilidade social. Descobrimos que podíamos vivê-la por meio de jovens aprendizes. Atualmente, somos cerca de 610 colaboradores atuando no Brasil e na Nicarágua, em quarenta instalações. Temos jovens em Santos, Paranaguá, Itajaí, Manaus, Salvador, Natal e até no exterior. Somos uma união de pessoas que sonham, criam e produzem.

– O jovem faz parte da nossa essência – acrescenta Paula. – O nosso quadro de funcionários não se limita aos aprendizes, mas é, hoje, mais jovem por conta disso. Aprendemos muito com eles, pois nos ajudam a crescer, trazem coisas novas, renovam a nossa energia com a curiosidade que têm do mundo.

Apostar na juventude é um dos aspectos da responsabilidade social, também ampliada para a integração, esclarece Luiz:

– Estamos contratando jovens surdos. Já temos quatro. Mas enfrentamos dificuldades adicionais. Um cliente avisou que não queria surdos na escalação do time destacado para atendê-lo. O egoísmo é o pior mal da humanidade. Mas veja o que aconteceu: o mesmo cliente nos chamou, depois, para apresentarmos a ele o nosso projeto "Olhos de Lince", justamente dedicado à inclusão de surdos na equipe.

Pessoas surdas, geralmente, têm uma acuidade visual acima da média. Com isso, a atividade de um operador e inspetor de carga é apropriada para eles, pois o foco e a atenção são maiores na hora da análise da imagem.

Luiz sabe que sempre se pode ir além:

– Quem aprendeu a lidar com quatro pode lidar com quarenta. Então é possível viver uma nova economia inclusiva. Quando a gente irradia o nosso centro para o coletivo, todos têm muito a ganhar.

Ele mesmo confessa que antes não tinha tanta clareza:

– Eu tinha uma visão distorcida de para onde queria ir, mas ela foi clareando, clareando e felizmente está bem mais clara hoje, em meu último terço de vida. A EBCO não tem meta de faturamento, mas de crescimento equilibrado. Corpo, mente e alma. Precisa sobrar dinheiro, pois se não sobrar, a empresa acaba. Mas a EBCO é, na essência, um processo de evolução humana.

E acrescenta, sobre si mesmo:

– Não é mais a figura do líder que importa, mas da liderança. Não é o *eu*, mas o *nós*. Antes havia o Luiz profissional e o Luiz pessoa. Na velha economia você incorpora papéis. Unifiquei os dois. Hoje sou um só. Na economia ao natural você não tem papéis, você é o que é.

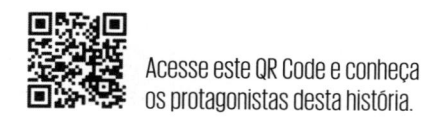

Acesse este QR Code e conheça os protagonistas desta história.

TAIRONE – O CEO DA NOVA ECONOMIA

Preciso como o tempo
Me levo com o vento
Nadando meus caminhos
Criando trajetórias
ADRIANA DEFFENTI

Macaé, petróleo, dólares, negócios, EBITDA, carreira, família. O que essas palavras têm em comum? Elas tecem um enredo. Desta vez, não o do empreendedor ou empresário e da organização, a exemplo das outras histórias, mas o de um *Chief Executive Officer* que soube, com maestria, migrar da velha para a nova economia e ser – ele mesmo – a sua principal obra.

Nascido em Belo Horizonte, o torcedor do Galo e campeão mundial faixa preta de jiu-jitsu mudou-se ainda jovem para Macaé, no interior do Rio de Janeiro. A cidade é conhecida como a capital nacional do petróleo.

A vida profissional dele começou na empresa do pai, a Alphatec. Mário Wilson foi a principal referência de Tairone, como empreendedor, empresário e líder. Sem nunca ter feito faculdade, o que ele tinha era um jeito próprio de liderar e uma capacidade imensa de trabalho.

– Eu soube aproveitar as oportunidades que ele me deu – declara Tairone.

A palavra *oportunidade* o acompanha durante toda a sua trajetória. Companheira invisível, enxergá-la quando se apresenta é o dom de Tairone.

Começou na empresa familiar como office boy e desenvolveu as competências da engenharia, tanto na teoria como na prática. Por gostar da área técnica, nela concentrava seus estudos e aprendizados via cursos que escolhia fazer. Tornou-se líder dos técnicos. Aos 20 anos de idade, assumiu o seu primeiro cargo de gerência, algo que ele mesmo credita a uma vocação especial:

– Embora tenha formação específica, sempre fui bom em relacionamento. Comecei a ir para a área de negócios.

Aos 21 anos, ele fez intercâmbio nos Estados Unidos e aprendeu a falar inglês fluentemente, com foco em negócios internacionais. Quando várias empresas estrangeiras aportaram em Macaé, por causa do *boom* do petróleo no começo dos anos 2000, Tairone, já de volta, estava preparado: tinha os conhecimentos necessários e o idioma para interagir com elas. Naquela altura, já havia sido conquistado pelos negócios e pela atividade comercial.

Tairone trabalhou com seu pai, Mário Wilson, durante duas décadas, até que, em 2012, a empresa familiar crescera a ponto de chamar a atenção de um grupo americano disposto a entrar em Macaé. Um ano e meio depois, o negócio estava fechado com uma empresa norte-americana de Houston, que adquiriu a divisão de *risers* de perfuração da Alphatec.

Risers são equipamentos utilizados na perfuração de poços para exploração de petróleo *offshore*. Nessa modalidade, a Alphatec era a melhor prestadora de serviços de inspeção e reparo.

As condições da transação incluíam o próprio Tairone, devido a seus conhecimentos sobre tecnologia, os clientes e o mercado. O acordo valia para os próximos dois anos. Em fevereiro de 2013, ele assumiu o cargo de CEO da empresa, mais tarde denominada AFGlobal, abrangendo, além do Brasil, toda a América Latina e a África.

No final desse período, a AFGlobal foi comprada por um banco, que se tornou majoritário. A aquisição por US$ 700 milhões representava uma valorização de dez vezes do negócio, que havia sido vendido por US$ 70 milhões.

Com tal aporte, a AFGlobal iniciou o desenvolvimento da inovadora tecnologia MPD, que tem o objetivo de controlar a pressão do poço e prevenir o *kick* durante o processo de perfuração de poços. Tairone explica do que se trata, no ramo do petróleo:

– *Kick* é a pressão descontrolada de gás oriunda do processo de perfuração, e seu controle evita o *blowout*, ou seja, o risco de explosão da plataforma.

O objetivo do CEO era claro: operar a empresa no Brasil, desenvolver os clientes que antes eram da Alphatec, além de conquistar novos, alavancar o valor do negócio e, depois, vendê-lo.

O ouro negro

No Brasil, é impossível falar de petróleo sem mencionar a Petrobras, a megaempresa de capital aberto cujo acionista majoritário é o governo do Brasil, portanto, trata-se de uma empresa de economia mista.

"O petróleo é nosso!" foi o slogan da campanha que instituiu a Petrobras, em 1953, como monopólio estatal durante a presidência de Getúlio Vargas. Sediada no Rio de Janeiro, opera no segmento de energia, principalmente nas áreas de exploração, produção, refino, comercialização e transporte de petróleo, gás natural e seus derivados.

Líder mundial no desenvolvimento de tecnologia avançada para exploração petrolífera em águas profundas, em 2010 foi considerada a segunda maior empresa de energia do mundo e a quarta maior entre todas, em valor de mercado.

Tamanha grandeza econômica atraiu instintos gananciosos de corruptos. Em uma relação incestuosa com a política, a companhia teve o seu maior prejuízo causado pela corrupção em 2014, afetando em cheio a rede de fornecedores de serviços e equipamentos.

– A crise do petróleo foi mundial – lembra Tairone –, culminando com a crise política no Brasil e a Operação Lava-Jato. Os anos de 2016 e 2017 foram os piores desde que eu me entendo como executivo nessa indústria. Muitas empresas quebraram em Macaé. Nós nos mantivemos em pé por seguir outra cartilha.

Dólar furado

Com amplo conhecimento de causa, Tairone comenta:

– Na velha economia, as pessoas só falam em metas e números. É EBITDA, EBITDA, EBITDA (*Earnings Before Interest, Taxes, Depreciation, and Amortization*). Quando o executivo está focado apenas nessa loucura, ele não consegue enxergar as outras coisas.

Concentrado no orçamento, ele não vê a equipe, o cliente, as oportunidades, a família, os filhos, a vida ao redor. Quando ele vai sair desse transe?

E continua:

– O cara trabalha, trabalha, trabalha e, quando consegue o EBITDA, começa tudo novamente no mês seguinte. Não acaba nunca. Passa vinte ou trinta anos nisso. Não tem outra vida, não faz outra coisa.

Na cultura norte-americana, o contraste é maior ainda:

– Digamos que você combinou um orçamento mensal de US$ 500 mil de lucro. Você alcançou US$ 501 mil. Ninguém diz nada. Se o resultado foi de US$ 499 mil, você vai receber uma ligação para saber por que não atingiu os US$ 500 mil.

Tairone continua discorrendo sobre os cacoetes da velha economia, ainda tão presentes:

– Ninguém quer saber sobre o cliente e a equipe. O que conta são os números. E só.

O arranjo de trabalho explica muito sobre o modo de pensar e agir de um líder e sua equipe. É o que o CEO observa e compartilha:

– As pessoas sentam uma ao lado da outra naquelas baias, voltadas para seus objetivos, e você recebe e-mails sem bom-dia, boa-tarde ou boa-noite.

Tairone lembra um episódio marcante:

– Certa vez, propus ao CEO da matriz, em visita ao Brasil, conversar com a nossa equipe. Foram duas horas de interação total. Quando terminou, ele foi à minha sala e declarou emocionado que não estava acostumado com tanta atenção, cortesia e proximidade com os colaboradores.

Tairone relata a triste realidade:

– O que vejo, na maioria das vezes, é uma relação de troca de horas. O funcionário vende seu tempo. Bate o cartão de manhã e ao final do dia, quando vai embora. Não vê a hora de o expediente acabar e chegar o sábado, o feriado, as férias.

Existe uma burocracia que diminui o ritmo das decisões e ações, principalmente nas estruturas hierarquizadas. O executivo esclarece:

– Algumas decisões têm de passar por dez pessoas até que sejam resolvidas e, se tem algo errado, tudo retorna ao zero para começar de novo.

A isso se somam os teatros, o jogo do engana-engana, como Tairone comenta:

– Existe a maquiagem corporativa. Envolve as gambiarras com os números, a transferência de resultados de um período para outro. O que conta é o bônus, colocar aquele dinheiro no bolso e só. Nem que para isso seja preciso eliminar planos de saúde e benefícios, cortando custos de maneira a diminuir a qualidade dos serviços.

Ob Portus

A origem da palavra *oportunidade*, tão presente na vida de Tairone, está na linguagem dos antigos romanos. Chamavam o vento oportuno de *Ob Portus*, justamente o que era capaz de levar as embarcações para o seu melhor destino.

A palavra, em português ou latim, recheia o vocabulário da nova economia incorporada por Tairone e compõe tanto a sua vida pessoal como profissional. Dentre as muitas oportunidades vivenciadas, uma foi ter conquistado a confiança da matriz nos EUA e a autonomia para realizar, a seu jeito, os feitos no Brasil. Seu argumento mais relevante para convencer os colegas norte-americanos era:

– O cliente está no centro do negócio. É ele, não sou eu!

Nesses nove anos, Tairone conta o que mais o deixava motivado:

– Se me perguntarem qual foi o EBITDA anual que tivemos, eu não me lembro. Nem quanto dinheiro ganhei. Acho que foi mais do que mereço. Agora, se perguntarem as coisas boas que nós construímos juntos, Nossa Senhora! Tem histórias!

Tairone compartilha uma delas:

– Um dia desses, alguém me ligou. Não identifiquei de quem se tratava, mas era do Espírito Santo. Uma pessoa que tinha trabalhado comigo aos 19 anos, ainda na empresa de meu pai, entrou em contato comigo para agradecer. Disse: "Sou engenheiro, hoje, graças à oportunidade que vocês me deram. Lidero quatrocentas pessoas e sempre me inspirei em você, em seu pai e em como ambos trabalham".

São dezenas e até milhares de exemplos bons ao longo da trajetória dele, que também recebia o reconhecimento da matriz, às vezes inesperadamente:

– Em determinado ano, apesar da pandemia, nós tivemos um resultado bom e eu paguei bônus a todos, dois salários a mais. Fiquei de fora, para beneficiar a equipe. Em março, o CEO da matriz me mandou uma mensagem: "Vi que não colocou o bônus destinado a você". Eu respondi que havia priorizado a equipe. Três semanas depois, ele mandou uma mensagem, informando que eu receberia o bônus.

Ob Portus! A oportunidade sempre surgiu:

– Sem ficar correndo atrás, nunca tive dificuldade de ganhar dinheiro. Ele sempre aparece. Jamais me faltou. Diante de um aperto, aparecia um jeito, um contrato, uma oportunidade.

Mesmo bastante envolvido com as responsabilidades do cargo exercido, Tairone revela que sempre se dedicou ao esporte, como parte integrante de sua vida, por razões muito claras:

– O esporte sempre me tirou do estresse típico da vida de executivo. Às vezes não tinha cliente, outras vezes não tinha dinheiro para pagar as contas, então eu poderia sucumbir ao desespero. Mas o esporte ajudou muito a clarear as perspectivas. Eu já competi andando de moto, fazendo enduro, jogando futebol, praticando natação, corrida, jiu-jitsu. Assim, muito focado, consigo me desligar dos problemas, sem deixar de resolvê-los mais adiante.

Negócios multinacionais

Em 2021, a AFGlobal resolveu vender a divisão de óleo e gás no Brasil para um gigante da indústria do petróleo, justamente aquele que comercializa o equipamento para prevenir o *kick*. Nessa transação, Tairone também foi cogitado para seguir junto:

– Dessa vez eu não vou – decidiu convicto, fazendo referência às caixinhas do organograma. – Não quero ser aquele cara de vendas cumprindo ordens dentro de um quadradinho. Não tem proposta financeira que me faça ir, porque a filosofia é de uma empresa da velha economia. O que eles querem é a tecnologia e os contratos. As pessoas não importam.

E acrescenta, referindo-se aos profissionais contratantes:

– Ninguém pergunta "quem é o fulano", mas "qual é o equipamento".

A relação de objeto, típica da velha economia, já tinha sido abandonada por Tairone havia algum tempo.

– Eles compraram o negócio, mas não levaram a cultura, infelizmente.

Assim, ele encerrou o segundo ciclo de sua carreira. O primeiro, que durou vinte anos, na empresa do pai, a Alphatec. O segundo, de nove anos, na multinacional norte-americana.

Os aprendizados com culturas tão diversas, tanto na experiência nacional como na internacional, moldaram o executivo que ingressa no próximo ciclo de sua fértil trajetória.

Lições de um CEO convertido

Tairone compartilha, com naturalidade, o que aprendeu na qualidade de executivo, abordando cada tema em particular.

Sobre privilégios:

– A prioridade nos estacionamentos da empresa é para o cliente. Não tem vaga para diretor ou gerente. Paro meu carro longe ou espero vaga. Quando tiver, eu estaciono.

Sobre hierarquia:

– Na indústria do petróleo tem um objeto que caracteriza a autoridade e a hierarquia: a cor do capacete. Funciona assim: se você for engenheiro, diretor ou gerente, usa o branco; o supervisor, o azul; e o peão, o laranja. Certo dia, ao chegar na empresa, chamei o rapaz de suprimentos e pedi que comprasse 150 capacetes brancos. Assim que foram entregues, reuni todo o pessoal e questionei sobre o significado dos capacetes. Perguntei: "O que vocês dizem quando veem um capacete branco?". A resposta: "Vamos trabalhar, que os homens vêm aí!". "Isso tudo acabou", eu disse. "Agora todo mundo aqui usa capacete branco." E queimei os capacetes de outras cores.

Sobre estrutura:

– Não tem organograma nem departamentos. Abolimos tudo. A estrutura da velha economia mais separa do que une. A nova ordem está nos valores e no propósito que criamos juntos.

Sobre controle:

– Eu tinha a síndrome de velha economia: era viciado em controle. Queria saber de tudo, não largava o osso. Ficava em cima. Trabalhava sábado, domingo. Era um exagero. Acreditava que nada daria certo se eu não estivesse envolvido. Hoje, viajo para São Paulo ou para os Estados Unidos e não faço nenhuma ligação para a empresa. Tiro férias com a família, fico dez dias fora, sem entrar em contato com o trabalho. Sei que está tudo funcionando bem. Agora, sim, estou no controle.

Sobre poder:

– Muitos executivos se iludem com o canto da sereia, o cargo, a posição, o glamour. Eles pensam que estão se engrandecendo, mas no fundo se limitam. Quando se sentam à mesa com a equipe, querem ser os melhores, os bambambãs. O ideal é que haja alguém melhor na mesa para que possam aprender com a pessoa.

Sobre tomada de decisão:

– Se eu tomar uma decisão arrojada, é um risco que estou assumindo. Se eu tomar uma decisão medíocre, para diminuir o risco, eu vou permanecer na mediocridade. Eu prefiro arriscar em buscas mais amplas para ter maior possibilidade de sucesso do que ficar a vida inteira na mediocridade ou passar dez, vinte ou trinta anos como executivo, depois me aposentar e sair para pescar.

Sobre os erros:

– Ao longo da minha trajetória eu olho para trás e vejo os muitos erros que cometi. O maior ganho é reconhecê-los, aprender com eles e corrigi-los. Com quase trinta anos de profissão, eu tenho um banco de dados de lições aprendidas. É o meu patrimônio. Quando examino o meu estoque de erros, aumento a probabilidade de acertos.

Sobre o erro maior:

– Mitigar. Evitar o conflito. Postergar em vez de decidir, fazendo com que o problema fique maior.

Sobre investimentos:

– Mesmo tendo de prestar contas para a matriz nos EUA, eu sempre atuei com total autonomia e consegui o que queria. Tem de saber pedir. Se você vai solicitar um investimento de 10 ou 20 milhões, fale mais do retorno pretendido do que do investimento em si. Uma coisa é pedir da seguinte forma: "Estou precisando de um guindaste que custa 1 milhão de dólares". A resposta será: "Não tem verba orçada para isso". Outra coisa é realçar o retorno sobre o investimento: argumentar sobre os benefícios que o guindaste vai trazer, a redução de custos, a melhoria da segurança, a facilitação do trabalho por parte dos colaboradores, o ganho de tempo etc. É diferente. O que acontece, na maioria das vezes, é que o executivo não sabe pleitear. Daí a desculpa tradicional: "Eu tentei, mas a matriz não aprovou".

Sobre liderança:

– Muitas vezes você quer que o colaborador faça algo, mas não ensina. Quer que ele seja ético, mas você não é. Quer que ele se comprometa, mas você não é comprometido.

Sobre equipe:

– O Iceberg da Ignorância reza que 4% das informações, a parte visível do iceberg, chegam à presidência. O líder desconhece o restante, representado pela parte submersa. Passei a adotar o ritual semanal do "café com o presidente", para compartilhar a refeição com a equipe e conversar. Descobri um monte de coisa que, de outra forma, ficaria submersa. Importante: as conversas rolavam de igual para igual. O presidente dava lugar à pessoa.

Sobre liderança educadora:

– Faço grupos de estudos com base em leituras. A regra é a seguinte: os últimos serão os últimos. Ou seja, todos vão falar, opinar, se expor. E a descoberta é que as pessoas sempre têm algo a dizer. O processo se torna mais rico quando elas trazem exemplos da vida, da família, de casa. Com simplicidade, naturalmente. O exemplo partia de mim e cada líder assumia o papel de educador, conduzindo o diálogo com sua equipe de trabalho. Não era imposto, mas proposto. E os colaboradores acabavam gostando.

Sobre a autonomia da equipe:

– Digo sempre aos meus liderados: se vocês tiverem de tomar uma decisão errada, errem logo, mas decidam. Não fiquem em cima do muro. Vocês têm de assumir a responsabilidade pela sua decisão. Terão todo o meu apoio e faremos os ajustes. É lógico que a gente mantém os combinados: para decisões de maior impacto, se conversa antes; para outras, as pessoas decidem sozinhas. Importante é não procrastinar.

Sobre contratação de pessoas:

– Não contrate hoje uma pessoa que você teria problema em demitir amanhã. Acontece muito quando envolve familiares, porque aí a questão extrapola, atingindo mais gente.

Sobre clientes:

– Não importa o que aconteça, fale a verdade, sem enrolar. Cumpra os acordos. Seja íntegro.

Sobre sócios:

– Cuidado com o sócio que você arranja, para que não seja uma bengala que você tenha de escorar.

Sobre visão empresarial:

– Eu enxergava a empresa como um lugar para fazer negócios e ganhar dinheiro. Hoje eu a vejo como uma oportunidade de construir coisas que são para sempre: uma pessoa que você qualifica e ajuda a prosperar; um cliente que tem solucionado um problema e isso o faz progredir; uma comunidade que você impulsiona; um líder de velha economia que você ajuda a mudar o ângulo de visão. Tudo isso alivia a inevitável pressão do resultado financeiro.

Sobre a percepção:

– Tem uma frase que me anima: "sempre existe um fio de abundância no meio da confusão, do caos". Mesmo nos períodos difíceis acontecem coisas boas.

Sobre autorrealização:

– Duas coisas me fazem sentir realizado: quando eu vejo um colaborador trabalhando na empresa como se fosse o dono, sentindo-se parte daquilo tudo, com o coração pulsando; e quando eu vejo um cliente que, mesmo tendo a opção de conseguir um preço mais baixo, opta por nossos serviços porque enxerga valor no que entregamos.

Sobre a família:

– Quando comecei a namorar, minha sogra disse à filha: "Se você vai casar com ele, saiba que já é casado com a empresa". Naquele tempo, eu trabalhava todos os dias da semana. Fernanda sempre me apoiou em tudo. Inteligente, leal, principalmente no cuidado com os filhos. Posso viajar para cima e para baixo, sei que tem alguém zelando por tudo. Sou grato a ela. É importante para um executivo de sucesso ter um refúgio para onde retornar. A família, com uma boa companheira, é o melhor porto seguro.

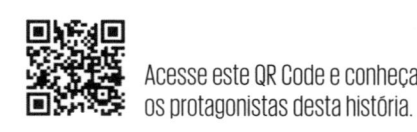

Acesse este QR Code e conheça os protagonistas desta história.

PLASTICOVILLE – A ALMA DA NOVA MÁQUINA

Intuir, respirar
Partir, ficar
Há que se calçar os sapatos do nosso irmão
Caminhar nos abismos da solidão
PATRÍCIA QUINTEIRO

Quem não se lembra do genial Charles Chaplin no clássico *Tempos modernos*? O filme retrata a época vivida nos Estados Unidos nos anos 1930, logo após a Grande Depressão de 1929, que levou grande parte da população ao desemprego e à fome.

Os tempos eram considerados modernos, pois sucediam a era agrícola, dando lugar à industrial. No filme, seu criador e astro caricatura o taylorismo, um sistema de gestão baseado em técnicas que buscam o aproveitamento máximo da mão de obra contratada.

Diante dos modos de produção baseados na divisão e na especialização do trabalho na linha de montagem, o operário se via pressionado entre a produtividade, o desempenho e as exigências do chefe. A repetição e a mecanização transformavam o ser humano em uma mera extensão da máquina, em jornadas diárias estafantes de doze a dezesseis horas.

O filme, produzido em 1936, se constituiu em uma das maiores críticas que o cinema promoveu sobre a desumanização causada pela primazia da produção, em que as pessoas eram tratadas de forma impessoal como qualquer outro utilitário.

Todos os holofotes iam para a máquina. E é justamente por ela que começa a história da Plasticoville.

A Vila dos Plásticos

Em 1993, após ter trabalhado por quinze anos na indústria plástica, seu Adelir percebeu um nicho de mercado não atendido: a fabricação de peças técnicas em termoplástico para empresas que as utilizavam em seus produtos finais. Ao ler o jornal *A Notícia*, ele se deparou com o anúncio da venda de uma injetora IS 100, ano 1982. O empreendedor não pensou duas vezes para efetivar a compra e abrir uma empresa.

O projeto do seu Adelir incluía os filhos. Naquele mesmo dia, convidou Juarez e James para uma conversa e lhes contou das oportunidades que observava no mercado de plásticos. Ele já havia pesquisado bastante a respeito, vislumbrando os clientes potenciais, os custos de mão de obra e matérias-primas, a simulação dos preços de venda etc. Sabia do promissor espaço para prestar serviços às multinacionais que evitavam investir em imobilizações e preferiam terceirizar a produção.

Como seu Adelir continuava como executivo em outra indústria, necessitava dos filhos para atuarem como gestores e operadores da nova fábrica. Ofereceu-lhes sociedade e, em 10 de fevereiro de 1994, nasceu oficialmente a Plasticoville, nome cujo significado é Vila dos Plásticos.

Produzir com qualidade e entregar com velocidade passa a ser a principal competência do negócio e diferencial no mercado. Embora se mantivesse no emprego, seu Adelir era a principal referência da nova fábrica, dada a sua reputação em Joinville, em Santa Catarina, atraindo clientes, fornecedores e colaboradores. Também contribuía para solucionar questões técnicas, como amplo conhecedor, ensinando sobre o processo de fabricação e ajudando na elaboração de fichas técnicas.

As demandas cresceram rapidamente e logo novas máquinas foram compradas. Com a natural extensão dos turnos, era preciso contratar mais pessoas e ampliar o espaço físico. Juarez cuidava da parte administrativa e James, da operação, ambos sem remuneração. Salários eram somente para os colaboradores.

Seu Adelir ainda serviu à cidade como secretário na prefeitura por doze anos antes de se dedicar definitivamente ao seu próprio negócio, em 2007, quando já estava consolidado.

Atualmente, a Plasticoville é considerada uma das melhores empresas do segmento em Santa Catarina, com clientes locais e também em Manaus, São Paulo e Rio de Janeiro.

Desde a sua fundação, seu Adelir tinha um propósito em mente: "A Plasticoville só deve existir e continuar se for capaz de proporcionar às pessoas nela envolvidas o crescimento e o desenvolvimento pessoal e social".

Olhos de ver, coração de sentir

– Ô, James, obrigado por você me ver – diz Nelson, colaborador preto que já havia trabalhado, sem nenhuma visibilidade, como pedreiro, pintor, soldador, segurança e motorista.

Nascido no Rio de Janeiro, era filho de mãe solteira que não tinha escolaridade, mas sim educação. Plantou no filho dois valores virtuosos: a honestidade e a gratidão.

Nelson morou por vinte anos em São Paulo, passou por Minas Gerais e foi parar em Joinville, justamente na Plasticoville. Tem o dom de se relacionar e de conversar com a pessoas. Atualmente, cuida da logística na fábrica e atua como líder-educador.

– Aqui nós não lidamos com ferro e máquinas, mas com pessoas – diz Nelson.

James têm olhos de ver e coração de sentir. Essa característica faz com que enxergue o humano antes do cargo ou função e se interesse verdadeiramente pela pessoa.

– Eu faço a integração – conta ele. – Todos os que entram na empresa têm um momento comigo. Depois de três meses, quando efetivados, reúno cerca de dez pessoas para que contem suas histórias. Depois converso com elas sobre propósito e valores. Daí conto a trajetória da empresa.

É assim que James conhece mais profundamente seus colaboradores. É o caso de Luiz Carlos.

Quando Luizinho fez a entrevista de seleção, em 2016, foi reprovado. Ao sair da sala com sua mãe, dona Olinda, ambos se depararam com dona Etelvina, esposa do seu Adelir, mãe de Juarez, James e Johnatas. Ao ver o documento de identidade de Luizinho, dona Etelvina pediu que aguardassem alguns minutos e entrou na sala onde o marido estava. Ao retornar, o pretendente, não obstante o que acontecera antes, ganhou um presente especial por seu aniversário: o emprego.

Luizinho está na empresa há mais de quinze anos, preza pela qualidade e cuida da Brigada de Incêndio. Aprendeu a trabalhar em equipe, a ter conhecimento técnico sobre primeiros socorros, a lidar com extintores e mangueiras, além de esmerar-se, atuando com excelência.

Tem dona Etelvina como sua madrinha.

Jean Carlos nasceu em Joinville. Atuou em restaurantes, como garçom, no comércio, na indústria têxtil e foi eletricista automotivo até que, doze anos atrás, ingressou na Plasticoville. Exerce o cargo de monitor de sopro.

– Quando comecei, queria ficar quietinho, na máquina, evitava relacionamentos – confessa. – Hoje é o que mais gosto de fazer. Aprendo com os outros, e os outros aprendem comigo. Além de colegas, no trabalho, somos amigos.

Assim o líder vai conhecendo seus colaboradores, da mesma forma que os membros da equipe também se conhecem.

Quem conhece, reconhece

"Conheça-me!", eis a súplica mais comum entre os colaboradores de muitas empresas. Poucos líderes dão-se ao trabalho de se inteirar mais da vida de seus próximos. Embora cuide da operação, James sabe que as relações humanas precedem a produtividade.

João Evangelista é paranaense de Campo Mourão. Há dez anos na empresa, trata da cultivação, como é chamado o serviço de jardinagem.

– É como cuidar de uma criança – ensina ele. – Se a gente plantar e não ficar por perto, dando uma olhadinha, a planta pode capengar. Requer carinho e amor. Água na medida certa.

Recita um verso:

– Plantar sementinha na terra não será em vão, se não for para mim, planto para meu irmão.

Elisabete, por sua vez, atuou em multinacional por 27 anos e depois se aposentou. Não conseguindo ficar em casa sem uma atividade externa, voltou ao trabalho há cinco anos. Em pouco tempo lhe ofereceram a liderança de uma área, mas ela relutou em aceitar. Achava que seria um desafio muito grande em uma equipe de quarenta integrantes. Quando finalmente aceitou, percebeu que era algo bem agradável.

– As pessoas chegam na sala para conversar coisas de casa, da família, delas mesmas, e é tão gratificante escutar! Cada dia é uma coisa nova, diferente. Aprendi a gostar de ser líder.

Diferente da multinacional em que havia trabalhado, Elisabete conta como é a cultura da Plasticoville:

– No meu primeiro ano aqui, um senhor apertou a minha mão e disse: "Feliz Páscoa, minha filha". Eu não o conhecia. Era o seu Adelir, dono da empresa.

E completa:

– Aqui não existem barreiras. Tenho a liberdade de falar com o seu Adelir, o James ou o Jhuan [filho de James, também líder na empresa] na hora que eu quiser.

A empresa, como uma comunidade de trabalho, é um entrelace de muitas vidas que se encontram em um momento histórico para cumprir, juntas, um propósito comum.

Márcio Ricardo, filho de pai polaco e mãe indígena, nasceu em Joinville. No começo da pandemia foi desligado da multinacional que o empregava. Desempregado, sentiu medo. Trabalhava na regulagem de máquinas e, para essa função, era difícil arranjar emprego.

– Comecei a mandar currículos, mas as empresas também estavam demitindo gente ou mesmo parando de funcionar. A Plasticoville foi a primeira que respondeu ao meu currículo, enviado por WhatsApp.

Chamado para uma entrevista, seu primeiro espanto foi a conversa sobre valores com o Flavio, o coordenador da fábrica. O segundo foi quando descobriu tratar-se de uma empresa familiar conduzida por parentes e na qual não havia reservas quanto a contratados indicarem familiares para postos vagos, o que era proibido onde atuou antes.

– Na tarde daquele mesmo dia, eu tinha outra entrevista de emprego. Desisti, porque quando cheguei em casa minha esposa disse: "Vá para a Plasticoville". Foi o que fiz.

Ocupando a função de processos, Márcio está feliz com a sua escolha:

– Aqui as pessoas conversam, inclusive com o Flavio e o James. Eu nunca tinha visto diretores de empresa falarem com a gente. Eu também sou músico. Surgiu, então, a ideia de montar uma banda. Aqui posso fazer uso dos meus talentos.

Marcio Amorim, nascido em Ibirama, cidade do Vale do Itajaí, foi morar em Joinville muito cedo. Sua mãe cuidava da casa e da família, enquanto o pai viajava como caminhoneiro até deixar a profissão e abrir, no bairro onde moravam, um pequeno mercado, que prosperou.

Com sua mãe, Marcio aprendeu que a educação era o caminho para a prosperidade. Trabalhou durante 27 anos em uma multinacional e depois foi convidado por seu Adelir para compor o quadro da Plasticoville, com a missão de melhorar os índices de qualidade, reduzindo as reclamações dos clientes e os refugos internos.

Entre os colaboradores, são muitas as histórias curiosas, como a de Sandra, natural de Paranaíta, no Mato Grosso, onde viveu por treze anos. Seus pais eram separados, mas com cada um deles aprendeu algo importante. Com o pai, seu Vebino, o ofício do garimpo, morando nos barracos de lona que se usam para procurar ouro. Já a mãe lhe ensinou sobre a vida na lavoura.

Quando Vebino adoeceu, foi se tratar em Joinville e levou Sandra consigo. Foi assim que acabou ficando na cidade, ela mesma conta:

– Desempregada, desanimada da vida, não conseguia arrumar trabalho. Soube da Plasticoville, uma empresa acolhedora e ótima para trabalhar, ouvi dizer e era verdade.

Começou como operadora de máquina, atuou na linha de frente da produção e passou a exercer o cargo de liderança. Antes, como Elisabete, relutou, dado o desafio da função. Mas, ao aceitar, não se arrependeu, como relata:

– Quando a gente conta com o apoio da equipe, tudo fica mais fácil.

Para além da folha de pagamentos

Em muitas empresas, os funcionários são considerados como um item de custo na folha de pagamentos, prestes a ser reduzido ao máximo, mesmo que para isso tenha de se promover o *turnover*. Essa não é a filosofia de uma empresa que vive a economia ao natural.

Rosilda, que nasceu em Imaruí, no interior do estado, é filha de pescadores. Dada a dificuldade com o ofício, que mal garantia a mera sobrevivência, seu pai decidiu que os filhos se mudassem para Joinville. Trabalhou em algumas empresas até encontrar o emprego que desejava.

– Faltavam vinte minutos para o meio-dia quando me plantei na portaria da Plasticoville. Seu Flavio me atendeu, conversou comigo e lhe contei minha situação difícil de desempregada. Consegui a vaga. Aqui é a minha casa, onde todos se conhecem e se dão bem.

Outros colaboradores também vieram de longe. Ivanete, de São Jorge D'Oeste, no Paraná, onde a família de sete irmãos trabalhava na agricultura. Um deles foi morar em Joinville, para onde ela se mudou mais tarde.

– Fui contratada para selecionar peças. Fazia parte da qualidade. Um dia, seu Adelir me viu trabalhando e disse que eu ia mudar de função, para fazer auditoria. Era para ficar um ano e já se passaram oito.

Bento, natural de Barra do Sul, ficou órfão de mãe. O pai, pescador, com cinco filhos, sustentou a família, com a qual mudou-se para Joinville. Bento, com 14 anos de idade, começou a trabalhar na antiga Consul e por lá ficou durante quase duas décadas, quando estava prestes a conquistar o título de operário-padrão. Antes disso, foi demitido.

Na Plasticoville, ele é operador de injetoras. Com o pai, aprendeu a nunca desistir, a se sentir capaz e a buscar o melhor.

Já Erica Rebeca morava no assentamento do MST, com seus pais adotivos, na expectativa de ganhar um pedaço de chão. De Teodoro Sampaio, no estado de São Paulo, eles se mudaram para Guaratinguetá e, depois, para Americana. Com o falecimento do pai, Erica, aos 12 anos, teve de ajudar a mãe, trabalhando em lanchonete.

Ambas tentaram novo recomeço em Foz do Iguaçu, onde a jovem trabalhou como estagiária no shopping da cidade. A mãe, chefe de cozinha, resolveu inaugurar um restaurante em Guaratuba, no litoral do Paraná. Foi lá que ouviu falar de Joinville, uma cidade de amplo parque industrial e oportunidades de emprego.

– Meu sonho na vida sempre foi entrar em uma empresa e usar o uniforme.

Conseguiu realizá-lo justamente na Plasticoville, onde atualmente é cipeira, ou seja, participa da CIPA, a Comissão Interna de Prevenção de Acidentes, e brigadista – conhece as técnicas de primeiros socorros e prevenção de incêndios.

– Gosto de escutar e de aprender. Aproveito todos os ensinamentos que recebo – observa Rebeca.

A experiência de Santina é diferente, embora com a mesma vontade de ser admitida em uma empresa. Ela trabalhou em casa, como autônoma, durante oito anos, fazendo acabamento de peças de borracha. Teve a sorte de ser contratada pela Plasticoville.

Anderson é do tempo de catar folhinha no chão, como gosta de brincar. Começou na expedição, depois passou pelas áreas de sopro e, finalmente, qualidade, onde aos poucos foi se especializando em SGQ (Sistema de Gestão de Qualidade), com a grata incumbência de cuidar de clientes e fornecedores internos e externos. Ele recorda sua intenção inicial:

– Eu tinha 27 anos de idade quando surgiu a oportunidade de trabalhar na Plasticoville. Pensei: se não gostar, caio fora. Mas fui ficando e aqui continuo, há dezenove anos.

Ajudança, a palavra mágica

Nem se ocupe procurando no dicionário o significado da palavra "ajudança", porque você não vai encontrar. Tampouco consta entre os valores virtuosos que compõem a Carta da empresa, tais como comprometimento, responsabilidade, perseverança, integridade e atenção. Ajudança é um valor, mas sobretudo uma atitude, a de prestar ajuda mútua.

Às vezes o colaborador está operando a máquina e precisa revezar com outro. Ajudança! Eis a palavra mágica que tece as relações na Plasticoville. A atitude tem o poder de criar um ambiente acolhedor, solidário e de cuidado uns com os outros.

Diferente do *corpo* da empresa, visível e tangível nos seus ativos físicos, a *alma* não é visível nem tangível. Ela se manifesta por meio da boa energia humana que emana de pessoas dispostas a oferecer o que têm de melhor: seus valores, sentimentos e pensamentos coerentes. Será que a *mente* da empresa, que cuida da relação com os clientes, consegue perceber o valor da *alma*?

"Tem um negócio diferente aqui, o que é?", costumam perguntar os clientes que visitam a Plasticoville.

Como explicar?

Da primeira intenção

Jhuan, filho de James e neto do seu Adelir, é a futura geração da empresa e está muito afinado com o que tem sido a história da Plasticoville, onde bem cedo começou a colaborar naturalmente, por vontade própria:

– Me lembro do meu avô conversando com o meu pai sobre empresas pobres de donos ricos. Nunca foi o desejo deles. Quando eu era pequeno, ouvia o meu avô falar sobre a importância de obedecer às leis, pagar os impostos, cumprir as responsabilidades e melhorar a condição de vida de todos os colaboradores.

Jhuan recorda a cena de seu Adelir observando o pátio da empresa, em várias ocasiões:

– Ele olhava para o estacionamento e via as bicicletas, depois começaram a aparecer as motos e, em seguida, os carros. Era o indicador de que as pessoas estavam evoluindo, segundo o propósito que ele, o empreendedor, tinha em mente quando criou a empresa.

No princípio era a máquina, mas com ela veio, ao mesmo tempo, a alma.

 Acesse este QR Code e conheça os protagonistas desta história.

TEGRA – PARA ALÉM DO CONHECIMENTO

A vida é um fino fio
Que nos liga a outras partes
De um todo maior
ESTELA CEREGATTI

Era uma vez certa época em que propriedade era sinônimo de poder. Havia, então, mais proprietários do que empresários. Prova disso é o aparato de proteção dos ativos físicos, em detrimento dos "ativos humanos", fossem eles colaboradores ou clientes.

Era uma vez certa época em que o cargo era sinônimo de status, trabalho de execução, e não cabia qualquer outra atividade senão o fazimento. A competência técnica prevalecia sobre as demais, assim como a inteligência racional-analítica sobre outros tipos de inteligência.

Era um mundo de possibilidades limitadas, com as empresas divididas em departamentos, estes, em cargos, por sua vez fracionados em funções, e estas em tarefas. Diante das fragmentações, o talento e a inteligência humana se diluíam, pouco aproveitados em sua potencialidade. Aprendia-se mais a dar respostas velhas para novos problemas do que respostas novas para antigos e recentes problemas.

Todo o conceito de tempo, espaço e comando foi mudado. Como controlar pessoas inteligentes e portadoras de conhecimentos? O retorno sobre os investimentos (ROI) era o principal indicador de desempenho. Como dividir o lucro, proveniente do conhecimento e da inteligência humanos, por investimentos físicos?

As estruturas verticais deram lugar às estruturas horizontais, em que o controle cede espaço à autonomia.

De tudo, no entanto, a ausência de significado foi o rastro mais contundente e traumático deixado por essa época. Embora tenha cumprido o seu papel na história da humanidade, seus dias finais estavam contados.

A tecnologia foi a principal força motriz dessa ruptura, em que proprietários deram espaço a novos empreendedores, o poder se transferiu das "coisas" para as "gentes" e, por decorrência, a criatividade se sobrepôs à produtividade. A empresa, o trabalho e a riqueza nunca mais seriam os mesmos.

É nesse novo ambiente, e também impulsionada pela tecnologia, que surgiu a Tegra.

– A gente nasceu como desenvolvimento de software – diz Polis, o empreendedor. – Em dado momento alocávamos pessoas para dar conta do que nos propúnhamos a oferecer. Depois, passamos a produtizar os serviços.

O verbo *produtizar* é usado para a produção em larga escala com custos competitivos. No caso da Tegra, o objetivo é transformar um conjunto de conhecimentos em produtos.

– Eu me sentia frustrado no início das nossas atividades – conta Polis. – A gente se dedicava durante mais de um ano a um projeto que acabava não sendo utilizado pelas pessoas. Montava, desenvolvia, gastava horas naquilo e nada. A área estratégica da empresa contratante vetava.

E não se tratava de algo incomum, Polis desabafa:

– A gente se matava de trabalhar e, ao término do prazo, acontecia uma mudança no marketing. Adiava-se para dali dois meses. Estruturava-se tudo de novo. Cansei de montar projetos que nunca foram para o ar. Era frequente. A Tegra foi se desenvolvendo a partir da insatisfação das coisas que não eram colocadas no ar para oferecer algo que fosse realmente utilizado pelo cliente.

Agilidade e flexibilidade são demandas dos novos tempos. A tecnologia veio para oferecer essas condições, quando usada com inteligência e criatividade. Metodologias ágeis devem fazer parte da estratégia das empresas. Mas, para isso, terão de ultrapassar o principal desafio: os modelos rígidos de trabalho, herança da época em que o poder estava nas mãos de burocratas.

Um novo significado para o trabalho precisava ser desenvolvido. Foi o que a Tegra fez ao definir um propósito conectado aos novos tempos.

O atributo da significância

A Tegra tem 58 profissionais ativos, sem contar os freelancer. Os líderes esclarecem como é o trabalho com propósito:

– É algo que provoca um sentimento de plenitude, apesar dos desafios diários que a gente enfrenta – diz Mari, colaboradora responsável pela área de Atração e Cultura, que cuida da contratação e é guardiã da cultura da empresa.

Larissa, responsável pela parte financeira e dos compromissos fiscais e trabalhistas, acrescenta:

– O propósito nos estimula a absorver coisas novas.

– Para mim – diz Teresa, que compõe o time comercial –, é uma energia, uma fé, uma esperança para conquistar novos mercados, novos clientes.

John continua:

– E, para mim, remete muito à beleza e ao cuidado em apresentar o trabalho de forma primorosa e artística.

John, ou Jonatas, se autodenomina tegrano honorário, desenvolvendo os trabalhos com as redes sociais e assessorando Polis nas questões estratégicas. Também é considerado o mordomo da galera ou o consultor de comensalidade, dada a sua paixão por gastronomia e o fato incontestável de ser especialista em café.

– Paz de espírito é o que sinto quando me vejo trabalhar para um propósito legal – afirma Vitor, responsável pelo sucesso do cliente.

Edgar, responsável pela educação e capacitação de jovens, define:

– Nutrir, eis o verbo que me vem à mente. Não é o nutrir no sentido da substância, mas no sentido energético.

Polis complementa:

– No dia a dia, eu tento levar o propósito maior, a intenção de que a empresa é um meio para o desenvolvimento das pessoas, sejam clientes ou colaboradores, uma ferramenta de desenvolvimento humano. Eu desejo a espiritualidade nos negócios e pretendo estender o anseio para todo o holograma.

Quem lê os depoimentos da equipe da Tegra talvez imagine o trabalho num mar de rosas. Polis descarta qualquer ilusão a esse respeito:

– A tensão é forte, sempre existe, mas quando a gente se sente descarrilhado, desconectado, uma luz nos traz de volta. É a luz do propósito.

Teresa também admite a dificuldade:

– Todo dia é uma coisa nova. Gera tensão. Ou você se molda ou está fora. Ou se acostuma com esse jeito de fazer o seu melhor ou desiste.

Afinal qual é o propósito da Tegra?

– *Nós queremos humanizar relações, conectar pessoas, fortalecer negócios* – declara Polis, orgulhoso de sua causa.

Jovens tegranos

A área de TI está em alta. Falta gente competente. É um problema mundial. A Tegra quer oferecer uma formação que gabarite o profissional. Para isso, existe uma plataforma do Centro de Excelência com quatro pilares: (1) a formação que já existe; (2) uma instituição de ensino que seja passível de acreditação, ou seja, para além da certificação; (3) a empresa patrocinadora (*sponsor*); (4) um parque tecnológico inovador na cidade de Sorocaba, onde está sua sede.

Essa plataforma é a Traco.

Criada por Edgar, a Traco – Transformação, Conexão e Oportunidade – é conduzida pela Mari, buscando jovens que vão começar a trilhar o caminho como profissionais de tecnologia de software. A proposta é trazer pessoas que tenham interesse em desenvolvimento e mostrar o primeiro passo.

No módulo inicial, estão as noções básicas de linguagem. No segundo, o banco de dados e a metodologia de APIs (*Application*

Programming Interface, ou interface de programação de aplicação). No terceiro, o *front-end*, ou seja, aquilo que se visualiza, lastreado pelo *back-end*, ou seja, onde estão os dados. Finalmente, o quarto módulo, *soft skills*, trata das habilidades comportamentais, para que o jovem entenda a importância da comunicação, da empatia, do trabalho em equipe e de outras facetas das relações humanas.

Todos esses módulos são aprendizados à distância. O aluno se cadastra, assiste às aulas, tem plantão de dúvidas e, ao concluir o curso, é conduzido para uma entrevista e convidado a fazer parte de outro programa, o dos Jovens Tegranos. Este inclui a imersão, a vivência presencial em projetos internos e, depois, em projetos nos clientes.

– Essa imersão é para o jovem se aculturar nas nossas metodologias, na nossa forma de desenvolvimento – diz Edgar. – Uma vez aprovado, ele ingressa em um programa de estágio remunerado ao longo de nove meses. No final, existem dois caminhos de contratação: como desenvolvedor da Tegra ou de algum de nossos clientes.

Edgar conclui o seu raciocínio:

– A Traco é uma forma de dar um retorno à sociedade. A primeira fase é gratuita. Nem todos os que procuram um curso querem ser programadores, mas sim entender como funciona o desenvolvimento de software. Os cursos existentes formam um profissional muito genérico. São milhares de tecnologias diferentes. Resolvemos criar a nossa própria trilha formativa.

Jean Lucca, que tem deficiência, conta sobre o seu processo na Tegra:

– Gosto bastante de estudar, falar com amigos e jogar online. Por causa do meu problema de saúde, pensei que nunca conseguiria achar uma profissão e ingressar no mercado de trabalho, mas a Tegra me deu uma chance de aprender programação e ofereceu todo o suporte necessário para que eu possa desenvolver meu potencial. Essa oportunidade elevou a minha autoestima. Recentemente, comecei a fazer um curso da Traco e tenho aprendido muito sobre banco de dados e APIs. Apesar das dificuldades, uma hora sei que o esforço será recompensado.

Entrega total

Ainda no modelo de estrutura molecular da Tegra, Miguel, que mora e trabalha em Piracicaba, cuida do delivery. A palavra, tão usada na área da alimentação, significa *entrega*, traduzida para o português. Nessa entrega, tem quem cuide da prototipação, do desenvolvimento de software e da parte do hardware. Juliana, Claudia, Daniela, Fabio, João Pedro, José: todos trabalham em suas casas, sem nenhuma necessidade de deslocamento.

O modelo de trabalho é por projetos. Cada um conta com um grupo de trabalho composto de três ou quatro pessoas, as quais têm a oportunidade de se desenvolver e crescer. Existe o líder do projeto e Miguel assume a liderança entre todos, tendo uma visão sistêmica do que está acontecendo.

Polis faz uma analogia para explicar o modelo de trabalho por projetos:

– Imagine que você vai construir uma casa. Contrata um arquiteto. Como bom arquiteto, ele vai perguntar: quem vai viver na casa? Família? Filhos? Tem alguma pessoa idosa? Vai receber amigos? Vai servir também para o trabalho? Quais experiências vão ser vividas naquele espaço?

A partir das informações básicas, o trabalho se desenvolve, tendo como referência o que faria um arquiteto:

– Uma vez compreendido, vamos para dentro da casa, montamos como seria o projeto, apresentamos para o cliente. Se aprovado, começa a construção da casa, com o apoio dos especialistas: fundação, paredes, telhados. Os construtores podem ser ou não da equipe interna.

É Teresa quem conclui:

– Quem tem o dever de entregar a casa no prazo e com qualidade é o líder do projeto, sempre com o olhar de quem entendeu, vendeu, participou, cuidou. Uma vez satisfeito, o cliente nos recomenda para outro e, assim, seguimos.

Mas a Tegra não se dispõe a atender qualquer cliente. Existe um foco, declarado por Polis:

– São os que buscam solução tecnológica e profissional e valorizam a transparência, a confiança e a agilidade.

Na era do conhecimento

Produto de um novo tempo, a Tegra é um exemplo de empresa de uma nova economia. Antes, valia a propriedade, a posse, o cargo. Agora, o poder é de quem detém a informação e o conhecimento. Se quem detém a informação e o conhecimento são as pessoas, as estruturas verticais e hierárquicas dão lugar às estruturas moleculares descentralizadas. Mas esse entendimento não estava na origem da jornada de Polis, como ele mesmo admite:

– A minha trajetória é muito estranha. Eu não falava com as pessoas, nem olhava para elas. O mercado de TI era assim. Era sempre o desenvolvedor solitário, convivendo apenas com ele mesmo. Sem nenhuma interação.

Ao que Vitor acrescenta, sem titubear:

– Abusa do fone de ouvido, não quer ser interrompido.

E Polis conclui:

– Você só muda quando percebe o grande benefício de se comunicar.

O empreendedor entendeu que a principal mudança está em compreender a nova realidade e aprender o que for preciso. A princípio, o jovem sempre se preocupava em desenvolver algum tipo de habilidade que pudesse ser comprada por um empregador. Era possível ter uma ou outra e passar a vida em uma só empresa. Se a habilidade deixava de interessar àquela em que estava empregado, era mantida e trocava-se de empresa. Os tempos mudaram: para que buscar habilidades permanentes que não cabem num mundo em constante mudança? Aprender a aprender é o desafio do novo profissional.

Outros conhecimentos, além do técnico, fizeram a diferença na vida de Polis e da Tegra. Mas atente ao detalhe quando a palavra é conhecimento: Polis não se refere apenas ao conhecimento resultante das informações. É mais que isso.

Antes, manusear e manipular eram mais importantes do que se comunicar e se relacionar. As habilidades técnicas se sobrepunham às humanas. Hoje, é fundamental conhecer a natureza humana, seja para lidar melhor com o cliente, seja para trabalhar com alguma equipe de projeto.

Polis, ao refletir sobre sua própria trajetória, realça a importância das relações:

– Precisamos estar com as pessoas, sejam clientes ou colaboradores, muito além do que é estritamente profissional. As que se permitem abrir e ousar mais aumentam suas chances. É muito positivo porque estreita a confiança.

Polis compartilha a sua visão sobre o que virá mais adiante:

– Quando eu olho para o futuro, vejo a Tegra como um grupo de empresas, com pessoas que liderem novos negócios e que conduzam esses negócios para que ganhem vida própria.

Algumas perguntas pairam na mente de jovens profissionais. Valerá a pena tanto tempo de estudos nessa era marcada pela velocidade de mudança? Qual será o futuro da minha profissão daqui a dez anos? Conseguirei uma carreira promissora em uma empresa capaz de ser também promissora? Terei condições de ter o meu próprio negócio? Conseguirei realização pessoal e profissional?

– O que persiste no mercado é um plano de carreira, a tradicional escadinha – lembra Polis. – O que a gente quer criar é uma visibilidade de crescimento. Se alguém pergunta até onde pode ir, respondo: até onde você quiser. Temos condições de criar o futuro juntos.

Polis explica como:

– Tem o chamado *decoupling*, que desacopla uma coisa específica e a transforma em uma coisa única, a serviço de algo.

Ele continua:

– É preciso estar atento às necessidades comuns de um grupo de pessoas e encontrar a melhor solução da qual um software possa ser o elemento catalisador.

E finaliza:

– Desenvolver a solução e apresentar para o mercado. O limite é infinito!

O projeto "Meu Cliente" é um exemplo. A ideia nasceu com o propósito de impulsionar o *trade marketing* do varejo com tecnologia. Nascida na Tegra, a ideia conduzida por Mauricio Freitas, Jether Filho e Vitor Silva transformou-se em uma start-up menos de um ano depois, recebendo o seu primeiro aporte de investimento.

O que Polis sabe é que a tecnologia é meio, não existe sem propósito e significado.

Na Tegra, o profissional poderá experimentar o desafio criativo, o estímulo do próprio trabalho e a oportunidade de aprender continuamente. Poderá sentir o gostinho de realizar as coisas com autonomia, firmar laços relacionais e ajudar pessoas. Afinal, isso é que dá sentido à vida.

O que significa conhecimento?

O jovem é atingido por uma enxurrada de distrações. Dispersar-se é fácil, difícil é manter o foco. Mas, para mantê-lo, é preciso ter foco. E essa é justamente a deficiência de grande parte dos jovens. Não sabem exatamente para onde ir. Vagam a esmo, sem um propósito pessoal. Sem direção, titubeiam. E o futuro é tratado como se fosse um jogo de azar.

Mais do que habilidades, é preciso desenvolver a consciência e construir o pensamento, ser capaz de compreender o mundo e as pessoas ao redor. Antes, no entanto, é necessário compreender-se.

Enquanto compartilha sua própria experiência, Polis declara:

– O que eu gostaria que reverberasse na Tegra é o autoconhecimento. Quando comecei a mergulhar em mim, eu me permiti arriscar mais, ainda que os riscos assumidos significassem mais erros. Ultrapassei o medo de errar e deixei de me preocupar com a opinião alheia. Tratei de aflorar em mim aquilo que o meu coração tem vontade de fazer, no âmbito das minhas habilidades e competências.

Edgar acrescenta:

– O autoconhecimento a que o Polis se refere é um processo de descoberta, de aprendizado. Durante 25 anos fui professor universitário, mas comecei minha jornada na tecnologia, trabalhei em computação, ainda adolescente. Só depois é que me dediquei à área educacional, deixando a tecnologia de lado. Sou formado em Filosofia e Letras. Veio a pandemia e perdi o emprego. Justamente nesse momento difícil, o Polis me ligou.

Polis confessa que atuou em tecnologia influenciado pelas aulas de Edgar, quando tinha quinze anos. O ímpeto de procurá-lo foi decisivo:

– Soube que ele estava desempregado. Era uma quinta-feira à noite quando liguei para ele. Não nos víamos fazia vinte anos. Sexta-feira, às nove horas, ele estava aqui trabalhando, com autonomia para construir algo novo.

Polis demonstra, com palavras e atos, estar muito além do mero conhecimento. Com uma clara visão de solidariedade, sedimenta com propriedade o seu propósito.

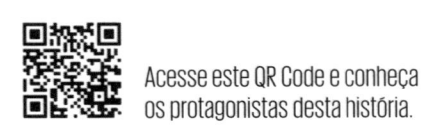

Acesse este QR Code e conheça os protagonistas desta história.

FUTURA – UMA FÁBRICA DE MILAGRES

Que amanheça sua estrada
E multipliquem suas cores
ALISSON MENEZES

Era o primeiro dia de aula da turma inicial, logo que a Universidade Futura Tintas foi criada. Vinte participantes inauguravam o programa de formação Academia do Pintor.

Lojistas e vendedores de tintas, entre outras pessoas, nutriam grande preconceito contra pintores de parede. Eram tidos como preguiçosos, cachaceiros, vagabundos, lambanceiros, ladrões – se sumia alguma coisa na obra, adivinhe quem levava a culpa? Um trabalho depreciado feito por pessoas também depreciadas.

Ivo Ribeiro, educador daquela turma, sempre exigente e rigoroso com os acordos, lançou a primeira regra:

– O programa é de três meses e não prevê nenhuma ausência. Vocês precisam estar presentes em todas as aulas. Se por algum motivo alguém não puder cumprir essa proposta, fale agora.

– Eu não consigo vir todos os dias – declarou um deles, levantando a mão.

– E por quê? – indagou Ivo.

– Porque não tenho dinheiro para vir todos os dias – respondeu o estreante com sinceridade.

– Se é esse o problema, vamos dar um jeito – respondeu Ivo, mantendo firme a regra. – Importante é não faltar. Algum outro problema?

Quando o segundo ergueu a mão para falar, Patrícia, também líder educadora presente, pensou: "Danou-se! Agora isso aqui vai virar um muro de lamentações. Todos vão querer dinheiro para o transporte".

Pedindo a palavra, a segunda pessoa de mão erguida disse:

– Eu posso ajudar com o dinheiro da condução, para que ele não falte.

Embora ambos não se conhecessem, a generosidade estava presente. Foi uma grata surpresa e um prenúncio do que aconteceria a partir dali, com os futuros pintores de alto valor – título que recebiam quando certificados – aprendendo com os líderes educadores da Futura Tintas, os quais também aprenderiam com seus alunos. O aperfeiçoamento seria geral, enquanto se inteiravam sobre respeito para com o outro, amor ao próximo e solidariedade.

O milagre do afeto

Marcos viera do sertão da Bahia. Não tinha traquejo nenhum com interação. De modos grosseiros e indelicados, cumprimentava com desdém, mantendo tanto o distanciamento físico como o afetivo.

Na vida rústica, que se repetia todos os dias sem luz nem cor, Marcos deixava o parco dinheiro com a família e saía para os bares. No pouco tempo que permanecia em casa, implicava com os filhos adolescentes, na certeza de que estavam indo pelo caminho errado. De hábitos toscos, "bom dia", "boa tarde", "boa noite", "obrigado" e "com licença" não faziam parte do seu agressivo e inculto vocabulário.

Eis que um dia o milagre aconteceu. Para sua completa surpresa, Marcos ganhou o primeiro bolo de aniversário. Seus familiares celebraram com inusitada alegria a festa da sua vida, depois que ele mesmo alterou os costumes.

– A Universidade Futura Tintas mudou a minha vida – conta o novo Marcos. – Eu via vocês dando as mãos, se abraçando, beijando, acolhendo a gente e eu comecei a fazer o mesmo em casa. Deixei de ir para o bar e passei a dar carinho a meus filhos e minha esposa. Comecei a oferecer a eles o que recebia de vocês. Hoje meus filhos trabalham comigo, também são pintores. Estamos prosperando.

O milagre dos sentidos

Nunca mais ela ouviu sequer uma só música. Queria evitar qualquer tipo de emoção. Resolveu reprimir os sentidos. A dor de perder o filho tinha sido tamanha que não cabia mais nenhuma outra. Anestesiou a existência.

Trabalhava por trabalhar, como autômata, apenas para assegurar a sobrevivência. Ela havia perdido a conexão com Deus e com a própria vida.

O processo de educação na Universidade usa música como um recurso para o aprendizado. Ouvindo as canções, aula após aula, algo aconteceu com ela. Deu-se uma epifania.

Juliana redescobriu que, apesar das dores, a vida mantém o seu encanto. Livrou-se do transe em que se encarcerara. Voltou a orar, a sentir prazer ao despertar de manhã, a alimentar-se direito, a envolver-se com as pessoas ao seu redor. Foi como ressuscitar.

O milagre da liberdade

Descalabro da família humana, as penitenciárias são bem-aceitas pela sociedade como um mal necessário. Mesmo depois de cumprir a pena, os ex-detentos continuam excluídos, porque ninguém os acolhe nem lhes oferece emprego fácil. Lutam demais para garantir seu mero sustento. Isso prova que grades não são apenas aquelas de ferro que asseguram a detenção do condenado, mas também as invisíveis grades do preconceito que o isolam *ad aeternum* na sofrida sina de solidão e abandono. A menos que uma porta se abra.

Foi o que vivenciou Rodrigo, ao ser liberado depois de passar onze anos no cárcere. A conquista da liberdade demorou. Só aconteceu quando foi acolhido pela Universidade Futura Tintas, onde aprendeu ao mesmo tempo o ofício de pintor e os valores virtuosos do que seja ser humano.

Hoje, Rodrigo declara o seu propósito: "Eu quero tirar muitos da prisão através da pintura". Então, leva para a universidade ex-detentos dispostos a aprender ofício e acender a chama interior apagada nas agruras da vida.

O milagre da lucidez

"Eu estava na droga há muitos anos. Consegui sair do fundo do poço. A pintura me salvou."

Depoimentos agradecidos são frequentes na Universidade Futura Tintas. Não são somente as prisões físicas que encarceram parte da família humana. Existem, também, as prisões mentais.

Noia é o apelido que se dá a quem se envolve com drogas. E, assim como o ex-presidiário, a pessoa que faz uso problemático de substâncias sofre o preconceito da sociedade, o maior obstáculo para livrar-se do vício e retornar limpo para uma nova vida. Uma vez digno de confiança, é totalmente capaz de recuperar-se, por mais difícil que seja.

O milagre do contentamento

"Eu era estelionatário. Fabricava notas falsas. Mas nem o dinheiro ganho com isso me deixava feliz. Ao fazer a Universidade, vi que o mundo não era como eu pensava. Mudei completamente. Agora, me sinto bem melhor e mais feliz."

Existe uma sede que não tem como saciar. É a carência, que só se resolve quando transformada em desejo. A Universidade consegue essa alquimia, de um jeito muito simples e natural.

O milagre da vida

– Sabem o que é isso? – perguntou a pintora recém-formada para a plateia diante dela, enquanto mostrava uma folha de papel repleta de palavras.

Curiosos, todos os presentes na sessão de formatura da Escola do Pintor na Universidade Futura Tintas ficaram muito atentos.

– Meu plano de suicídio – respondeu ela mesma.

Era muito detalhado: com quem ela iria falar, de quem se despediria, como pretendia fazer. Estava decidida a colocar tudo em prática, até que encontrou a Universidade e, ali, um sentido para a vida. Antes, nunca havia tido uma profissão.

– Agora eu tenho! – disse ela, radiante com a sua conquista, enquanto rasgava a folha de papel sob aplausos dos colegas, todos de olhos marejados.

O milagre da gratidão

– Ricardo, eu sou o Joaquim! Trouxe uma coisa para você.

Enquanto se apresentava ao líder da Futura Tintas, o pintor de alto valor lhe entregou um pote de vidro caseiro envolto em plástico.

– Que legal! – agradeceu gentilmente Ricardo. – Minha esposa adora pimenta! Eu também gosto, mas ela é apaixonada.

– Fiz questão de trazer para você como prova de gratidão. Antes da Universidade, eu pintava paredes por obrigação e tinha uma perua Brasília velha caindo aos pedaços. Agora sou pintor de alto valor e pude comprar um carro zerinho. Consigo levar minhas escadas e me apresentar melhor para os clientes.

Além das esferas pessoais, relacionais, emocionais e espirituais, a Universidade Futura Tintas quer também promover milagres econômicos para que seus integrantes ganhem mais dinheiro e melhorem as suas condições de trabalho. Do bem-viver ao bem-estar, também ensina sobre finanças no trabalho e na família, muitas vezes com a presença dos cônjuges.

Foi assim que gradativamente se transformou em uma escola de milagres.

Do aqui e do acolá

Do que se trata? Seria uma escola humanista, organização não governamental, entidade filantrópica, instituição religiosa?

Nada disso! A Futura Tintas é mais um *player* no competitivo mercado de tintas. Concorre com gigantes, mas os gigantes não conseguem concorrer com ela. Desenvolveu um diferencial difícil de ser copiado, porque nasceu no coração de Ricardo Stiepcich, empresário e líder, e contagiou uma equipe inteira.

Assim, evoluiu de fabricante de tintas de qualidade para uma empresa altamente diferenciada. Muito dessa imagem no mercado se deve à Universidade.

Agentes da velha economia estranharão a forma da Futura Tintas de atuar, dizendo que "as contas não fecham". Ricardo responde:

– Às vezes, a gente pensa que é o super-homem – fazendo alusão ao famoso personagem das histórias em quadrinhos e do cinema. – Quer resolver as coisas do *aqui* no *aqui*. O que muitos não compreendem é que o *aqui* não se resolve sem o *acolá*.

Ricardo explica o jogo de palavras, referindo-se às coisas visíveis e tangíveis – as do *aqui* – e às não visíveis e intangíveis – as do *acolá*.

O *aqui* é matemático, lógico, racional. O *acolá* é lúdico, criativo, espiritual. O *aqui* é o mundo dos vícios e das carências, a menos que se socorra no *acolá* o mundo das virtudes e dos desejos.

– Uma coisa é ficar no *acolá*, só pensando, resguardado em uma redoma. Outra coisa é descer a montanha e meter a mão na massa.

O *acolá* é o mundo das possibilidades, mas que só se tornam possíveis no *aqui*. Ricardo completa o seu raciocínio:

– Na correria do dia a dia, bancando o super-homem, a gente se esquece de recorrer ao *acolá* para conseguir a energia necessária para resolver os dilemas do *aqui*. É quando abrimos a guarda e o medo toma conta de nós.

Não pense que Ricardo é do tipo assistencialista ou humanista de boteco. Ele apenas compreendeu que entre a tinta e a parede existe um cidadão: o pintor. Tanto a tinta como a parede são inertes. O pintor é quem, usando as cores, coloca vida nos ambientes em que se convive. Essa pessoa, no entanto, é invisível. Quase ninguém a valoriza. Considerada mão de obra barata, vale menos do que o galão de tinta.

Ricardo também se deu conta de que, durante todos os anos de existência da sua empresa, muitas paredes foram renovadas pelo pintor. Sem ele, nada teria acontecido. Estava mais que na hora de retribuir.

O empresário, sempre tão pragmático, passou a compreender que os negócios existem para contribuir com o mundo e gerar riquezas, além da econômica, aferida pelo caixa positivo.

Generosidade, afeto, sentimento, liberdade, lucidez, contentamento, vida, gratidão não são palpáveis até que se materializem por milagres. Essas são as fontes de energia a que Ricardo se refere.

Sabedoria é vir para o *aqui* sem sair do *acolá*. Ricardo sabe que esse é o desafio diário.

Luzes e cores

– Nós acreditamos que a luz vem de dentro – declara Sandra Campos, líder e também educadora solidária, entusiasta da economia ao natural, tecendo com criatividade os fios entre a indústria e a escola, entre a produção e a educação.

– Essa luz se estende por toda a fábrica – acrescenta Silvana, também educadora solidária, a líder que cuida das finanças da Futura Tintas –, abrangendo fornecedores, prestadores de serviços e outros parceiros com os quais convivemos. Uma das etapas mais significativas da formação dos pintores é uma oportunidade para todo o holograma sentir de perto essa luz se acendendo: o Solidare.

Trata-se, como fica bem claro no nome, da ação que envolve colaboradores, parceiros e pintores, juntos, em uma equipe de projeto, oferecendo-se para pintar gratuitamente entidades sociais e assistenciais em todo o Brasil.

– Vivenciar o Solidare foi impactante para mim e tem sido para todos que dele participam – declara Silvana.

E o mercado? Como ultrapassar o breu da escassez, das transações áridas sem luminosidade, da competição muitas vezes predatória?

– Existe uma escuridão no entorno – diz Patrícia Costa, a Pat, que lidera a Universidade desde a sua fundação. – A falta de luz está na contramão do que a gente ensina e pratica.

– "Faça sempre o mesmo" é a conduta do mercado. Nós fazemos diferente, exatamente o contrário do que recomendam e insistem em repetir à exaustão – diz Tegani, líder da área comercial, hábil em driblar as miragens convencionais, embora tenha trabalhado antes em multinacionais. – Se existe um breu, inspiramos o mercado com ideias brilhantes. Nós levamos luzes e cores!

Colorir vidas é o propósito da Futura. Está tatuado na mente e no coração de todos, incluindo os parceiros de negócios.

– Os lojistas muitas vezes estão desacorçoados diante de tantos embates, massacrados por fornecedores que preferem bater a carteira deles ao invés de ajudá-los – continua Tegani, conhecedor profundo dessa realidade. – Muitas vezes, os lojistas estão moribundos, levantando as portas de manhã só para ver se entra algum dinheiro que os ajude a pagar as contas. Quando eles se defrontam com uma empresa que se entrega da forma como nós nos entregamos, de corpo, mente e alma, então uma luz se acende onde antes só havia o breu.

Tegani sabe que o propósito da Futura Tintas é contagiante:

– Em contato conosco, o lojista descobre um propósito que eleva a sua chama e o faz reviver. Ele descobre que também pode contribuir com o mundo.

E conta como a alquimia acontece:

– Quando o breu dá lugar à luz, renasce o empreendedor que estava adormecido no lojista. Ele passa a querer investir no negócio com o olhar de prosperidade, não de escassez. Quer atender melhor ao cliente, potencializar a equipe, fazê-la prosperar, para que juntos possam transformar a vida das pessoas.

Antes, o lojista parceiro da Futura não tinha o olhar atento para o pintor. Achava que era um cara impertinente que vinha só para comprar tinta e implorar desconto. Hoje, ele quer o pintor ao seu lado, disposto a contribuir para seu progresso constante. Mudou a qualidade da relação.

– Quando o lojista aprende a "colorir vidas", ele quer abrir mais lojas – diz Sandra. – Não para ganhar mais dinheiro somente, mas para colorir mais vidas. É outra a filosofia de crescimento.

Tegani endossa a citação:

– A luz que levamos para o mercado vem do nosso coração. A Futura Tintas é uma empresa promovedora de milagres. E eles não provêm apenas da Universidade Futura Tintas, mas também das lojas a que nós atendemos, inspiradas pelo nosso propósito.

Embate entre a luz e o breu

Autêntico e jamais disposto a esconder suas vulnerabilidades, Ricardo admite sem rodeios o friozinho na barriga que sentiu ao decidir sobre a nova planta industrial, que irá aumentar consideravelmente a produção de tintas, além das melhorias técnicas.

– Trata-se de um passo ousado e que envolve muito dinheiro – confessa Ricardo.

Sandra completa a amplitude da decisão, considerando as dificuldades em pauta:

– Existe um embate entre a luz e o breu no mercado, mas também internamente. As margens estão achatadas, há limites de produção e restrição para as inovações. Nossa luta diária é não deixar que esse embate afete os passos necessários para continuarmos avançando.

O passo do alto investimento em um parque fabril muito mais poderoso se justifica plenamente, de acordo com Tegani:

– Precisamos de uma nova fábrica para evoluir tecnologicamente, diluir custos, aumentar a lucratividade e, sobretudo, atender melhor aos clientes.

Claro que todo crescimento é uma aposta. Implica avançar em um mercado de concorrência forte e agressiva. Mas, nesse embate interno entre o medo e o propósito, Ricardo não titubeia:

– Conheci outras iniciativas como a nossa, mas que desapareceram na primeira dor de barriga. Eu jamais pensei em encerrar as atividades da Universidade Futura Tintas.

A demanda que ressoa nos ouvidos da equipe engajada é de outra ordem. Existe um clamor que virou notícia no mercado de tintas e que ressoa em cidades de todas as regiões do Brasil: "Precisamos de vocês aqui. Tragam a Universidade para cá! Cursos a gente tem, mas a gente quer o que contam sobre vocês e o que vocês ensinam".

– Toda vez que falamos em crescer – diz Sandra – é a expressão do nosso desejo de colorir mais vidas. Meu grande sonho é ter a Universidade chegando a mais e mais cantos do Brasil.

Sandra revela abertamente a sua empolgação:

– Uma coisa é fazer uma Universidade aqui, outra é tê-la em novos lugares, no sertão de Pernambuco, por exemplo. Quando chegamos nesses recônditos, as pessoas se admiram pelo fato de termos atravessado o país para levar nossa mensagem de amor, esperança, transformação, fé em seres humanos melhores e cidadãos melhores.

E continua, com o devido pragmatismo:

– Precisamos vender muita tinta para financiar ainda mais as Universidades itinerantes, indo além do pintor, de maneira a também servir a lojistas, equipes de lojas, estoquistas, colaboradores. Temos vidas demais a colorir!

Ricardo está consciente de que a ousadia tem muito respaldo:

– Sei que o medo está no *aqui*. Quando vejo uma equipe determinada a fazer coisas que, para mim, são relevantes, recorro ao propósito que está lá no *acolá*. Ninguém recebe um tostão para dar aula na Universidade. São educadores solidários. Eles trabalham o dia inteiro e se entregam à noite, certos de fazer o melhor para os pintores.

E conclui:

– Nessa hora eu desato os nós, solto as amarras, abasteço a minha alma e alço voo. Não como aquele herói solitário, o super-homem. Bom mesmo é voar juntos, na mesma frequência e altitude.

Além de pintores, lojistas e colaboradores, a Futura Tintas é fonte de inspiração para outras empresas que também criaram suas universidades, a exemplo da próxima história.

No fundo, o que Ricardo sabe é que quem joga no time de Deus sempre vai se dar bem.

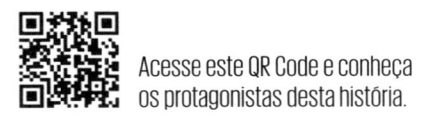 Acesse este QR Code e conheça os protagonistas desta história.

METANOIA – UMA ESCOLA DE AMOR

Acredita, a roda vai girar
Em volta da fogueira todos a criar
Uma nova história para contar
Pode parecer um sonho
Uma grande viagem
Mas é tudo real nessa imagem
CLARISSE GROVA e RAQUEL SADI

Desde a descoberta do fogo, o mundo nunca mais foi o mesmo. Sim, porque da forjaria à fundição, o novo elemento transformava matérias-primas em tantos outros materiais. Não bastasse tamanho avanço, aconteceu também a lapidação da própria humanidade ao redor da fogueira, quando seres humanos se encontravam para compartilhar sentimentos, conversar sobre os seus medos, mazelas e desafios, imaginar possibilidades e envolver-se nos mesmos sonhos. Era naquele aquecido e acolhedor ambiente que os nossos ancestrais se refaziam e se recriavam.

A fogueira continua acesa. Ainda estamos nos refazendo e recriando como seres inacabados que somos. Já não permanecemos dentro de cavernas nem no meio da selva, mas, ainda que estejamos abrigados e protegidos, ainda vivemos as mesmas dúvidas, angústias e medos. Também sonhamos e almejamos um mundo melhor.

Imagine, agora, o clarão de uma fogueira ao redor da qual se acomodam educadores curadores.

Susi é formada em Medicina. Embora não exerça a profissão, a sua busca foi sempre a de curar pessoas, algo que não se dá apenas via doutores e medicamentos. Susi descobriu que a cura acontece, também, com educação amorosa, o modelo aplicado pela Metanoia. Implica escuta atenta, empatia, contato com a própria essência e vivência do amor maior do mundo. Susi tem a *cura* como o seu valor essencial. Não é preciso, mesmo, aprender sobre medicina para promover a cura.

Carlos é administrador de empresas. Atuou como executivo na área de produção, mas foi na Metanoia que encontrou a sua vocação para educar, ao mesmo tempo que pode exercer também a sua espiritualidade cristã, inspirada nas linhagens franciscana e beneditina. Tem o *sagrado* como valor essencial.

Assim como Carlos, Edilza também foi executiva, mas na área de marketing. Do outro lado do balcão, aplicou a *metanoia* na equipe que liderava. Agora Edilza, também conhecida como Ziza, compõe os enredos da educação transformadora aplicados na Metanoia.

Quando a intenção de curar incorporou-se a esse modelo, Edilza enfrentou um câncer de mama. Como se não bastasse, o diagnóstico aconteceu na chegada da pandemia. Uma provação sobre curar e curar-se. Por conta própria, ela constatou que abraçar a dor do outro tem o poder de curar. Não sem motivo, *Deus* resplandece como valor maior para Edilza.

Fabiana, a Fabi, sempre teve a ambição de mudar o mundo. Simples assim. Inconformada com a morte de jovens na chacina da Candelária, no Rio de Janeiro, escreveu um artigo contundente, aos 15 anos, publicado em um jornal de grande circulação. Ao observar a repercussão de suas palavras, ela viu que a escrita tem poder. Acabou optando pelo jornalismo. A causa que a movia não era exatamente a escrita ou o jornalismo, mas o jovem. Criou o programa SouPaideia com a mesma metodologia de educação transformadora aplicada pela Metanoia. Hoje, ela sente todos os dias que está mudando o mundo. O *oikos* é o seu valor essencial.

Herivelto, o Heri, também experimentou a *metanoia* do outro lado do balcão. Com formação em logística e líder de produção na empresa em que trabalhava, ele se preparou para ser um educador curador, certo de que a metanoia ajuda a pessoa a ser quem ela nasceu para ser. Na Metanoia, ajuda as pessoas a despertar para o significado do trabalho e gerar vida. Um jeito de curar, sem dúvida, tendo a *beleza* como valor essencial.

Karine é do Norte do país, da terra amazônica de Belém do Pará. Jornalista de formação, mudou-se para São Paulo em busca de exercer a sua vocação, que a princípio pensou ser a religiosa, mas logo descobriu que podia vivê-la por meio de outra convocação: a do mundo dos negócios e do trabalho. Oblata beneditina, vive o mosteiro sem paredes, buscando a ordem natural em um mundo fora da ordem. *Ágape* é o seu valor essencial.

Alexandre é o líder e, como os líderes ancestrais, é quem toma a iniciativa de acender a fogueira fora, para que cada um a acenda dentro de si. Sabe que liderar é, sobretudo, o exercício da colaboração, do altruísmo e da solidariedade. Aprendeu isso nas atividades de consultoria, mas sobretudo nos processos de educação da Metanoia, com milhares de líderes e centenas de empresas dos mais variados ramos de atividade ao longo de mais de três décadas. Seu valor essencial é a *esperança*.

O natural no trabalho e nos negócios

Imagine um encontro, ao redor da fogueira, entre a cura, o sagrado, o *oikos*, a beleza, a esperança, o Ágape e Deus. A conversa, um diálogo virtuoso, não podia ser de outra natureza:

– Para mim, natural é o trabalho com sentido e significado – Carlos dá a largada. – Lido com empresários, e muitos deles estão mais preocupados com a dimensão econômica, antes de tudo. Mas existem outras buscas para os que se identificam com a filosofia da Metanoia.

– Também vejo como natural um trabalho gerador de vida – complementa Heri. – Embora ouvisse minha mãe dizer que o trabalho dignifica o homem, o que a gente vê muito, na velha economia, é justamente o contrário, o trabalho eliminar a dignidade das pessoas, tratando-as como objetos. Só é natural o trabalho que faz com que as pessoas sejam e se sintam inteiras.

– Apenas quando tratado como sujeito o colaborador consegue enxergar o significado do seu trabalho – adiciona Fabi. – Quando ele entende quem ele é e o que ele faz.

– Quando saí de Belém dei um passo rumo ao desconhecido – conta Karine. – Não sabia direito o que tinha pela frente. Mas deixei que a ordem natural me conduzisse. Tem algo velado, que vai se revelando. Tem o *aqui* e o *acolá*. A metanoia nos muda dentro e muda fora.

– O que é lindo nisso – inclui Susi – é como tudo se retroalimenta. Porque o natural do trabalho é fazê-lo com significado e, quando isso acontece, a nossa vida também ganha em significado. Trabalho e vida se nutrem mutuamente. É uma troca constante em que você evolui enquanto contribui e contribui enquanto evolui. Essa é a ordem natural. Quando um dos lados, trabalho ou vida, não está ganhando, é porque está fora da ordem.

– Para mim, o natural é o humano inteiro, integral – discorre Edilza. – É o humano que se integra e se integra ao todo. E quanto mais humanos nós nos tornamos, mais divinos nós somos. Na Metanoia, ajudamos o outro a descobrir em si o ser integral, o humano que se humaniza.

– No trabalho que desumaniza, as pessoas vão colocando cascas para se proteger – diz Heri. – São armaduras que as deixam mais distantes de sua essência. O trabalho que dignifica é aquele que desperta a essência de cada um, fazendo com que seja quem realmente ele é.

– Nós não estamos aqui só aprendendo a ser, mas ajudando as pessoas a serem – observa Edilza. – Ouço quando elas dizem: "É isso que eu queria e sempre procurei". Está lá, sempre esteve e é tão natural.

– Existe a evolução das pessoas, dos líderes e das obras – lembra Carlos. – Quando eu falo sobre a evolução da obra, me refiro à evolução da empresa. É significativo enxergar a empresa como uma obra. Na experiência da Metanoia, vi empresas feias que se transformaram em obras bonitas. Vi equipes descuidadas sendo cuidadas. Produtos que não vendiam sendo procurados. A Metanoia traz beleza para os negócios.

– Nós temos uma história de amor com a Metanoia, o que aumenta a nossa entrega – admite Fabi. – Noto o mesmo nas empresas às quais prestamos ajuda. As pessoas se apaixonam por suas empresas, da mesma forma que os líderes por suas equipes. E a entrega aumenta com a expansão do amor.

– Eles se apaixonam pela vida e isso se estende também para as relações familiares – comenta Susi.

– Empresários e executivos que não tinham agenda e viviam em transe, com dificuldade de enxergar oportunidades, hoje fazem os seus negócios renderem dez vezes mais do que antes – constata Carlos. – Noto como as empresas evoluem e crescem. Têm mais colaboradores, clientes, negócios. São reconhecidas e admiradas.

– E não podemos esquecer que os fornecedores também estão sendo tocados – assevera Heri.

– Algo fundamental acontece com pessoas e empresas que passam por essa educação transformadora: o espírito de solidariedade – revela Carlos. – Quando as empresas se tornam mais humanas, ficam mais solidárias. Existe uma evolução material, mas também espiritual. Fatores de perturbação que antes incomodavam já não incomodam mais. Tornam-se irrelevantes.

– Existem duas palavras que são muito caras à Metanoia – diz Alexandre. – Uma é vida. Trabalhamos em prol da vida e para que nós, os colaboradores, e os clientes possamos aprender a viver. A outra é amor, aprender a amar. Aprender a viver e a amar, isso a gente educa naturalmente.

Uma cultura ética, humana e próspera

A fogueira continua incandescendo enquanto as chamas se manifestam, incentivando a conversa, que flui naturalmente:

– A pessoa não muda sozinha – ressalva Edilza. – Começa pelo líder, mas, para que reverbere por toda a obra, é preciso a construção de uma cultura. Construir, consolidar e cultivar uma cultura é uma travessia que leva tempo.

– É bom reconhecer esses estágios e administrar a ansiedade, tanto a nossa como a do cliente, e saber que cada estágio é uma etapa de evolução – acrescenta Heri.

– Muitos chegam querendo a solução para algum problema – recorda Carlos –, e uma solução mágica. E o que resolve milhares de problemas novos e antigos é uma cultura. Construí-la é muito melhor do que passar os dias dando raquetadas a esmo, como se o trabalho fosse um jogo de pingue-pongue.

– O cliente pode até querer uma *fórmula mágica*, mas o que entregamos para ele é a *justa medida* – acrescenta Alexandre. – É importante respeitar o momento em que cada líder e cada obra estão, respeitando o tempo deles. Mas existe, sim, uma palavra mágica no nosso vocabulário: *caramba!* Acontecem sinapses na mente de cada participante, nos processos de educação. É quando verdadeiramente ele aprende, e esse aprendizado vai fazer parte dele para o resto da vida. A consciência se expande de *caramba!* em *caramba!*.

– É preciso que passem por um choque cultural – reflete Karine – para que percebam que é outra realidade. Só que o choque tem de ser na justa medida.

– O importante é captarmos o fator subjacente que impulsiona ou impede de encontrar a justa medida no processo de evolução de cada cliente – ressalta Carlos.

– Nós usamos a Roda do Aprendizado, uma metodologia de aprendizagem – lembra Heri. – A partir dessa metodologia, colocamos a consciência antes da competência. Existem muitos cursos que têm pressa de chegar à competência e atalham a consciência. Mas a consciência precede a competência. Esse é o segredo da nossa educação transformadora.

– E quando a consciência se expande, você não volta mais a ser quem era antes – assegura Susi.

– O curioso – salienta Heri – é que a ampliação de competência é gradual, mas a tomada de consciência é repentina.

– É importante dizer o que é uma cultura metanoica – assevera Edilza. – Ela é formada por uma *filosofia*, que define "quem somos". Também por uma *estratégia*, que indica "o que deve ser feito agora que sabemos quem somos". E um *método* que mostra "como fazer". Essas três dimensões devem estar alinhadas para que se forme uma cultura consistente.

– O papel do líder é fundamental na construção de uma cultura – revela Fabi. – Ele tem de descer daquele patamar de dono do cargo ou proprietário da empresa para construir, com seus pares, uma obra coletiva.

Alexandre sintetiza:

– Ajudá-los a compreender que o transcendente mora em um tempo-lugar-espaço que é o *acolá*, sem perder de vista o pragmatismo do *aqui*, com seus problemas a resolver e os desafios a alcançar. Criar experiências de aprendizagem que façam com que entrelacem as duas dimensões, o *aqui* e o *acolá*, é o desafio da nossa educação transformadora.

– Essa cultura ética, humana e próspera acabou por criar, naturalmente, uma comunidade metanoica – comenta Edilza. – São líderes e obras que comungam dos mesmos desejos e buscam uma economia ao natural.

– É como um refúgio onde eles podem se encontrar, estar juntos, trocar sentimentos e experiências, compartilhar propósitos, inspirar e buscar inspiração, fazer conexão entre os negócios – complementa Carlos.

– Alguns saem, outros permanecem ou retornam – esclarece Edilza. – A comunidade é uma porta sempre aberta a todos os metanoicos. É o lar para onde todos podem voltar, caso se afastem. E serão recebidos com o amor de sempre.

– Metanoico nunca deixa de ser metanoico – arremata Alexandre.

Outras fogueiras

A Metanoia tem sua sede na capital paulista, mas seus programas de educação se estendem pelo interior e por vários outros estados, como Distrito Federal, Paraná, Rio Grande do Sul, Santa Catarina, Minas Gerais, Bahia e Rio de Janeiro, com incursões também fora do país. Onde quer que esteja nesse amplo território também conhecido como *mercado*, lá estará acesa uma fogueira ao redor da qual pessoas se reúnem para acender sua chama interior, sonhar, aprender e realizar.

Pois foi numa dessas fogueiras itinerantes que quatro outros valores essenciais se encontraram para prosear: a *essencialidade*, a *servidão*, a *misericórdia* e o *cuidado*. Silvio, Karina, Maria Luiza e Ivo, respectivamente.

Silvio, formado em administração de empresas e neurociência, trouxe para a educação a sua ampla experiência em consultoria, atuando por vários anos antes de se integrar à Metanoia.

Maria Luiza, a Malu, é formada em Administração Hoteleira e Karina é técnica de alimentos, além de ter cursado Biologia. Ivo Ribeiro é formado em Análise de Sistemas e Gestão Estratégica de Negócios, mas sua grande escola foi a atuação como consultor e educador curador, com incursões empreendedoras no Vale do Jequitinhonha, onde aprendeu e bebeu da rica cultura local.

– Resultado é a linguagem do mercado – Ivo dá a partida na conversa.

– Mas o mercado oferece uma porção de frutas – exemplifica Malu, fazendo uma analogia. – O cliente não consegue decodificar todas as frutas diferentes que tem ali, nem ao menos sabe o nome delas.

– Nem sempre o mercado está preparado para enxergar outras frutas além daquelas que conhece – emenda Silvio. – Quem só conhece banana, só enxerga banana. E até a palavra *resultado*, citada pelo Ivo, pode ter interpretações diferentes.

– Daí a razão de usarmos metáforas, como a empresa de corpo, mente e alma – lembra Ivo. – Mesmo sem explicitar, as pessoas conseguem, de alguma forma, imaginar o que significa cada parte dessa tríade. E ter uma visão mais analítica ou mais sistêmica do que seja resultado.

– Quando vamos ao mercado, percebemos que muitos estão buscando solução para seus problemas, não necessariamente educação – discorre Silvio. – O risco de ficar na solução do problema é o de manter a verdadeira causa, que, resolvendo aquele sintoma, acaba gerando outro.

Ivo lembra a história do mercador que percebeu a existência de uma grande ondulação no centro de seu mais belo tapete. Pisou em cima dela para achatá-la e conseguiu, mas eis que a ondulação ressurgiu em outro lugar. Repetiu a tentativa e a ondulação apareceu mais adiante. Irritado, continuou a pisar e repisar a superfície, sempre com o mesmo resultado. Até que, finalmente, levantou uma das pontas do tapete e se deparou com uma cobra.

– A educação trata de dar fim à cobra – arremata Ivo –, não de apenas mudar as ondulações de lugar.

– Mas a demanda do mercado é para dar cabo da ondulação, não da cobra – acentua Silvio. – E não adianta brigar com o mercado. Mercado é onde acontece o encontro da oferta com a demanda.

– A necessidade de aprendizado não é considerada à primeira vista – constata Ivo. – E mais: há quem acredite que, para aprender, é só acessar o Google. Acontece que o Google não ajuda a desaprender. E desaprender é mais importante do que aprender.

– Por isso, a gente precisa ir na medida do cliente – diz Malu. – Até onde ele consegue enxergar, ele consegue caminhar. Ajudá-lo a ver é ajudá-lo a dar o passo.

– Quem entra no processo da *metanoia* não desiste, segue em frente – assevera Ivo. A Roda do Aprendizado, nossa metodologia de educação, faz com que isso aconteça, ora instigando a curiosidade, ora oferecendo significados. Tanto a curiosidade como o significado são as molas propulsoras do aprendizado.

– Voltando para o resultado – intercepta Malu. – Resultado é conquistar o compromisso emocional da equipe e fidelizar o cliente.

Karina faz seu ajuste:

– Resultados por meio de uma equipe mais comprometida e realizadora, uma equipe que faz e acontece para manter o cliente fidelizado.

– Da minha parte – intervém Silvio –, tentaria ampliar o conceito de aprendizado fazendo perguntas para o cliente: olhando para trás, está satisfeito com o que você está deixando em sua empresa, sua vida, sua história? Questionaria o passado para ver se assim contribui para uma imagem mais significativa de futuro. Que tal fazer da sua história algo que possa ser mais do que tem sido?

– Possibilidade é a palavra – acrescenta Ivo. – Possibilidade de alavancar resultados, de evoluir com leveza, de tornar as realizações possíveis. Que cada educando seja um artesão da esperança e ajude a construir uma economia ao natural.

– O que encanta no nosso trabalho – diz Malu, também com encanto – é a transformação que a gente proporciona na vida das pessoas e a transformação que a gente proporciona nos negócios. A partir daí, a potencialidade que a gente tem de mudar a comunidade, a cidade, o mundo. As empresas são, hoje, a força maior que existe na sociedade.

– Mas que o cliente entenda que a transformação necessita de um ingrediente essencial: a convicção, que tem a ver com fé e com ato de amor – arremata Karina.

Fagulhas do que seja ser metanoico ou metanoica

É quem prefere a aventura e o inesperado das trilhas à monotonia das repetições dos trilhos.

É quem sabe tornar simples o aparentemente complexo e sabe colocar a tecnologia a serviço do humano.

É quem reconhece que negócios são encontros de almas felizes empenhando-se em fazer outras almas felizes.

É quem sabe que todos nós temos uma história para contar, uma luz para manifestar, um combate a travar, um talento a aperfeiçoar, um sonho a compartilhar com generosidade e gratidão.

É quem compreende que a cultura prevalece sobre a estratégia e não o contrário.

É quem admite que os negócios podem e devem cuidar da vida enquanto promovem a cura.

É quem aposta no amor e na confiança entre os seres humanos como movimentos contínuos de fiar juntos a mesma trama, reconhecendo que esse é o único jeito de promover a abundância e gerar riquezas.

É quem sabe que ao trabalhar de maneira ética e mais humana, com virtuosos reflexos em seu ambiente empresarial, vai inspirar também a família e os amigos, de maneira que repercutam tal comportamento em todo o entorno. Assim estendem o exemplo à sociedade, à cidade, ao estado e ao país, que, transformado em nação, influenciará o mundo e, este, o cosmo.

É quem transforma o ambiente de trabalho em uma comunidade humana, em que existe espaço tanto para o afeto e o comportamento fraterno como para a imaginação e a criatividade, além do desempenho e dos resultados.

É quem acredita que, a cada passo à frente de sua empresa, o mercado a acompanha. Isso implica que uma obra consciente pode elevar a qualidade e o desempenho de uma economia inteira.

É quem assume o papel de educador e agente de transformação.

É quem transforma a empresa em uma permanente sala de aula, onde todos podem crescer como seres humanos.

É quem considera a inovação como mola propulsora da economia. Quanto mais orientada às gentes, mais natural será.

É quem admite que, ao tornar-se mais coerente e consciente, observa o mesmo entre todos na sua obra. Sabe que, quando caminha um passo, a obra toda caminha um passo.

É quem aceita que, para construir um mundo melhor, antes deve reconstruir-se, ou seja, apenas quem encontra a solidariedade em seu interior consegue oferecê-la.

É quem sabe humanizar o ambiente de trabalho, fazendo com que as relações humanas seja virtuosas ao invés de utilitárias.

É quem aprecia beneficiar a vida e compreende que cada passo é uma conquista, um aprendizado, uma parte da riqueza da economia, e que cada movimento virtuoso faz com que se transforme em um ser humano naturalmente mais rico, assim como o mundo ao seu redor.

É quem tem, para si, um projeto de desenvolvimento baseado em valores humanos e consegue vivê-lo em todas as áreas que vivencia, na certeza de que, ao atuar dessa forma, pode educar pelo exemplo.

É quem empreende pensando no bem comum e sabe alinhar os desafios do *aqui* com a inspiração do *acolá*.

É quem está ciente de que o mercado e os negócios são meios pelos quais pode realizar e desenvolver o seu espírito de colaboração e solidariedade. Sabe que essa harmonia libera valores que qualificam o ato de retribuir: gratuidade, alegria, generosidade, desprendimento, tudo com a base saudável da confiança.

Fogo ardente

Ao acrescentar gravetos à fogueira, cada um com a sua chama consegue deixar o ambiente ainda mais aquecido e iluminado.

– É importante dizer que os clientes aprendem mais com quem nós somos do que com o que nós falamos – frisa Carlos. – Eles aprendem mais com a nossa entrega do que com o que a gente ensina. Nós somos testemunhos do que ensinamos.

– Por isso, não podemos deixar de ser quem nós somos – declara Karine. – Não podemos nos distanciar de nós mesmos e de nossa entrega.

– E também não podemos perder de vista o nosso eixo, nosso centro – reforça Fabi. – É um exercício diário.

– Vivemos o nosso processo de evolução de consciência e de aculturamento todos os dias – ressalta Karine. – Tudo isso exige coerência entre o que somos, o que dizemos e o que fazemos. Confesso que não consigo ser coerente o tempo todo, mas a cada dia eu sei para onde voltar. Retorno disciplinada e naturalmente, tal como o sol ao nascer e a lua em suas fases.

– É buscando ser coerentes que as nossas incoerências aparecem – lembra Fabi.

– É o que compreendemos como amor. Não se trata de um sentimento, mas de decisão e compromisso – define Karine.

– É o que igniza o mundo ao nosso redor. Uma centelha pode acender muitas outras. Promovemos ainda mais labaredas – conclui Alexandre.

Outro valor essencial adentra o ambiente aquecido. É a *solidariedade*, representada pela Zilda, ícone de acolhimento, gentileza e cuidado da Metanoia.

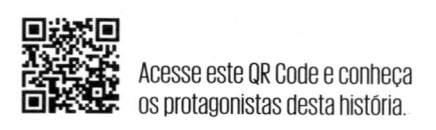

Acesse este QR Code e conheça os protagonistas desta história.

EPÍLOGO

EPÍLOGO

A economia não começa nos mercados.
Começa nos corações humanos.

O direito a surpreender-se

Vinte histórias estão apresentadas como uma farta mesa posta, em que há pratos de vários tipos, entre doces e salgados, agridoces e apimentados. "De um tudo", para escolhas.

Como acontece em qualquer banquete, cada um dos convidados – o leitor e a leitora – se aproxima para se servir. No entanto, nem os pratos, nem o apetite, o paladar, o estômago são os mesmos. O que existe em comum é a vontade de saciar a fome, que é igualmente diferente ou de semelhante intensidade. Por isso, alguns preferem determinados alimentos e evitam outros. Quando a fome por algum deles é muita, os olhos sequer conseguem enxergar as demais alternativas.

Há quem se sirva apenas do que bem conhece, para que não haja estranheza no paladar. Prefere sabores dos quais já tem referência. Há quem ouse, porém, aventurar-se, arriscando provar algo mais exótico. Cada um busca o alimento que melhor lhe apetece, alivia a sua fome, agrada o seu paladar e satisfaz o seu estômago. E evita tudo o que supostamente possa causar enjoos ou mal-estar. Nem todos têm estômago para tudo.

A atitude também é diferente diante da mesma oferta. Alguns, famintos, avançarão avidamente sobre a mesa tentando comer o máximo, para depois sofrer com azia e má digestão. Outros ficarão administrando suas fomes, enquanto espiam de soslaio até tomar uma decisão. Para aproveitar ao máximo um banquete, não basta apenas a fome fisiológica. É preciso ter outros tipos de fome.

A mesa está posta para todos, mas cada um fará a refeição de maneira distinta, portanto, com prazeres e resultados diferentes. Cada um é livre para viver a sua própria experiência e tirar o máximo proveito dela, dadas as circunstâncias, como melhor lhe aprouver.

Estamos diante de um bom desafio: na festa de todos, as pessoas constroem cardápios conforme suas necessidades e agem a partir do que são. Prepare o seu e siga em frente!

Mas existe um segredo da economia ao natural declarado no final do livro: não é para ser atrelada aos desejos e às vontades de cada um. Existe para que desejos e vontades individuais tenham a ver com algo maior dentro de cada um de nós e que contribuam para algo maior fora de cada um de nós.

Na nova economia, vale tudo! Ou quase tudo... Menos limitar-se ao suposto bem-estar do *couvert* sem nunca avançar ao bem-viver que o prato principal oferece.

Aproveite a oportunidade! A mesa continua posta. Faça as escolhas sem receio de ousar. Surpreender-se pode fazer toda a diferença daqui para a frente.

APÊNDICE

Em tempo de medo e vontades enfraquecidas,
os desideratos são o oposto,
são o fortalecimento da vontade.

DESIDERATOS

Desiderato 1: Eu desejo viver um propósito coletivo

Vários são os dons, diversos os talentos, múltiplas as inteligências. Mas o propósito é um só. Muitas são as atividades, os ofícios, as profissões, as vocações. Mas o propósito é o mesmo, a construção de uma nova economia, ou seja, uma economia ao natural.

Cada um se manifesta a seu jeito, tendo em vista o propósito coletivo, que é a construção de um mundo melhor. Habitamos a mesma casa, bebemos a mesma água, respiramos o mesmo ar, vivemos o mesmo Espírito. Precisamos transformar a casa comum em um lar para todos.

No lar comum que habitamos, todos nós fazemos oferendas particulares, de acordo com a sabedoria ou a ciência. Aquele movido pela fé; este, pela arte. Alguns, com o poder da cura, outros, com a força dos milagres. Há quem se baseie na filosofia e quem se fundamente na energia das palavras.

O importante é que cada um, diante do mesmo propósito, coloque a sua argamassa, contribuindo com a grande obra. Sempre sustentada por valores virtuosos, pois, caso falte esse respaldo, as competências são inócuas.

O maior de todos os desafios é, ao mesmo tempo, outra elaboração. Só constrói um mundo melhor quem, antes, se reconstrói, se reinventa. É preciso que cada um de nós encontre a solidariedade em nosso interior para conseguir oferecê-la aos demais.

Quem busca um novo estilo de vida em si é capaz de estendê-lo ao próximo. Quem tem, para si, um projeto de desenvolvimento baseado em valores humanos pode vivê-lo em todas as áreas de sua vida, educando pelo exemplo. Quem vive a prática do cuidado de si tem condições de expandi-lo para a casa comum, a grande obra.

Desiderato 2: Eu desejo compartilhar conhecimentos e experiências

Busque o fio condutor da história da humanidade ao longo de suas diferentes eras e, durante grande parte dela, verá a força como o poder principal. Até o feudalismo, quem a detinha era o nobre de sangue azul, por meio de seus aguerridos vassalos. Com eles, ampliava seus domínios, ao invadir, saquear e dominar propriedades alheias. Assim, expandia seu patrimônio territorial, pois a terra significava riqueza.

Quando a Era Industrial surgiu, o poder passou a ser do capital. Sem dúvida superior à força, pois esta é finita e se esvai com o tempo, enquanto o capital pode ser acumulado e aumentado indefinidamente. É capaz, inclusive, de comprar a própria força.

Terra e capital, embora distintos, têm algo em comum: concentram-se em poucas mãos e têm limites territoriais, mesmo no mundo globalizado.

Na era pós-industrial, foi a vez da primazia do conhecimento. Este ainda mais superior, mesmo face ao capital, que se dispersa quando dividido, ao mesmo tempo, em muitas mãos, enquanto o conhecimento se expande concomitantemente em várias mentes, independentemente do lugar. Uma energia sempre em movimento, incomensurável e sem fronteiras.

Mas a evolução da humanidade e dos negócios não para por aí. Construímos agora a economia ao natural, na era da consciência, o mais poderoso de todos os poderes, ao incluir não apenas informações e conhecimentos compartilhados, mas também percepções e experiências.

Esse amplo conjunto de elementos – informações, conhecimentos, percepções e experiências – compõe uma inovadora maneira de ver e fazer, que se transforma em consciência quando sustentada por valores e virtudes.

Uma síntese perfeita.

Desiderato 3: Eu desejo desenvolver a consciência humana

Precisamos ter consciência de nossos impulsos, tanto os positivos como os negativos. A energia que os libera é a mesma, mas, como ensina a sabedoria budista, "bebida pela vaca, a água se transforma em leite; bebida pela cobra, a água se transforma em veneno".

Falta-nos consciência quando não conseguimos identificar os impulsos negativos ou damos as costas para eles, fazendo de conta que não existem.

A água precisa ser preservada, caso contrário, não produzirá veneno nem leite. É a consciência que dá o melhor destino à água, impedindo seu deletério desperdício.

Da mesma forma, quando alguém começa a descobrir o caminho para a coerência, suas incoerências também se revelam. Vale ter isso bem claro para não desanimar no trajeto, compreendendo que manter-se nele é o rumo para o crescimento. Admitir que determinadas coisas não estão certas é uma tomada de consciência importante, principalmente quando for uma percepção geral.

À medida que a pessoa admite e enfrenta suas incoerências, ela se coloca, automaticamente, no caminho da coerência. Pode até, no momento da descoberta, considerar-se fragilizada, mas essa sensação é justamente o desafio para a busca da coerência.

Quando uma pessoa começa a viver com consciência e vai se tornando mais coerente, o mesmo se observa em quem está no seu entorno. O movimento, por sua vez, se alastra ainda mais. A cada passo rumo à conscientização corresponde outro, semelhante, da economia. E o mercado a acompanha.

Uma pessoa e uma empresa conscientes contribuem real e decisivamente para elevar a geração de riquezas de uma economia inteira. Cada um de nós tem um importante papel nesse fundamental avanço.

Desiderato 4: Eu desejo inspirar a essência das pessoas

A inspiração é algo que vem do *acolá*, para nos socorrer nos desafios do *aqui*. Provavelmente, essas duas palavras não fazem muito sentido para você, assim soltas na série de desejos. Vamos ao que significam. Entenda por acolá algo metafísico e subjetivo, enquanto o aqui é algo mais físico e objetivo. O aqui é transitório, o acolá é transcendente. Diante disso, como absorver e vivenciar essas concepções virtuosas para acessar e inspirar a essência das pessoas?

Se ficarmos somente no discurso ou na conversa abstrata, não seremos bem-sucedidos em um anseio tão fundamental. É preciso aterrissar, fincando os pés no aqui, para fazer o movimento com gestos concretos.

O filósofo Emerson dizia: "O que você faz fala tão alto que não consigo ouvir o que você diz". Assim, ele nos mostra a importância dos gestos legítimos e tangíveis como fonte de inspiração. O discurso e as palavras soltas no ar não são capazes de inspirar. Duvida? Lembre-se dos tantos sermões e aulas inúteis já vivenciados, sem que nos levassem a dar um único passo para incorporá-los aos nossos aprendizados e hábitos de vida.

Inspirar a essência das pessoas é tocá-las no que elas têm de mais verdadeiro, sublime, nobre. Para isso, precisamos nos valer, com legitimidade, do que temos de mais verdadeiro, sublime e nobre. De fato, ninguém ensina ninguém, apenas aprendemos ao sermos inspirados. Quando a nossa essência se conecta com a essência do outro é que a inspiração acontece.

Ao vivenciarmos a nossa essência, somos o que existe em nós de mais simples e sincero, de mais autêntico e natural, de mais límpido e luminoso. Temos apenas de ser, sem fazer nenhum esforço. A essência das outras pessoas saberá corresponder ao nosso movimento, em um acordo tácito, como se todos já nos conhecêssemos de longa data. Há amor e cumplicidade entre as essências.

É o entrelace, no aqui, do que antes já estava entrelaçado no acolá. União perfeita e imprescindível.

Desiderato 5: Eu desejo beneficiar a vida

Economia, mercados, negócios, empresas, trabalhos têm muita importância, sem dúvida. Mas não podemos esquecer que tudo isso está contido em um projeto maior chamado vida, a verdadeira riqueza.

É ainda mais preciosa quando revestida de beleza e vivenciada no estado da arte. Isso acontece quando oferecemos ternura e cuidado a todos os que nos cercam e a tudo que fazemos, como quem embala uma criança na paz de seu sono.

A vida merece que nos entreguemos a ela verdadeiramente, praticando nossos valores e virtudes, sem subterfúgios nem máscaras, com as nossas qualidades e defeitos. Igualados na integridade.

A vida é ainda mais rica quando a desfrutamos na bondade e por inteiro, sem nos amesquinhar nem nos economizar, de braços abertos, como quem aproveita, com satisfação, a delícia de permanecer ao ar livre.

Bondade, beleza e verdade é tudo o que precisamos para nos manter em um fluxo virtuoso. E, diariamente, dar um novo passo nesse sentido.

Cada uma delas é uma conquista, um aprendizado, uma parte da riqueza da economia ao natural. Ajudam-nos a descobrir parte do nosso próprio tesouro escondido. Fazem com que nos transformemos em seres humanos naturalmente mais ricos, assim como o mundo ao redor.

A vida não nos deve nada. Tudo já nos foi dado. Nós é que temos de retribuir a ela. Somos devedores, não credores. Em vez de extrair, reduzir, subtrair, pensemos em contribuir, somar e multiplicar.

A vida é abundante! Tratemos de honrá-la, com entusiasmo.

Desiderato 6: Eu desejo viver uma comunidade ética e humana

Queremos um mundo ético, mais humano e próspero. Quem não quer, em sã consciência? Queremos um país ético, mais humano e próspero. Quem não o deseja, também em sã consciência? Queremos uma cidade ética, mais humana e próspera. Quem não a almeja nem gostaria de habitar nela?

Queremos uma empresa ética, mais humana e próspera. Quem não gostaria de investir os seus dias em uma com tal natureza? Queremos um trabalho ético, mais humano e próspero. Quem não se orgulharia de realizá-lo? Queremos ser pessoas éticas, mais humanas e prósperas. Quem, sadiamente, não almeja quereres tão fundamentais?

Para concretizá-los, precisamos compreender que tudo acontece exatamente da menor para a maior instância, ou seja, do agente menor, o indivíduo, para o mais amplo, a comunidade.

O universo é um vasto macrossistema no qual diversos sistemas se encontram para formar o todo, em que o ser humano é como um microuniverso. Em harmonia com o todo, as possibilidades são expandidas quando há ética, humanidade e prosperidade.

Funciona assim: se uma pessoa tiver uma vida ética, humana e próspera, refletirá isso em seu trabalho. Vai inspirar também a família, os vizinhos e os amigos, os quais, por sua vez, influenciarão o bairro e todo o seu entorno. Tal influência se estenderá, naturalmente, à comunidade, à cidade, ao estado e ao país. Transformado assim em nação, o país estenderá esse entendimento ao mundo e, este, ao cosmos.

Fazemos parte da família, da sociedade, da empresa, do planeta, do universo. Somos trabalhadores da mesma vinha, para a qual colocamos à disposição o que temos de melhor: valores, virtudes, conhecimentos, habilidades, aptidões, talentos, sentimentos. Tudo voltado para produzir frutos de excelência.

Desiderato 7: Eu desejo que o bem coletivo supere o individual

Há quem queira morar no edifício sem pagar o condomínio.

Há quem queira viver em sociedade, mas se recuse a atuar politicamente, abdicando de aprender cidadania. Há quem aproveite os semáforos verdes, embora se negue a obedecer aos vermelhos. Há quem viva os direitos, no entanto não se digne a cumprir os deveres. Há quem queira viver no planeta sempre no papel de credor, jamais de devedor.

"Mais para mim" parece ser o mantra de muitos viventes, como se tudo e todos estivessem à sua disposição. Querem o uso e o usufruto, sem a valiosa contrapartida da dádiva e da entrega. Como fantasmas famintos, colocam o individual acima do coletivo, ao qual dão de ombros.

A questão é que o mundo é um construto de coletividade: um grupo de indivíduos com interesses comuns. Por isso, em tese, existem as leis: para assegurar que os interesses coletivos não se submetam aos individuais.

A direção invertida é comum nas tiranias e ditaduras históricas. Nas democracias não consolidadas, os interesses de alguns também prevalecem sobre os da maioria. É a nefasta primazia da injustiça.

Quando a lei não é justa ou vira letra morta, o medo toma conta. Intimidadas, as pessoas se separam. É o império do cada um por si, na famigerada luta pela sobrevivência. Separados, os seres humanos deixam de ser sujeitos, tornando-se objetos de manobra. O sujeito, sem perder a individualidade, é sempre parte do coletivo. Mantenha essa questão em mente. Para o bem comum.

Desiderato 8: Eu desejo espiritualidade na economia, nos negócios e no trabalho

Pense na consciência que tem de si. Reflita sobre as ações que realiza em função dos empregos, dos negócios e do dinheiro. Você é quem deseja ser? Vive sua própria essência ou uma identidade alheia? Os seus valores correspondem às suas ações? Vivencia, de fato, a sua liberdade? Consegue ver as intenções por trás de suas ações? Ambas estão alinhadas, fazem sentido?

A questão é que, para a maioria das pessoas, nada tornou-se mais intenso e excitante do que a experiência com o dinheiro. Por decorrência, na mesma linha, os empregos e os negócios também se transformaram em experiências intensas e excitantes. Por vezes, é o instinto que está no comando, via competição predatória, exploração e flexibilização da ética.

A única forma de acalmar tamanha voracidade é buscar uma experiência interior que seja tão estimulante quanto o dinheiro. Ou até mais! A afirmação é arriscada, mas a ousadia vale a pena, sem receio de errar! A espiritualidade é essa experiência. Atenção, não confunda a palavra com religiosidade.

A espiritualidade está presente quando você se orienta por seus valores e virtudes.

Quando produz riquezas com significado e propósito.

Quando existe aprendizagem e crescimento, força interior, dignidade e respeito, aos outros e a si.

Quando existe amor-próprio suficiente para oferecer também aos outros.

Quando você é o ser humano criador de seu próprio mundo, de tudo o que pensa e sente.

Espiritualidade na economia, nos negócios e no trabalho é ganhar dinheiro – seja como empregado ou empreendedor – sem perder a paz de espírito.

Desiderato 9: Eu desejo igualdade de oportunidades e riquezas para todos

Os romanos, na Antiguidade, davam nome aos ventos. *Ob Portus* designava o que levava as embarcações ao porto seguro. Era considerado oportuno, pois soprava em direção ao melhor destino. Essa é a origem da palavra oportunidade.

Sozinho, *Ob Portus* não é garantia de sucesso. Outros fatores serão necessários para o melhor aproveitamento das oportunidades. O sopro de fora precisa se conectar com o sopro de dentro.

Nenhum de nós sabe ao certo se o vento que sopra em nossa direção é mesmo o *Ob Portus*, mas podemos oferecer ao que aparece a grandeza de nosso desejo, de nossa fé, de nossa esperança, de nossa infinita vontade.

Todos nós temos uma história para contar, uma luz para manifestar, um combate a travar, uma generosidade a oferecer, um talento a aperfeiçoar, um sonho a compartilhar.

Quando conhecemos o sopro interior, fica mais fácil reconhecer o sopro exterior. Não sabemos ao certo quando ele vai se manifestar, mas podemos estar preparados.

É bom saber que a presença do *Ob Portus* não evita o aparecimento de dificuldades. No meio da navegação, haverá arrecifes de resistências e diversos obstáculos. Até mesmo icebergs de traições, decepções e frustrações.

Tudo isso faz parte da odisseia de cada um. O que não pode faltar é o vento oportuno, *Ob Portus*, e a firme vontade de seguir em frente.

Desiderato 10: Eu desejo a criação coletiva

O PIB mede a produção de produtos e serviços, mas não de ideias. É um paradoxo, pois a economia entra em crise quando a capacidade dos empreendedores de imaginar e criar se estreita ou mesmo acaba, não porque a produção física restringiu-se, como afirmam os economistas.

A velha economia chegou ao fim, da mesma forma que a repetição e a imitação. Não há mais espaço para produtos e serviços similares. Nem para empresas congêneres. Menos ainda para abordagens e formas de venda iguais. Quando o que prevalece é a regularidade e a estabilidade, não há gênio criativo que se expresse.

A verdadeira riqueza deriva das ideias que vão produzir o futuro, não da soma do que foi realizado no passado. Objetos são ideias. Serviços são ideias. Obras de arte são ideias. Textos são ideias. As ideias têm sido as únicas fontes de riqueza ao longo de toda a história da humanidade.

Vivemos uma época pródiga para a geração de riquezas. Nunca antes tivemos tantas informações disponíveis. A internet facilitou a criação coletiva, ao permitir o compartilhamento de uma gama enorme de conhecimentos. Nesse espaço amplo, ilimitado mesmo, todos podem pesquisar e aprender com liberdade, além de exercitar seus talentos empreendedores.

Pessoas e empresas jamais estiveram tão municiadas em seus processos decisórios nem vivenciaram condições tão favoráveis à inovação, idealizada e trabalhada em conjunto. E de maneira muito acessível.

É a hora e a vez da economia ao natural!

Desiderato 11: Eu desejo preservar o planeta

Oikos é uma palavra de origem grega que pode ser traduzida por "casa". O planeta Terra é *oikos*, nossa morada, a grande casa. Quem nela habita com espírito extrativista não consegue enxergar os demais habitantes como concidadãos. Considera tudo como objeto de uso ou usufruto, inclusive a própria morada. Acredita que a construção de riquezas só pode ser feita devastando a natureza.

Oikos, mais do que simples residência, significa habitação compartilhada, a requerer outras duas palavras de origem grega: ética e estética. A primeira refere-se aos valores da casa. A segunda, à maneira como é arrumada, seu arranjo. Na ausência desses dois elementos fundamentais, inexiste ordem e beleza. Deixa, portanto, de ser o espaço habitado pelo humano, que sucumbe naquele aterro árido.

A junção de *oikos* com *nomos* (costume, lei) resulta em outra palavra importante: economia, ou seja, o conjunto de regras da administração da casa. Seus moradores, por meio da economia e conforme as necessidades, utilizam os recursos para produção e distribuição dos bens.

Esses recursos suprem tais necessidades, mas não são suficientes para cobrir as voracidades. Por isso, a casa tem de contar com a ética (os valores) e a estética (o arranjo) para que seja harmoniosamente desfrutada por seus moradores, presentes e futuros.

O planeta Terra é a grande casa, capaz de abrigar a todos. Merece, portanto, cuidados de que agora está carente, sob constante ameaça de devastação. Deve ser tratado como sujeito e parte fundamental da família humana. Contribua, com amor, para tão virtuosa missão.

Desiderato 12: Eu desejo retribuir

O espírito é solidário, ao contrário do instinto egoísta, que leva os seres humanos a buscar a sobrevivência acima de tudo e de todos e a desconsiderar, na garantia da existência, o papel da colaboração, embora seja esta a razão pela qual a espécie ainda não desapareceu.

Retribuir é um verbo representativo do espírito de solidariedade e de colaboração que perpetua a espécie. É um movimento natural. Sim, porque, ao receber um presente de alguém, nosso impulso imediato é oferecer algo de volta.

Assim se preserva o fluxo de energia, uma corrente generosa de contínuo dar e receber. Tudo começa com a prática de outro verbo: contribuir.

A economia é o meio e o mercado é o espaço pelo qual fluem ideias, insumos, expectativas, materiais, pensamentos, mercadorias, decisões, informações, sentimentos, equipamentos, desejos, produtos, dinheiro, serviços, trabalho, necessidades, emprego etc. É, portanto, uma grande rede da qual fazemos parte.

Por meio da economia, do mercado, dos negócios e do trabalho podemos nos realizar, desenvolvendo nosso espírito de colaboração e solidariedade.

A interação positiva com os outros nos mostra que não estamos cercados de adversários.

Não há, portanto, necessidade de ataque ou defesa, mas sim interdependência. Os demais dependem de nós, como deles também dependemos. A vivência de tal harmonia libera uma gama de valores capazes de qualificar o ato de retribuir: graciosidade, alegria, generosidade, desprendimento. Tudo a partir da confiança como base saudável.

Desiderato 13: Eu desejo viver em plenitude

A velha economia promoveu a fragmentação. Deslocou a empresa do negócio, a profissão da vocação, o emprego do trabalho, a vida profissional da vida pessoal. As pessoas se sentem puxadas de um lado para outro, sem saber ao certo qual papel representam. A mesma dúvida se estende para as relações, no embate entre o desejo de agradar e o medo de desagradar.

Quando os polos se encontram, eles não se reconhecem. É como se o corpo seguisse em uma direção, enquanto a mente e a alma fossem para outra. O sentimento é de desagregação. A ausência de tranquilidade interior contribui, entre outros fatores, para o estresse.

Viver em plenitude requer envolver-se por inteiro. É quando pensamentos, sentimentos e comportamentos estão alinhados com os valores. Assim, a aparência corresponde à essência; e o existir, ao ser. Na plenitude, o corpo, a mente e a alma formam uma tríade equilibrada, coerente e sinérgica.

Não é fácil vivenciar tal unidade. Todos nós temos facetas que não nos agradam, que gostaríamos de eliminar ou mesmo esconder, em vez de assumir. Representam, contudo, o inimigo que precisa ser compreendido e amado.

Essa afirmação parece estranha, até mesmo um paradoxo. É imprescindível, no entanto. Compreender e amar os inimigos que habitam em nós ou os polos que nos desagradam é condição para que possamos compreendê-los e amá-los ao projetá-los nos outros.

Acolha generosamente a plenitude, que nos permite ter consciência de nossas várias facetas. É algo que requer coragem, lidar sábia e amigavelmente com o que não nos agrada e assumir o que melhor nos representa. É uma prática fundamental para vivenciar a economia ao natural.

Desiderato 14: Eu desejo um mundo de abundância

"Que todos tenham vida e em abundância." Até mesmo porque se trata de um direito inalienável de todos os seres humanos, como consequência do que a própria natureza lhes oferece.

Quando olhamos para fora, suspeitamos do combinado. Afinal, são muitos os desertos, as misérias e as lamúrias. A escassez, o oposto da abundância, parece superá-la em muito. Tornou-se a expressão do mundo limitado que habita os seres humanos. Foi inventada por eles, contra uma inclinação primordial.

Não se trata, portanto, de migrar da escassez para a abundância, como se fossem margens opostas de uma travessia. O desafio é arrancar de dentro de cada ser humano a escassez que nele habita e que, por consequência, é apresentada como se fosse verdade ao mundo. Temos de negar a escassez, firmes na crença da abundância, para fazer a travessia interior com honra e mérito.

O mundo da abundância é o das infinitas possibilidades. Todo ser humano é dotado de inteligências, aptidões, virtudes, talentos, dons e imaginações. Se todas essas competências forem liberadas e expressas livremente, a escassez não se manifestará. Nem sequer tem energia para tanto.

A ciência da velha economia, no entanto, se dedicou mais a entender a escassez do que a compreender a abundância. Assim, contribuiu para aumentar a precariedade artificial.

A economia ao natural é a da abundância, inclusiva e integrativa. Quer o melhor para todos. Viver à sua luz é preciso.

Desiderato 15: Eu desejo viver o trabalho como ato de amor

Se você deseja algo em troca quando pensa estar amando, reavalie. Não é amor, mas necessidade de preencher alguma carência. Amor implica disponibilidade, gratuidade e entrega.

O mesmo princípio vale para o trabalho como um ato de amor. Deve ser vivido da mesma forma, com devoção, não como obrigação e sem almejar algo em troca. Ele é a própria recompensa.

Há quem pense que é preciso fazer só o que gosta para vivenciar o trabalho como um ato de amor. É um ledo engano, pois limitar-se aos mais agradáveis seria negar a importância dos árduos e heroicos, como os dedicados a tratar doenças, sob risco de contaminação, ou a enfrentar os malefícios das guerras. Para viver o trabalho como um ato de amor é preciso gostar do que tem de ser feito. Assim, realizado com amor, todo tipo de trabalho é digno e gratificante.

A ativista Helen Keller dizia que tudo o que amamos profundamente converte-se em parte de nós. Ela já sabia que o amor não é um sentimento, mas algo em que nos transformamos, na medida em que compõe a nossa vida.

Para Gibran Khalil Gibran, poeta e filósofo libanês, "o trabalho é o amor tornado visível". Pois se, de um lado, o amor é algo em que nos transformamos, de outro, o trabalho é a expressão desse mesmo amor.

Quando somos amor, esse amor se transfere para tudo o que fazemos. Segue incorporado ao produto ou serviço, como um invólucro de boa energia. O amor atrai e cativa. Quem o desfruta quer replicar a experiência e oferecer a recompensa justa, com gratidão.

O amor é e sempre será a melhor estratégia.

PROTAGONISTAS DAS HISTÓRIAS

Gratidão a todos que, juntos, forjaram estas histórias:

BTFLEX
Adrai Silva Pereira
Anderson Mariano Lima Benites
Carolina Benites
Edson Góis de Souza

:)BIZ
Anderson Lessa
Francesco Conventi

DA SANTA
Adriana Dias Braga
Cesar Pereira de Sousa
Cristina Santos Pereira
Julio Tadeu Aoki
Lisa Keiko Yamashita Aoki
Luis Augusto Aoki
Marilene Leite Peixoto

MINNAS
Ariadiny Gonçalves Melo
de Queiroz
Celso Florentino de Oliveira
Fábio Vieira
Gilmar Fernandes
Gustavo Albuquerque Moreira
Kamila de Fatima Leme
Marcel Rocca Ângelo
Michele Campos
Silvana Aparecida de Campos

COMBINA
Aline Miranda Gomes
Naiama Dias Alves
Paulo Arlindo Baddini Jr.
Roberta Cristina Garcia

CLÍNICA BOZELLI
André Pacca Luna Mattar
Bianca Alves da Costa
Fabio César Bozelli
Ivani Medeiros da Silva
Jefferson Vinícius Bozelli
Patrícia Milego Cavalheiro Modesto

GRANADO
Adriana Aparecida da Silva
Alessandro Granado
Ana Maria Granado Veiga
Amanda Maciel Gonçalves Campos
Beatriz Salim dos Santos
Elcio Candido dos Santos
Larissa Sela Domingues
Michele dos Santos Lima
Paula Tesolin Fernandes Frare
Pâmela Bataglin Granado
Vanessa Bataglin Granado

UNIVERSAL CHEMICAL
Ana Beatriz Barros
Cassio Tadeu de Souza Barros
Cassio Tadeu de Souza Barros Junior
Edimilson dos Santos Mourão
Fabíola Romero Mizuno
de Souza Barros
Thomas Barros

INSTITUTO MATUOKA
Amélia Fugino Matuoka
Dayane de Barros Santos
Lilian de Toledo Lima
Regina Helena Garcia Rodrigues
Vera Lúcia Aloísio
de Moraes Novaes

PADARIA REAL
Alexandre Ferreira Matos
Bárbara Angélica Araujo Cavalcante
Givanildo Pereira de Oliveira
José Eduardo de Souza
José Vicente de Souza Junior
Lygia de Souza Carmona
Marisa de Sousa Martins Vieira
Robson Martins Gomes
Samanta Cristina Vilalon Barbosa
Tatiana Almeida Robles

BENASSI
Bruno Benassi
Camila Dulianel Benassi
Eduardo Benassi
Fabio Honório da Silva
José Milton Silva
Ricardo Leite Peixoto
Wagner Garcia

SOTER
Ana Cristina Mattos
Martinez Cardoso
Cristiana de Oliveira Bastos da Silva
Débora Pretti D'Onofrio
Tatiana Cristina Martinez
Cardoso Tavares

VOLO
Andrea Mascarenhas Marsola
Cervieri
Cássia Eduarda Paulino
Cláudia Cristina Fornasiero
Cristina Santos da Silva Neves
Daiane Acsa dos Santos
Giovanni Cervieri
Giuliano Sciulli
Márcio de Almeida Marcelino
Peterson Castilho da Silva
Vanessa Ranny Ferreira dos Santos

JOHN RICHARD
Araci Debora Paz
Jason da Silva Nona
Pamela Paz
Paôla Carmem Borges

EBCO
Ana Paula Dias de Melo Andrade
Eduardo Guedes de Brito
Fabiano Gomes de Castro
Laura Karina Freiria
Luiz Claudio Santoro
Paula Nair Estácio de Sá
Rômulo Madruga Cardoso
Tiago Santos Silva

TAIRONE
Vagner Nunes de Oliveira

PLASTICOVILLE
Adelir Hercílio Alves
Anderson Eloir dos Santos
Bento Antonio Felicio
Elisabete da Silva Pessoa
Erica Rebeca dos Santos
Ivanete Moraes de Lima Schultz
James Alves
Jean Carlos Mattei
Jhuan James Alves
João Evangelista dos Santos
Johnatas Adelir Alves
Juarez Adelir Alves
Luiz Carlos Marcellino Filho
Márcio Ricardo

TEGRA
Claudia C. F. Rodrigues Pinto
Daniela Martini Pisani Sorrilha
Edgar Domingo de Albuquerque
Jean Lucca Rodrigues da Silva
Jether Filho
Jonatas Mascarenhas

Larissa de Morais Silva Rodrigues
Mariana do Carmo Baldini
Mauricio Freitas
Vitor Freitas da Silva
Vitor Silva
Tereza Maria da Silva
William Polis

FUTURA
Agnaldo Guedes Paulo Tegani
Patrícia Costa Campos
Ricardo Stiepcich
Sandra Maria Campos
Silvana Aparecida Bartoski

METANOIA
Alexandre Zorita
Carlos Soares
Edilza Cavalcante
Fabiana Iñarra
Herivelto Dias Correa
Ivo Ribeiro
Karina Pettinatti
Karine Gonçalves
Maria Luiza Vilares
Silvio Bugelli
Susi Maluf
Zilda Fontolan

E muitas outras mentes e corações estiveram presentes nesta obra: Mirian Ibanez, viajante nas estradas, também nas ideias e palavras.

Maria, companheira de todas as horas. Sem os seus cuidados e amparo não conseguiria o tempo e o estado de espírito adequados para a elaboração desta obra.

Anderson Cavalcante, entusiasmo e ousadia à toda prova junto à equipe de alto desempenho da Buzz Editora: Alex Silva, Céfara Moraes Dias de Lima, Iraceli Lopes, Silvia Santina Polazzeto, Tamires von Atzingen e Talita Medeiro Mattos.

Acesse este QR Code e conheça os protagonistas desta história.

SOBRE O INSTITUTO ECONOMIA AO NATURAL

Benignar vidas: é disso que trata a economia ao natural. Contida no verbo "benignar" está a palavra "ignição", que significa acender o fogo.

É para o que serve a economia ao natural: acender a chama que existe dentro de cada ser humano.

O Instituto Economia ao Natural, por meio de projetos e processos, une beleza e graça para realizar feitos nos meios empresariais, educacionais, artísticos e espirituais.

- www.facebook.com/economiaaonatural
- www.linkedin.com/company/economia-ao-natural
- @economiaaonatural
- www.economiaaonatural.org.br

SOBRE O AUTOR

Roberto Tranjan é educador, escritor, palestrante e empresário.

Sócio-fundador da Metanoia – Educação Transformadora, cujo firme propósito é criar empresas éticas, humanas e prósperas.

Sócio-fundador da Capital Relacional – Gestão e Aprendizagem, cujo desafiador propósito é humanizar negócios, equipes e clientes.

Preside o Instituto Economia ao Natural.

Autor de *O devir*, publicado pela Palavra Acesa Editora, e de *A empresa de corpo, mente e alma*, *Metanoia*, *Rico de verdade*, *Os sete mercados capitais*, *O velho e o menino*, *Chamamentos* e *Capital relacional*, todos publicados pela Buzz Editora.

↖ www.robertotranjan.com.br
f www.facebook.com/RobertoTranjan
⊙ @roberto.tranjan
▶ Roberto Tranjan
in Roberto Tranjan

FONTES Register, Druk
PAPEL Alta Alvura 90 g/m^2
IMPRESSÃO Imprensa da Fé